U0945494

保护与发展：
2017全国地名理论征文文集

BAOHU YU FAZHAN

2017 QUANGUO DIMING LILUN ZHENGWEN WENJI

民政部区划地名司 编

人民出版社

《2017全国地名理论征文文集》编委会

出版说明

为深化地名理论研究，促进地名事业健康可持续发展，2017年，民政部区划地名司委托中国地名学会以“地名：保护与发展”为主题开展全国地名理论征文活动。活动得到了社会各界积极响应。9月，民政部区划地名司组织专家对所投征文进行评审，评选出一等奖五名，二等奖十五名，三等奖二十名，优秀奖三十名。

为全面展示这次活动的丰硕成果，促进地名理论交流、发展，为地名工作实践提供借鉴和参考，将一、二、三等奖共四十篇文章整理出版。

目 录
Contents

一 等 奖

二 等 奖

三 等 奖

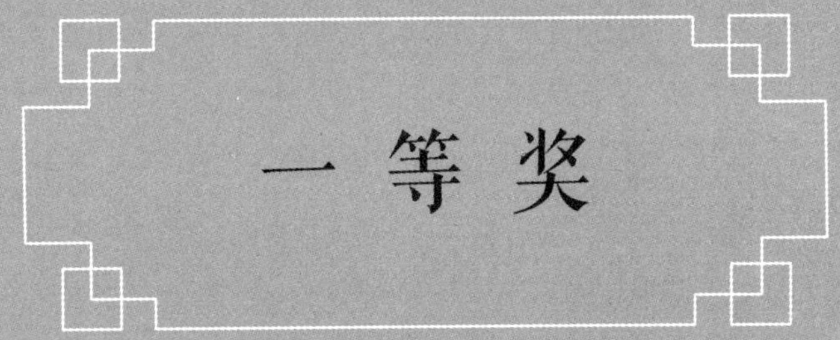

一 等 奖

试论蒙古语地名文化遗产保护

天　峰　金玉荣

摘　要　本文阐述了以地名为文化遗产并需要加以保护的问题，地名文化遗产具有文化传承性、民族文化的多元性、各种文化元素的兼容性等特点，本文介绍了地名文化遗产的特点和蒙古语地名文化遗产的分布情况，论述了蒙古语地名文化遗产的可行性保护方法及继承和发扬地名文化遗产对后代的积极作用。

关键词　蒙古语地名　文化遗产　传承保护

地名文化有两个基本组成部分。“一是地名语词文化，二是地名实体文化。地名语词文化属于语言文化范畴，是地名实体文化的标识，对于研究实体文化可以起抓纲带目的作用，因此，它是地名文化的基本内涵；地名实体文化属于地域文化范畴，是地名语词文化形成、生存的环境，对于研究地名语词文化可以起到基础和深化的作用，因此，它是地名文化的外延。地名语词和实体文化是相互依存不可分割的统一体，二者构成了地名文化的全貌。”①

地名有语音（读音）、形式（字或书写）、含义（词义或命名依据）、位置（地理具体位置及范围）等四个要素。其中，地名语音及形式由民族语言文字不同而以不同的语音形式或书写形式来体现。地名词义与民族的历史、地理和风俗习惯等文化知识相关。地名位置与此地存在的地理环境及空间等文化知识相关。由此，地名文化主要包含语言文化、历史文化、地理文化以及乡土文化。语言是非物质文化遗产的媒介或传播工具。地名是语言词汇的组成部分。因此，地名属于非物质文化遗产。

一、地名成为文化遗产的相关问题

地名不仅是一种语言符号，也是文化信息的载体。发掘和保护地名文化遗产是人类社会的一个重要的义务与责任。很早以前世界各国就注意到了把地名作为文化遗产来保护的问题。1987 年，联合国第五届地名标准化会议第六号决议中提出了“地名是民族文化遗产”②。这是关于地名作为文化遗产的全球性宣言。1992 年，联合国第六届地名标准化会议第九号决议中指出了“地名有重要的文化和历史意义，随意改变地名将造成继承文化和历史传统方面的损失”③。这是关于拯救和保护地名文化遗产非常重要的说明。联合国这两项决议在文化性质方面承认了地名是民族文化遗产。2003 年，联合国教科文组织通过了《保护非物质文化遗产公约》，非物质文化遗产中出现了地名文化遗产的概念，并把地名纳入到了文化遗产保护的范围中。由此，许多国家开始关注研究地名文化与地名文化遗产保

① 刘保全等编著：《地名文化遗产概论》，中国社会出版社 2011 年版，第 37 页。
② 付长良、范晨芳：《地名规划概论》，中国社会出版社 2011 年版，第 179 页。
③ 付长良、范晨芳：《地名规划概论》，中国社会出版社 2011 年版，第 179 页。

护的工作。如“加拿大开展了对传统地名整理，对怎样保护具有纪念意义的地名进行了研究与决策；荷兰建立了历史地名数据库，以研究和保护地名文化遗产；奥地利联合中欧、东欧各国，对 12 世纪以来形成的居民地地名进行大规模调查，用以研究保护地名措施；北欧不少国家都把地名文化遗产列为本国文化遗产的重要组成部分，通过立法加以保护……全球性的地名文化遗产研究和保护活动已经兴起”[①]。2004 年，中国地名研究所拟定了《地名文化与地名文化遗产》的研究课题，在部分省、区、市派出专家开展了地名文化遗产储备调查和评估工作。当然，特别值得一提的是内蒙古自治区地名办公室对于地名文化与地名文化遗产的保护工作非常重视，在 1985—1992 年间，出版了内蒙古自治区各盟市地名记录 12 卷。2007 年 8 月，第九届联合国地名标准化大会暨第 24 次联合国地名专家组会议上，地名正式被确定为非物质文化遗产，适用《保护非物质文化遗产公约》。[②]

二、地名文化遗产的特点

地名文化遗产具有文化传承性、民族文化的多元性、各种文化元素的兼容性特点。

（一）传承性

地名是文化的载体，因此，它有继承民族文化的功能。地名文化对研究民族文化的形成与历史发展变化提供了非常重要的资料。由于地名是历史的产物，所以，它随着民族的历史发展而发展变化。蒙古语地名最早由口语相承，直到汉代起才记录到史籍中的。“目前还只能大致判断匈奴语为古阿尔泰语的一种。在历史文献中，我们能够找到的匈奴语地名记录

---

① 刘保全等编著：《地名文化遗产概论》，中国社会出版社 2011 年版，第 78 页。

② 付长良、范晨芳：《地名规划概论》，中国社会出版社 2011 年版，第 180 页。

寥寥无几。其中大致可以确定的是‘祁连山’的‘祁连’来自匈奴语，意为‘天、青天’”①。语言学家认为，鲜卑语是突厥语和蒙古语的共同源头。“大兴安岭就是鲜卑的发源地，也就是《魏书》中的‘鲜卑山’，‘嘎仙山’来自蒙古语，地处内蒙古自治区科右中旗的孟格山，孟格以意‘银’。”②西汉时期鲜卑族所劳作的大沼泽地叫“呼伦湖”。唐代叫“俱轮泊”。晋代和元代叫“阔连海子”。明朝时叫“阔湾海”和“玄冥池”。额尔古纳河在《古唐史》中记载为“望建河”，南北朝时叫“完水”，《辽史》中记载为“安真河”，《元史》中称为“也里古纳”。类似“呼伦”“额尔古纳”等早期记载的自然地理名称随着历史的发展转为人文地名来使用的现象不少，如呼伦贝尔市、额尔古纳旗等等。

总的来说，地名相对稳定且寿命长。地名的实体承载着民族文化，并世世代代相传。

（二）多元性

古老地名是地名文化遗产的载体。“地名文化遗产的文化内涵包括了历史文化、地理文化和乡土文化。在历史文化中又包含了历史渊源、文物古迹、历史人物、历史事件和历史典籍等多种表现形式；在地理文化中又包含了地理环境、经济特点、自然景观等表现形式；在乡土文化中又包含了民间传统习俗、民众传统手艺、文艺、竞技、民间传统礼仪、节庆等多种表现形式。”③蒙古族地名文化遗产非常丰富且体现了多元文化性质。如上都、成吉思汗陵、克什克腾悬崖、科尔沁萨满教文化、呼和浩特白塔、库伦旗安代文化、内蒙古马头琴、科尔沁民歌、察哈尔奶食品、新疆英雄史诗、卫拉特法典、阴山岩画等都体现出了多元性的特点。

① 杨立权、张清华：《中国少数民族语地名概说》，中国社会出版社 2011 年版，第 177 页。

② 杨立权、张清华：《中国少数民族语地名概说》，中国社会出版社 2011 年版，第 178 页。

③ 刘保全等编著：《地名文化遗产概论》，中国社会出版社 2011 年版，第 93—94 页。

（三）兼容性

地名文化遗产与各种遗产有着密切的联系。地名文化遗产承载的文化内涵包括语言文化、历史文化、地理文化和乡土文化。因此，可把地名文化遗产看成是各种文化遗产要素的复合体。由于地名文化遗产成为各种文化遗产要素的复合体，使得地名文化遗产包含了物质文化要素和非物质文化要素。所以，地名文化遗产是被承载记录的人类与大自然共同创造的从远古传承下来的物质文化和精神文化的结晶。蒙古语地名文化遗产的来源有自然风景、人文风景、历史纪念物和古迹等。这些都蕴含着物质文化要素和非物质文化要素。因此，地名文化遗产有着包含各种文化遗产要素的特征。

三、蒙古语地名文化遗产的分布情况

蒙古语地名文化遗产早先由口语相传，自蒙古族使用了文字以后，蒙古语地名文化遗产开始由文字记载传承。《蒙古秘史》是最早记载蒙古语地名的历史文献。蒙古民族有文字之前，蒙古语地名在汉语历史书籍中记载的也不少。其中，《蒙古秘史》中出现的一些地名在汉文历史典籍中用汉字语音转写或翻译记载。如：克鲁伦河在《辽国史》中汉字语音转写为“驢驹河”，都拉河在《古唐史》中汉字语音转写为“独罗河”，《新唐书》记载为“独乐河”，阿尔泰山在《后汉书》中被记载为“金徽山”，而《新唐书》记为“金山”，嫩江在《魏国史》中记为“难水”，在《唐国史》中记为“那河”，《辽国史》记载为“纳水”，阿拉善山在唐代地理史籍《元和郡县志》中被记载为“贺兰山”。

阿尔泰语系包括满—通古斯语族、蒙古语族及突厥语族。其满—通古斯语族和蒙古语族属阿尔泰语系的远族。所以，在中国东北部经常能见到满语和蒙古语相结合的中性地名。例如，黑龙江省“图们市”的“图们”（意为“万”）是蒙古语中的数词。满语地名学者认为“图们”源于满语。

维吾尔语、柯尔克孜语和哈萨克语属阿尔泰语系的突厥语族，且土耳其语族与蒙古语族是近族。所以，西域地名中以蒙古语、维吾尔语、柯尔克孜语和哈萨克语相结合命名的中性地名非常多。如新疆的“托木尔峰”（意为“铁峰”）在柯尔克孜语中也被称为 Tomur shan；“喀喇昆仑”（意为“黑色巨石”）在维吾尔语中依然称为 Karakorum shan ；“木斯岛山”（意为“冰山”）在哈萨克语中也被称为 Musztaw shan。这些都应被纳入到蒙古语地名文化遗产当中。

使用蒙古语族语言的有蒙古族、保安族、达斡尔族、东乡族、土族和裕固族等民族。有着蒙古语族的民族共同性质的地名应属于蒙古语地名文化遗产。

中国蒙古语地名主要分布在内蒙古自治区，新疆维吾尔自治区巴音郭楞及博尔塔拉蒙古自治州、和布克赛尔自治县，青海省海西蒙古族藏族自治州、河南蒙古族自治县，黑龙江省杜尔伯特蒙古族自治县，吉林省前郭尔罗斯蒙古族自治县，辽宁省喀喇沁左翼蒙古族自治县及阜新蒙古族自治县，甘肃省肃北蒙古族自治县，北京市、河北省和云南省等地。

保安语地名主要分布在甘肃省积石山保安族东乡族撒拉族自治县。

达斡尔语地名主要分布在内蒙古自治区莫力达瓦达斡尔族自治旗、呼和浩特市、海拉尔区、布特哈旗、阿荣旗、鄂伦春自治旗、鄂温克自治旗、陈巴尔虎旗及黑龙江省齐齐哈尔市等地。其中，莫力达瓦（意为“马爬不上去的陡山坡”）、阿荣（意为“清洁”）、齐齐哈尔（意为“边界”）等地名是具有蒙古语和达斡尔语共同性质的中性词。

东乡语地名主要分布在甘肃省东乡族自治县。其中，阿里玛图（意为“有梨的”）、查干果勒（意为“白色的河”）等地名是具有蒙古语和东乡语共同性质的中性词。

土族语地名主要分布在青海省互助土族自治县及民和、大通两个回族土族自治县。其中，那愣郭勒（意为“细沟”）等地名是具有蒙古语和东乡语共同性质的中性词。

裕固族地名主要分布在甘肃省肃南裕固族自治县及酒泉市。

四、保护蒙古语地名文化遗产实施方法

2004年12月，中国地名研究所编纂了《“中国地名文化遗产保护工程”实施方案》①，列出七个项目。我们以这七工个项目地名文化遗产保护工程实施方案为依据，运用于保护蒙古语地名文化遗产，如下：

（一）蒙古语地名文化遗产的分类调查与评估

这项工作主要是对汉文历史文献和13—18世纪蒙文历史文献中记载的蒙古语地名，元代和清代时期古驿站的蒙古语地名，清代时期蒙旗县地名、古建筑地名、塔及寺庙名、历史文物地名、蒙古古都及城镇地名、古战场地名、历史纪念物和自然景区地名等分类调查与评估。并用调查所得到的文献资料来著作传记，以便保护蒙古语地名文化遗产时使用。

（二）建立蒙古语地名文化遗产鉴定标准体系

在蒙古语地名文化遗产分类调查与评估的基础上，组织相关学科的专家，建立“中国蒙古语地名文化遗产鉴定标准体系”。依据此体系，第一步，鉴定古代及近代蒙古语地名中哪个符合蒙古语地名遗产的《基本标准》。主要从各地名的形成时间、专名传承和基本文化内涵等三方面来做鉴定。第二步，在第一步的基础上，从地名所包含的文化程度以及承载着民族文化的文化价值等实际情况来做出鉴定。至此，从依据鉴定标准体系来鉴定的地名中选出哪些是要重点保护的地名文化遗产。

（三）蒙古语地名文化遗产的备案与公布

将依据鉴定标准体系确定的须重点保护的地名文化遗产载入到《中国蒙语地名文化遗产名录》中，并备案和公布于众。与此同时，给这些重点保护的地名颁发《蒙语地名文化遗产》鉴定证明。并且，摆放以蒙古文、汉文和罗马文书写的铜牌。

① 刘保全等编著：《地名文化遗产概论》，中国社会出版社2011年版，第119—121页。

（四）蒙古语地名文化遗产的研究与利用

设立“中国蒙语地名文化遗产研究”课题小组，对蒙古语地名文化及蒙古语地名文化遗产，从多视角、多层面进行系统研究，调查考证蒙古语地名文化以及蒙古语地名文化遗产形成的历史背景和生存环境，挖掘出蒙古语地名文化遗产。从而，使蒙古语地名文化遗产命名的旅游地与驰名品牌推向市场，以蒙古语地名文化遗产来带动当地经济发展。如呼伦贝尔草原、兴安盟温泉、克什克腾悬崖、库伦荞麦面、鄂尔多斯炒米等。

（五）蒙古语地名文化遗产的弘扬与传播

在电视以及网络上大力宣传蒙古语地名文化遗产，提高地名文化遗产的认知和地名文化遗产的保护意识。继而，编写出版《蒙语地名文化遗产研究丛书》和《古蒙语地名文化记录》等书籍。

（六）开展蒙古语地名文化遗产学术交流

邀请国内外专家，就“关于保护蒙语地名文化遗产”开展研讨会，以及开展保护蒙古语地名文化遗产的经验交流会。

（七）加强蒙古语地名文化遗产管理和保护工作

建立蒙古语地名文化遗产的管理和保护信息系统，法治化蒙古语地名文化遗产的管理和保护，向上级汇报蒙古语地名文化遗产，完善专业技术保障标准制度，坚决禁止更改和替换早期传承下来的蒙古语地名，保证其相对稳定，要求地名文化遗产的保护工作成为地方文化建设的重要内容之一。

五、传给后代的地名文化遗产

“地名专名的变更或废除，就意味着这个地名的消亡，就失去了它对某个地理实体的指代作用，同时也失去了对其地名文化和地名实体文化的载体功能。可见，一个地名的消亡，就失去了它对特定时期历史与文化的标识与见证价值。因此，地名的不稳定，不仅影响一定地域地名历史文脉的延续，而且使一些文化积淀丰富的地名不能世代传承而失去成为地名文化遗产的资格。这就是我国地名管理和地名文化遗产保护的沉痛的历史教训！”① 例如，哲里木盟改为通辽市、昭乌达盟改成赤峰市等都是遗失蒙古语地名承载文化的问题。这里主要说明的是针对“哲里木”及“昭乌达”等专有名称的改变问题。“哲里木”来源于马鞍的“哲理木”（意为“马鞍吊带”）。从清朝崇德元年（1636年）到顺治年间，把科尔沁、郭尔罗斯、杜尔伯特、扎赉特等盟划分为十个政府和旗，由于在科尔沁右翼中旗(右) 哲理木（今兴安盟科尔沁右翼中旗的哲理木苏木）举行会盟，因此称为哲里木盟。1946年开始使用了“哲里木盟”这个行政名称。1999年这一蒙古语行政名称被改为“通辽市”。“昭乌达”是“一百棵柳树（昭乌达茅都)”的简称。清朝时在翁牛特左翼旗左面（昭乌达）举办盟会，“昭乌达盟”因此而来。1955年有了“昭乌达盟”这一行政名称。1983年昭乌达盟被改为“赤峰市”。“哲里木”改为“通辽”，“昭乌达”改为“赤峰”不仅汉化了源于民族语言的地名，也遗失了民族地名传统文化。

（一）防止蒙古语地名的汉化

随着民族语言文字在社会上使用范围的缩小以及居民的变化，蒙古语地名普遍存在着逐渐汉化或变化的问题。原先非常明确的蒙古语地名现已被汉化或简化得已无法辨别了。如：呼和浩特的麦罕百姓（maihan baixing，意为“账房”）——成了“麻花板”，鄂尔多斯市的哈巴格希（giabagxi，意为“哈老师”）——成了“康巴什”，黑龙江的温都尔山（ōndōr shan，意为“高山”）——成了“万达山”等现象非常多。对此类现象应采取相应的措施，纠正蒙古语地名用汉语译音转写错误的现象，并加以规范和标准化。

（二）了解蒙古语地名的文化价值

蒙古语地名是蒙古族文明文化的成果。蒙古语地名反映出蒙古民族的多元化文化。蒙古语地名中反映蒙古族宗教、风俗、社会文化、价值观和思维能力等方面的内容非常多。如：查干淖尔（意为“白色的湖”）、呼和淖尔（意为“蓝色的湖”）、汗腾格尔（意为“天王峰”）、博格多山（意

① 刘保全等编著：《地名文化遗产概论》，中国社会出版社2011年版，第190页。

为“圣山”）、十三敖包等。这些地名都是蒙古族文化文明的见证。

蒙古语地名反映出了蒙古族赖以生存的自然环境。其地名中反映蒙古族游牧生活文化的名称非常多。如：巴音布日图、乌纳干布日图、天湖、巴音塔拉、巴音淖尔、清湖、达赉湖、清河、巴音汗山、上都河等。

（三）深入了解蒙古语地名的传统文化

蒙古语地名是蒙古族文化传承和发展的传媒。如：成吉思汗陵是 13 世纪蒙古族震撼世界的历史文化的折射，游客通过成陵可以了解蒙古族的历史文化；元朝的上都是忽必烈汗时期建造的蒙古古都，游客通过观赏上都古迹可了解到忽必烈汗统一中国的历史文化和他在蒙古地区发扬佛教文化的历史。蒙古语地名文化遗产有着传承和发扬当地民族文化的桥梁作用。因此，保护地名文化遗产是我们继承和发扬民族文化不可忽视的职责。

参考文献

〔1〕刘保全等编著：《地名文化遗产概论》，中国社会出版社 2011 年版。

〔2〕付长良、范晨芳：《地名规划概论》，中国社会出版社 2011 年版。

〔3〕杨立权、张清华：《中国少数民族语地名概说》，中国社会出版社 2011 年版。

（作者单位：呼和浩特民族学院）

原乡血脉：海峡两岸同名村镇文化现象初探

李国宏

摘　要　海峡两岸存在的同名村镇文化现象是台湾历史发展过程中一种独特的地域文化现象，它体现了中华传统文化血脉在台湾的延续，浓缩着海峡两岸血浓于水的骨肉亲情，见证了两岸中国人共同开发建设台湾的艰辛历程，也是台湾民众保持原乡记忆的文化符号，成为维系两岸和平统一的重要精神纽带。

关键词　同名村　原乡记忆　文化认同

2016年6月，海峡两岸同名村结对、同宗亲寻根、同礼乐交流，作为第八届海峡论坛的一项重要活动，得到两岸乡亲的大力支持与广泛参与。闽台“三同”文化交流展示系列活动，体现了“扩大民间交流，促进融合发展”的主题，受到社会各界的关注。福建省政协副主席陈绍军在论坛致辞中指出："同名村结对，是血与缘的见证。中国人不论走多远，血脉意识，乡土情怀都是不会变的。同名村也是同根村、同心村，它饱含着同胞们的爱乡爱土之情，也是在告诉后人，两岸同胞是一家人。" A 可见，"原乡血脉"是海峡两岸同名村文化现象的核心。

一、从"海上十寨"的出现到台湾"安平镇"的设置

明代天启年间（1621—1627 年），颜思齐、郑芝龙开启大陆民众有计划、成规模移居台湾的先例。大陆移民的大量迁入，促进了台湾的开发，出现了早期的大陆移民聚落。清代首任诸罗县令季麒光认为："颜思齐窃据其地，乃有台湾之名，中国民实始居之。"② 郑芝龙的姻亲翁吉鼎曾向同僚提起，台湾"海有十寨，寨各有主，飞黄（郑芝龙）之主（颜思齐），主中主也"③。颜思齐掌控的"主寨"成为当年大陆移民的大本营，位于云林县水林乡水北村颜厝寮。此地仍居住着颜氏族人，尊奉颜思齐为始祖，称为"开台王"。"颜厝寮"地名的由来，也是沿用福建乡村以居民姓氏冠名作为村庄地名的习惯。

天启六年（1626 年），郑芝龙派遣船队堵截台湾海峡运粮商船。当时，福建等地灾情严重，饥民"望海米不止，于是，求食者多往（台湾）投之"④。同年，西班牙人绘制的《台湾荷兰人港口图》标注，台湾北港居住有汉人 5000 人。除了招徕移民开垦之外，郑芝龙利用掌握航海通商的有利条件，发展海上贸易。据翁吉鼎介绍：

（郑芝龙）置苏杭细软，两京宝玩及古今书画骨董，兴贩琉球、真腊、日本、朝鲜、占城、三佛齐等国度。兼于粤东、八闽沿海郡县抢掳窃发，

---

① 泉州姓氏文化研究会编：《泉州姓氏文化》第二期，2016 年 7 月，第 4 页。

② 季麒光：《蓉洲诗文稿选辑》，李祖基点校，香港人民出版社 2006 年版，第 81 页。

③ 花村看行侍者：《谈往》卷一《飞黄作略》，适园本，《丛书集成续编》第 278 册。

④ 谷应泰：《明史纪事本末》卷七十六《郑芝龙受抚》。

裕海岛中之酒米。此天启年间事也。①

崇祯元年（1628 年），郑芝龙归顺朝廷，回到福建。台湾南部遂被荷兰殖民者蚕食盘踞，兴筑台湾城与赤嵌城。顺治十八年（1661 年），郑成功驱逐荷兰殖民者，收复台湾，正式设置地方行政管理机构，改台湾城为安平镇，赤嵌城为承天府，下设天兴县和万年县，台湾出现了具有指标意义的第一个两岸同名村镇——安平镇。②

大陆的安平镇，现为福建省晋江市安海镇。安平系安海的古称，为闽南重镇，是郑芝龙当年控制下的重要的贸易和军事据点。《明季北略》记载：

泉州郡城南三十里安平镇，芝龙府在焉。志龙幼习海，知海情……自就抚后，海舶不得郑氏令旗不能往来。每一舶例入三千金，岁入千万计。芝龙以此富敌国。自筑城于安平，海梢直通卧内，可泊船，径通海。③

崇祯三年（1630 年）十月，郑芝龙派人从日本接回郑成功，留居安平镇。颜思齐和郑芝龙是台湾早期拓荒者的代表性人物。为此，郑成功始终认为台湾是先人基业，在其《复台诗》中发出“十年始克复先基”的咏叹。安平镇是郑成功少年时代生活居住的地方，也是他举兵抗清的基地，在他的人生记忆中留下不可磨灭的痕迹。郑成功收复台湾后，改台湾城为安平镇，就是要将原乡血脉保留在台湾岛这片先辈们披荆斩棘开发过的热土之上。连横《台湾通史》记载：“安平为泉州安海之名，延平起师之地也，入台之后，移置于此，又建桔柣门，以存故土之念。”④

郑成功任命郑省英为承天府尹，黄安率勇卫驻守安平镇，周全斌率侍卫总督承天府南北诸路。其余部属，“按镇分地，按地开荒，日以什一者瞭望，相连接应，轮流迭更。是无闲丁，亦无逸民。插竹为社，斩茅

① 花村看行侍者：《谈往》卷一《飞黄作略》。

② 蒋毓英：《台湾府志》卷十《灾祥》，陈碧笙校注，厦门大学出版社 1985 年版，第 2 页。

③ 计六奇：《明季北略》卷十一《郑芝龙击刘香老》，魏得良、任道斌点校，中华书局 2006 年版，第 186 页。

④ 连横：《台湾通史》卷五《疆域志》，商务印书馆 1983 年版，第 82 页。

为屋。围生牛教之以犁，使野无旷土，而军有余粮。”[①]制定军垦制度之时，郑成功规定：“各镇及大小将领官兵派拨汛地，准就彼处择地起盖房屋，开垦土地，尽其力量，永为世业，以佃以渔以经商，但不许混圈土民及百姓现耕土地。”[②]于是，台湾南部出现大量以郑氏军垦屯营而得名的地名。如营盘脚、营盘边、营盘口、营盘前、查亩营、五军营、二镇、右先锋、右营、左镇、中协、角宿、右武营、下营、顶营、中军营、旧营、后镇、将军营、新营、大营、后营、马兵营、援剿中、援剿右、仁武、前锋、参军、三镇等。[③]如《台湾通史》的作者连横，即出生于台南马兵营。该地“为郑氏驻兵故地，古木郁苍，景绝清閟，自兴位公来台，即卜居于此”[④]。

至于各地百姓以及新到来的大陆移民，只要事先向承天府报备，缴纳税收，也拥有开垦荒地的权利。[⑤]于是，出现以最初的开垦首领或者是兴建村庄时主要族群姓氏冠名的地名。如林圮埔、林凤营、吴全城、宋屋、刘厝埔、朱厝崙、许厝港、粘厝庄、吴厝、黄厝、陈厝寮、江厝店、谢厝寮、施厝寮等。[⑥]这类地名的由来，与大陆乡村固有的命名规则也是一致的。

闽台人民不仅是郑成功收复台湾的主力军，也是开发台湾的拓荒者。可以说，开发台湾是收复台湾的必然结果，也是保护这一胜利果实的必然要求。清政府为了封锁郑成功的抗清活动，在东南沿海实行严厉的迁界政策。郑成功随之发布号令，鼓励并接济大陆民众移居台湾，闽南各地家族谱牒记载了大量这类移民的史料。移民的增加，出现许多新的移民聚落。

---

① 江日昇：《台湾外纪》卷五，陈碧笙点校，福建人民出版社1983年版，第168—169页。

② 杨英：《先王实录》，陈碧笙校注，福建人民出版社1981年版，第254—255页。

③ ［日］安倍明义：《台湾地名研究》，武陵出版社1987年版，第50页。

④ 连震东：《连雅堂先生家传》，载连横：《台湾通史》，商务印书馆1983年版，第733页。

⑤ 杨英：《先王实录》，陈碧笙校注，福建人民出版社1981年版，第255页。

⑥ ［日］安倍明义：《台湾地名研究》，武陵出版社1987年版，第51页。

这样一来，带有大陆原乡血脉标志的同名村落不断出现，更多新聚落的命名规则也沿用大陆原乡的习惯。这样的变化，在台湾开发史上是值得关注的。郑成功的谋士王忠孝在《东宁上帝序》中记载：

东宁僻处海东，向为红夷所据，土夷杂处，散地华人，莫肯措止矣。间有至者，多荷锄逐什一之利，衣冠之侣未闻也。赐姓扶兹土，华人接踵而来，安平、东宁，所见所闻，无非华者。人为中国之人，土则中国之土，风气且因之而转矣。①

王忠孝所说“风气且因之而转矣”的这一“转”，是台湾历史文化发展史上的重大转折。中华传统文化在台湾的扎根与生长，两岸民众携手开发台湾的创业历程，为两岸同名村文化现象的孕育提供原乡血脉。

台湾早期行政区域地名形成于郑氏时代，并在清初平定台湾之后被延续使用，如蒋毓英《台湾府志》记载：“坊里在社镇，各名号皆伪时（郑氏时代）所遗，今因之，以从俗也。”② 随着台湾经济社会的发展，台湾行政区划也随之不断拓展与调整，更多来自大陆原乡的村镇地名移植到台湾。

二、从“荒村烟火”到“居民骈集”的变化

说起“台湾”地名的由来，连横收录一则逸闻，说的是闽南漳州、泉州移民开发台湾的过程中，付出巨大的代价，遂借用闽南语谐音，将“台湾”称为“埋冤”。《台湾通史》记载：“或曰台湾原名埋冤，为漳泉人所号。明代漳泉人入台者，每为天气所虐，居者辄病死，不得归，故以埋

① 王忠孝：《王忠孝公集》卷二，福建省文史研究馆编，江苏古籍出版社 2000 年版，第 82 页。

② 蒋毓英：《台湾府志》卷十《灾祥》，陈碧笙校注，厦门大学出版社 1985 年版，第 9 页。

冤名之，志惨也。”① 不管这则逸闻是否属实，但是“故以埋冤名之，志惨也”的感叹是真实又令人心酸的。其实，先民开发台湾之不易，蒋毓英当年的见闻已足以说明。《台湾府志》记载：“地广人稀，萧条满眼，蕞尔郡城之外，南北二路，一望尽绿草黄沙，绵邈无际。故郭外之乡不曰乡，而总名之草地。荒村烟火，于丛草中见之。”② 面对现实生活中遭遇的种种艰苦，先民们更需要来自原乡的文化慰藉与精神支持，随着原乡地名移植而来的乡土记忆、生活习俗、宗教信仰、家族观念等，成为移民思乡怀祖时必不可少的精神寄托。

雍正十年（1732 年），朝廷准许大陆移民携带家眷，前往台湾开垦，入台人数剧增，移民生活环境相对安定，促进了台湾社会生产的持续发展。尹世俍《台湾志略》记载：

台地袤延千余里，居民骈集，田园宽广，但细稽籍口，多来自闽之兴、泉、汀、漳，粤之潮、惠，为五方杂处之区。前此既非土著，又无室家，如浮萍断梗，流转不常，故易以作奸犯科。自奉旨搬眷，郡城内外，居民多有父母、妻子之乐。凤、诸两邑颇拟郡治。即彰化、淡水僻在北壤，亦差异于昔。且遵旨开垦，田土日辟，民尽得周于利，渐皆安土重迁，为守分编户之氓矣。③

这说明，两岸同名村文化现象的普及与台湾经济社会的发展是密不可分的，浓缩着海峡两岸血浓于水的骨肉亲情，见证了两岸中国人共同开发建设台湾的艰辛历程。

以台湾彰化县为例。乾隆四十八年（1783 年），朝廷正式开放福建泉州府蚶江港与彰化县鹿港对渡通航通商，带动鹿港的繁荣。鹿港与台湾府城、艋舺并称清代台湾三大商业集镇，时称“一府二鹿三艋舺”。鹿港大

---

① 连横：《台湾通史》卷一《开辟纪》，商务印书馆 1983 年版，第 18—19 页。

② 蒋毓英：《台湾府志》卷五《风俗》，陈碧笙校注，厦门大学出版社 1985 年版，第 56 页。

③ 尹世俍：《台湾志略》中卷《民风土俗》，李祖基点校，九州出版社 2003 年版，第 43 页。

街“长三里许，泉、厦郊商居多，舟车辐辏，百货充盈。台自郡城而外，各处货市，当以鹿港为最”①。随着商业的繁盛，移民的增加，彰化县拥有鹿港街、东螺北斗街、西螺街、员林街等33个街市，下辖半线保、燕雾保、马芝璘保等16保。据乾隆《彰化县志》记载，各保所属村庄出现大量移植大陆原乡地名的现象，如半线东西保有平和厝、饶平厝、诏安厝、安溪寮、顶泉州厝、下泉州厝。马芝璘上下保有兴化厝、云霄厝、粘厝庄、镇平庄、同安寮、惠来厝。鹿港保有安平镇、泉州街。燕雾上下保有陕西庄、南平庄、白沙坑。大武郡东西保有泉州寮、漳浦寮、同安宅、福兴庄、永靖街、镇平庄、惠来厝。西螺保有永定厝、饶平厝、永春厝。布屿禀保有惠来厝、龙岩厝、兴化厝。海丰保有同安厝、湖头厝、后安寮、澄海厝、泉州厝。大肚上中下保有海丰厝、诏安厝、福州厝、湖头庄。东螺东西保有兴化庄、饶平厝、漳浦厝、海丰寮、同安寮、诏安厝。猫雾栋东西上下保有同安厝、江西厝、惠来厝、镇平庄、永定厝。猫罗保有同安厝、海丰厝。沙连保有磁灶厝。②

每一个相同的地名，都凝结着一缕血脉亲情，浓缩着先民开发台湾、建设台湾、保卫台湾的一段段血浓于水的历史情感。

三、透过日本殖民者的“哀叹”看树立中华文化自信的意义

两岸同名村镇文化现象既是一种历史的存在，也是海峡两岸民众血脉相融的延续，它的核心是对中华传统文化和民族心理的一种特殊的认同感。这一点，就连当年强行殖民统治台湾的日本殖民当局也不得不在《台湾总督府警察沿革志》中哀叹：

① 李廷璧修，周玺纂：《彰化县志》卷二《规制志》，中国地方志集成版，第192页。

② 李廷璧修，周玺纂：《彰化县志》卷二《规制志》，中国地方志集成版，第194—199页。

台湾人的民族意识之根本起源乃系于他们原是属于汉民族的系统，本来汉民族经常都在夸耀他们有五千年传统的民族文化，这种民族意识可以说是牢不可破的。台湾人固然是属于这汉民族的系统，改隶虽然已经过了40余年，但是现在还保持着以往的风俗习惯信仰，这种汉民族的意识似乎不易摆脱。盖其故乡福建、广东两省与台湾仅一水之隔，且交通往来也极频繁，这些华南地区，台湾人的观念平素视之为父祖坟墓之地，思慕不已，因而视中国为祖国之感情，不易摆脱，这是难以否认的事实。①

但是，日据时期，日本殖民当局在台湾强制实施“皇民化”运动，毕竟给台湾留下严重的文化创伤和消极的社会影响。1949 年之后，海峡两岸的对峙形势依然严峻，致使出现民族认同的异化。对中国历史文化、民族情感的无知与漠视，导致一部分人产生游离中国文化之外的错误倾向。“反中、亲美、媚日”的思潮危害匪浅，“台独”势力数典忘祖，不断采取“去中国化”的卑劣行径，两岸关系依然经受着严峻的考验。

研究两岸同名村镇文化现象不仅应站在历史的角度来审视，用客观真实的历史事实来阐述其文化内涵。更应该站在时代的高度来弘扬其对于中华文化的认同感，以此为基础，树立两岸中国人的文化自信心，抵御“台独”分裂势力所造成的风险。诚如习近平总书记《在哲学社会科学工作座谈会上的讲话》（2016 年 5 月 17 日）所指出：

站在 960 万平方公里的广袤土地上，吸吮着中华民族漫长奋斗积累的文化养分，拥有 13 亿中国人民聚合的磅礴之力。我们走自己的路，具有无比广阔的舞台，具有无比深厚的历史底蕴，具有无比强大的前进定力，中国人民应该有这个信心，每一个中国人都应该有这个信心。

因此，有必要系统性地对海峡两岸同名村镇文化现象进行深入的普查与研究。利用台湾地区出版的如《台湾地名研究》《重修台湾省通志・地名沿革篇》以及台湾地方志史料，与台湾文化社团、宗亲联谊会等团体加

① 《台湾总督府警察沿革志》，转引自王晓波：《台湾史论集》，中国友谊出版公司 1992 年版，第 128 页。

强联系，开展学术交流，分享学术成果，共同梳理两岸同名村镇文化现象的发展脉络。

深入挖掘两岸同名村镇文化内涵，包括地名沿革、姓氏渊源、信仰文化、历史人物等信息，推动两岸乡亲的互访互动，恳亲交流，增进了解，凝聚共识。

继续将闽台同名村结对、同宗村寻根、同礼乐交流系列活动纳入海峡论坛的议题。吸纳更广泛的两岸民众尤其是青年人的参与，让“两岸一家亲”的理念深入人心，增进两岸民众对于中华文化价值观的认同。

同名村是台湾民众保持原乡记忆的文化符号，两岸民众认同的不仅仅是一个地名，更是地名背后蕴含的共同的家国观念和文化情感。两岸民众的文化认同感，将强有力地抵消认同异化所带来的消极影响，成为维系两岸和平统一的重要文化纽带。

参考文献

〔1〕泉州姓氏文化研究会编：《泉州姓氏文化》第二期，2016 年 7 月。

〔2〕季麒光：《蓉洲诗文稿选辑》，李祖基点校，香港人民出版社 2006 年版。

〔3〕花村看行侍者：《谈往》卷一《飞黄作略》，适园本，《丛书集成续编》第 278 册。

〔4〕谷应泰：《明史纪事本末》卷七十六《郑芝龙受抚》。

〔5〕蒋毓英：《台湾府志》，陈碧笙校注，厦门大学出版社 1985 年版。

〔6〕计六奇：《明季北略》卷十一《郑芝龙击刘香老》，魏得良、任道斌点校，中华书局 2006 年版。

〔7〕连横：《台湾通史》，商务印书馆 1983 年版。

〔8〕江日　：《台湾外纪》卷五，陈碧笙点校，福建人民出版社 1983 年版。

〔9〕杨英：《先王实录》，陈碧笙校注，福建人民出版社 1981 年版。

〔10〕［日］安倍明义：《台湾地名研究》，武陵出版社 1987 年版。

〔11〕王忠孝：《王忠孝公集》卷二，福建省文史研究馆编，江苏古籍出版社 2000 年版。

〔12〕尹世俍：《台湾志略》中卷《民风土俗》，李祖基点校，九州出版社 2003 年版。

〔13〕李廷璧修，周玺纂：《彰化县志》卷二《规制志》，中国地方志集成版。

〔14〕《台湾总督府警察沿革志》，转引自王晓波：《台湾史论集》，中国友谊出版公司 1992 年版。

（作者单位：福建省石狮市博物馆）

浅论北京城门俗名中的旧称及其保护

毛智周　李　好

摘　要　北京不少城门的俗名在明清以至民国都沿用了金元时期城门的旧称，这种旧称类俗名既不普遍存在，也不与原城门完全对应，而明代北京城市的建设历程及人口与社群的构成模式则是这种地名文化现象形成的主要原因。今天，我们应从多方面着手保护这一珍贵的历史地名文化遗产。

关键词　北京城门　俗名　旧称　历史地名　地名保护

明清北京城的许多城门都有自己的俗名[①]，而其中不少则是元大都乃

① 这里的“俗名”指的是百姓日常生活中对北京城门的普遍称呼，至于“煤门”“水门”“刑门”“税门”等别称则不在讨论之列。

至金中都城门的旧称。这种旧称在昔日的“老北京”中广为流传并长期沿用，构成了北京城门独特的地名文化现象。本文拟在简述北京城市沿革及城门变化的基础上梳理城门旧称的沿用情况，概括其特点并探讨原因，并对这种地名文化遗产在今日的价值及保护提出自己的思考。

一、北京城市沿革概述

在探讨北京城门俗名中的旧称之前，需要简要梳理北京城市的发展脉络。

从考古发现等来看，战国至西晋时期的蓟城应当在北京旧城的西南部，唐代的幽州城和辽南京也在这个位置。金灭辽后，将南京城扩建为中都，北面城墙开四座城门，东、南、西三面城墙各开三座城门。城内最北端的东西向大街东通施仁门，西到彰义门，大致相当于今广安门大街的位置。

蒙古大军攻破金中都后，城内宫阙尽被焚毁。后忽必烈有意建都于此，遂放弃金中都旧城，并围绕中都东北方的湖泊兴建新的宫城、皇城与大城，是为元大都。元大都共有十一座城门，南面城墙三座城门，正中正南门为丽正门，东为文明门，西为顺承门；东面城墙三座城门，自北向南依次为光熙门、崇仁门、齐化门；北面城墙两座城门，自西向东为健德门、安贞门；西面城墙三座城门，自北向南依次为肃清门、和义门、平则门。

明初洪武年间徐达率军攻克元大都，将北边城墙南移五里，另筑新墙，原先的北半部城墙及肃清门、健德门、安贞门、光熙门几座城门遂被废弃。新建的北城墙仍设两门，自西至东分别命名为德胜门、安定门。此外，东面的崇仁门和西面的和义门被更名为东直门和西直门。朱棣迁都后，将南城墙南移二里，仍设三门，名称不变。正统年间修建九门城楼后将原丽正门、文明门、顺承门、齐化门、平则门分别改为正阳门、崇文门、宣武门、朝阳门、阜成门，自是形成沿用至今的北京内城城门名称。嘉靖时期修建了南城城墙，并开永定门、左安门、右安门、广宁门（今作广安门）、广渠门、西便门、东便门七座城门，其中，广宁门、广渠门分别位于外城的西墙和东墙，连接两座城门的是贯穿外城东西的大道。至此，北京城基本定型，至清代亦未发生太大变化。① 北京城自金至明清的城市变化大致如图 1 所示。

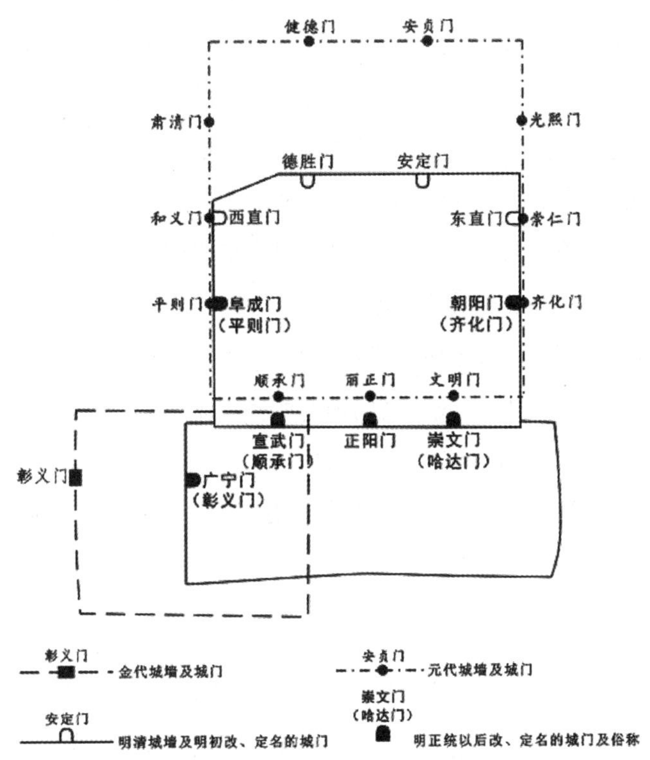

图 1　金至明清北京城市的变化及部分城门名称示意图②

① 以上有关北京城市沿革的叙述参考侯仁之：《元大都城与明清北京城》，《故宫博物院院刊》1979 年第 3 期；徐苹芳：《古代北京的城市规划》，《中国历史考古学论丛》，允晨文化实业股份有限公司（台北）1995 年版，第 131—142、160 页。

② 本图据徐苹芳《古代北京的城市规划》中的插图绘制，见徐苹芳：《古代北京的城市规划》，《中国历史考古学论丛》，允晨文化实业股份有限公司（台北）1995 年版，第 132、133、140、160 页。

二、明清北京城门俗名中旧称的沿用

“老北京”都知道，“里九外七”的北京城门不少都有自己的俗名。根据民国刊物，正阳门俗称前门，崇文门俗称哈达门（或作哈德门、海岱门），宣武门俗称顺治门（或作顺承门等），朝阳门俗称齐化门，阜成门俗称平则门，左安门俗称江擦门（实为礓礤门），右安门俗称南西门，广宁门俗称彰义门（或作彰仪门），广渠门俗称沙窝门（或作砂锅门）[①]。其中有些是民间习语，而有些则是元代乃至金代的旧称。

如前所述，自元大都后，北京城门名称的更改、定名大致经历了明代洪武年间、正统年间和嘉靖年间三个阶段，最终形成了沿用至今的名称。但梳理文献则不难发现，崇文门、朝阳门、阜成门、宣武门和广宁门的旧称则在民间俗称中与正式名称相伴始终。

崇文门沿用了元代的旧称“哈达门”，而它在元代的正式名称为文明门，“哈达门”只是俗称，或因其门内有哈达王府而得名[②]。这一旧俗称自元代产生后，即在民间流传[③]，至明清犹然[④]。有些文献中，“哈达门”也会误写作“海岱门”[⑤]，至民国始出现“哈德门”的写法[⑥]。朝阳门明清俗

① 参考冯大光：《北京城门琐话》，《立言画刊》第 149 期；白木：《北京城门》，《三六九画报》1942 年 11 月 19 日。

② 《析津志》载：“文明门即哈达门，哈达王府在门内，因名之”。见熊梦祥著，北京图书馆善本组辑：《析津志辑佚》，北京古籍出版社 1983 年版，第 2 页。

③ 如《玉笥集》载《宛平主簿骝马歌》序：“遂纵辔至哈达门而回”。见张宪：《宛平主簿骝马歌》，《玉笥集》卷四，商务印书馆 1935 年版，第 66 页。

④ 如光绪《顺天府志·京师志》“崇文门大街”条：“崇文门，俗沿元称，曰哈达门”。见光绪《顺天府志》卷十三《京师志十三·坊巷上》，光绪十二年刻本，第 27 页。

⑤ 如《酌中志·内府衙门职掌》“京城内外十六门”条：“崇文门俗称海岱门”。见刘若愚：《酌中志》卷十六《内府衙门职掌》，北京古籍出版社 1994 年版，第 126 页。

⑥ 如《英美烟公司月报》载蔚庐《咏哈德门烟》诗作，见《英美烟公司月报》1921 年 9 月 1 日。

呼“齐化门”，也是元代城门的旧称，这在明清文献中亦有体现①。阜成门在明清文献中的俗名同样为元代旧名“平则门”②。宣武门元代旧称“顺承门”，这在民间俗称中同样沿用至明清③，有些文献会将其误写为“顺城门”④或“顺成门”⑤，而民间诗文小说则更误称之“顺治门”⑥。

广宁门的情况与前面几座城门有所不同，它是明嘉靖年间新建的城门，与之前的城池并无关系，但明清人们的习语中仍以金中都城门“彰义门”的旧名称之⑦。而“彰义门”的地名在元代兴建大都后并未消失⑧，为

---

① 如《帝京景物略》“春场”条：“廿八日，东岳仁圣帝诞，倾城趋齐化门，鼓乐旗幢为祝，观者夹路”。见刘侗、于奕正：《帝京景物略》卷二《城东内外》，北京古籍出版社1980年版，第67—68页。又如光绪《顺天府志·京师志》“朝阳门大街”条：“朝阳门，俗沿元称，曰齐化门”。见光绪《顺天府志》卷十三《京师志十三·坊巷上》，第35页。

② 如《酌中志·内府衙门职掌》“京城内外十六门”条：“西面则阜成门，俗称平则门也”。见刘若愚：《酌中志》卷十六《内府衙门职掌》，第126页。又如光绪《顺天府志·京师志》“阜成门大街”条：“阜成门，俗沿元称，曰平则门”。见光绪《顺天府志》卷十三《京师志十三·坊巷上》，第42页。

③ 如《帝京景物略》“春场”条：“三伏日洗象，锦衣卫官以旗鼓迎象出顺承门”。见刘侗、于奕正：《帝京景物略》卷二《城东内外》，第69页。又如光绪《顺天府志·京师志》“宣武门大街”条：“宣武门，俗沿元称，曰顺承门”。见光绪《顺天府志》卷十三《京师志十三·坊巷上》，第17页。

④ 如万历《顺天府志·营建志》“巡盐察院”条：“在顺城门西”。见万历《顺天府志》卷二《营建志·公署》，万历二十一年刻本，第9页。又如《宸垣识略·外城二·西》：“顺城门西河，年例初伏洗象”。见吴长元辑：《宸垣识略》卷十《外城二·西》，北京古籍出版社1982年版，第189页。

⑤ 如《酌中志·内府衙门职掌》“京城内外十六门”条：“宣武门俗称顺成门”。见刘若愚：《酌中志》卷十六《内府衙门职掌》，第126页。

⑥ 如《忘山庐日记·壬寅·二月》：“七日……入顺治门，过化石桥旧屋”。见孙宝瑄：《忘山庐日记·壬寅·二月》，上海古籍出版社1983年版，第483页。又如《永庆升平·前传》第95回：“他舅舅住家在顺治门外椿树三条胡同”。见郭广瑞著，曹亦冰校点：《永庆升平·前传》第95回《玉峰误言惊飞贼 方昆授业喜神童》，宝文堂书店1988年版，第552页。

⑦ 如万历《顺天府志·地理志》“婆娑亭”条：“府西南彰义门内”。见万历《顺天府志》卷一《地理志·古迹》，第41页。又如光绪《顺天府志·京师志》“广宁门大街”条：“俗称彰义门大街，义或讹仪”。见光绪《顺天府志》卷十四《京师志十四·坊巷下》，第19页。

⑧ 如《纯白斋类稿》载《卢沟南道上三首·其一》：“彰义门前杨柳阴”。见胡助：《卢沟南道上三首·其一》，《纯白斋类稿》卷十四《七言绝句》，中华书局1985年版，第125页。

广宁门继承金中都城门的旧称创造了条件。这几座城门的俗名及与之前城门的位置关系如图 1 所示。

三、北京城门旧称类俗名的特点及形成原因

如上所述，明清北京诸座城门的俗名中，使用金元旧称的为崇文门（哈达门）、宣武门（顺承门）、朝阳门（齐化门）、阜成门（平则门）和广宁门（彰义门）。它们有的（朝阳门、阜成门）在元大都城门原址，有的位置发生变化但仍与原城门对应（崇文门、宣武门），且明初并未改名，不难理解民众仍习惯以旧名称之。其他城门有的位置没有改变（如东直门、西直门），有的也与之前的城门对应（如安定门之于安贞门、德胜门之于健德门，都是北面城墙的两座城门），但它们在民间则没有旧称类的俗名。而广宁门是新建的城门，与旧有的城门并无直接联系，却也在俗名中使用金中都“彰义门”的旧称。不是所有与原有城门对应的城门都沿用了旧称，沿用旧称的城门也不一定与之前的城门直接对应，是明清北京城门旧称类俗名的两个基本特点。

这种特点或许与明代北京城门改名、定名的过程和阶段密切相关。明初洪武、永乐时期更定了东直门、西直门、安定门、德胜门的名称，它们的旧称也没有在百姓口语中保留下来，而明中期正统年间更名或新建的崇文门、宣武门、朝阳门、阜成门等以及广宁门却都在俗名中保留或沿用了旧称，足见二者的重要联系。

这种关联绝非偶然或巧合，而有更深层次的社会历史原因。研究表明，元明易代时，北京的城市人口因逃亡或遣散而锐减①，直至永乐帝迁都后才大量从山西、江浙等地迁移军民以充实京师，使城市人口达于

① 韩光辉：《北京历史人口地理》，北京大学出版社 1996 年版，第 257—259 页。

极盛[①]，也构成了明代前中期北京城市人口的主体。城门旧称的沿用情况也与这个移民过程相吻合。当他们初到京师时，东直门、西直门、安定门、德胜门已是新名，而哈达门、顺承门、齐化门、平则门等仍为旧称，他们便以“新旧混杂”的地名称呼城门。而二十年后的正统年间方才有了崇文门、宣武门、朝阳门、阜成门等的新称，这时早期移民或许已基本习惯了永乐时期的城门名称，故仍在日常生活中沿用之，历数百年以至民国。期间京城的人口虽然有多次重大变化，但均未对此有影响，这也可以反向说明北京城门的旧称类俗名至迟在明正统之前已经形成且固化。总而言之，北京城门俗名中旧称的使用情况实际反映了明初京师移民对城门的“第一印象”。

广宁门沿用“彰义门”旧称应当也与此处的人口密切相关。元灭金后在中都东北方兴建新城大都，但中都旧城并未废弃，许多人口仍居住于此[②]，不少旧街道甚至保留到了今天，还形成了许多连接中都与大都的斜街[③]。换言之，这里的社群或许在很长的时间里保持了相对的稳定，那么居民们也很可能在日常生活中沿用一些旧地名。当嘉靖年间广宁门建成后，由于它与金中都的彰义门相去不远，位于同一条大街，又同为西向城门，人们也就顺理成章地将彼彰义门转变为此“彰义门”。

四、北京城门旧称类俗名的价值与保护

历史地名即“曾经出现但现已不再使用的地名”[④]，本文所讨论的北京

---

① 韩光辉：《北京历史人口地理》，第 261—264 页。

② 韩光辉：《北京历史人口地理》，第 84 页。

③ 如宣武门大街附近椿树胡同、丞相胡同等南北向的长胡同，实际上保留了金中都城东部的街道格局。又如琉璃厂地区的杨梅竹斜街、王寡妇斜街（今为棕树斜街）均为西南—东北向的街道，实际上是中都到大都的捷径。参考徐苹芳：《古代北京的城市规划》，《中国历史考古学论丛》，允晨文化实业股份有限公司（台北）1995 年版，第 134、139 页。

④ 尹钧科、孙冬虎：《北京地名研究》，北京燕山出版社 2009 年版，第 311 页。

城门旧称类俗名亦属于历史地名的范畴。与一般的历史地名不同，虽然北京城门的官方名称早已改变，但部分城门的旧称却更为普通民众所接受而以俗名的形式在民间流传了数百年，事实上发挥了正式地名应有的部分作用。这种特殊的历史地名更有其独特且重要的历史与现实价值。

一般认为，历史地名的价值大致体现在三个方面：其一为历史复原价值，历史地名有助于定位、描述历史事物，并确定其空间分布；其二为精神文化价值，历史地名是民族文化、地域文化的载体，对于我们探索、发扬优秀地域文化、民族文化有重要意义；其三为历史经验价值，历史地名的命名原则、词语特色也可以为当今地名工作者所借鉴①。除此之外，北京城门的旧称类俗名还有其独特的科研、文化及现实意义。首先，对于北京城门旧称在民间延续数百年的地名文化现象还可以从多方面进行探讨。本文从人口流动、社群结构的角度作了一定解释，而官方对民间沿用旧名的反应、俗名与正名的应用范围等等问题都值得思考。其次，北京是一座历史文化名城，作为中国最重要的古都之一，其城门名称不仅仅体现了深厚的历史文化底蕴，还彰显出中国人对河清海晏、太平治世的向往。不论是官方后来改定的新名，还是民间沿用的俗名，都饱含着美好的愿望，具有重要的文化价值。最后，北京城门旧称类俗名流传百年的现象对于我们今天的地名整理、改定及命名等工作同样有重要的启示。北京的不少城门之所以在民间会长期沿用旧称，很大程度上是因为在特定的社会历史条件下，民间早已形成了对城门的固有印象，而城门的更名、迁址、重建等官方行为则不太能够考虑到这些问题。某种程度上，北京城门旧称类俗名的长期沿用不利于地名的规范化。这促使我们今天在调整那些早已定型且长期沿用的地名时从更多方面进行思考。

历史地名的保护已成为文化遗产学界、地名学界等相关领域方兴未艾的一门重要课题。《北京市"十二五"时期历史文化名城保护建设规划》明确要求："加强地名文化遗产保护研究，研究制定保护办法并探索提出

① 尹钧科、孙冬虎：《北京地名研究》，北京燕山出版社 2009 年版，第 311—312 页。

旧城地名分级保护名录。”① 北京城门的旧称类俗名虽曾在民间广泛流传，但新中国成立后，尤其是改革开放以来，随着大量外来人口的流入及地名管理模式的重大变革，它们逐渐为人们所忘却，在今天的北京居民中已几乎不再使用而濒临消亡。作为珍贵的地名文化遗产，北京城门的旧称类俗名亟待保护。笔者认为，应从资料搜集、社会宣传和文化创作三个层面着手开展保护工作，以使这些俗名再次散发光芒。

首先，应当全方位搜集有关北京城门俗名的故事、儿歌及民谣等材料，并对“老北京”进行针对性的口述调查，深度挖掘隐藏于民间的历史地名遗产，建设北京城门俗名的民间文献数据库。同时，也要注意搜集档案、碑刻、回忆录、日记等史料，以此与民间口语对照。这样既有利于保存相关的文化遗产资料，也方便学者对其进行更加全面而深入的探究。其次，需要向社会进行多方面的宣传，介绍北京城门旧称类俗名这种独特的文化现象。除了举办讲座、社会课堂或编著地名志书外，不妨建立一座专门的北京城门博物馆，宣传北京城墙与城门的历史沿革、文化故事，并开辟专栏介绍这些俗名流传百年的现象。此外，还可以对历史地名这种文化现象的载体进行一定的艺术加工，发掘其丰富的历史文化内涵，创作出一系列符合人民群众需求，并具有艺术性、文学性、教育性的作品。这既有利于宣传城门名称文化，还能够促进文化产业的发展。

五、结语

本文从文献入手，梳理了北京城门旧称类俗名在明清以至民国的沿用情况，分析了其基本特点与内在差异，从城市发展历程及人口与社群的稳定性等角度探讨了渊源，并对这种历史地名的独特价值及保护措施作了一

① 《北京市“十二五”时期历史文化名城保护建设规划》，http://zhengwu.beijing.gov.cn/ghxx/sewgh/t1206698.htm，2017 年 6 月 22 日。

定的思考。笔者认为，北京城门俗名中的旧称源于金元，而沿用至明清乃至民国，这种地名文化现象及种种特点很有可能是由明代北京城门名称更定的几个阶段及与之相关的城市人口及社群特征决定的。作为一种富有意义而濒于消失的历史地名，北京城门的旧称类俗名在今天需要从多个方面加以保护、弘扬。

从更大范围来看，许多重要城市标志性地点的旧称在民间或多或少地都会长期沿用，这种有趣的地名文化现象实际上反映了历史时期人口流动相对较小的情况下居民对地名的固有观念。由于北京的都城地位及其城门重要的象征意义，其俗名中长期沿用旧称的文化现象更加值得我们重视与保护。本文仅对北京城门的俗名做了粗略的梳理，并从人口、社群等几个方面进行了浅显的分析，希望今后学者能从更为开阔的角度对此问题进行深入探讨。

参考文献

〔1〕熊梦祥著，北京图书馆善本组辑：《析津志辑佚》，北京古籍出版社 1983 年版。

〔2〕胡助：《纯白斋类稿》，中华书局 1985 年版。

〔3〕张宪：《玉笥集》，商务印书馆 1935 年版。

〔4〕万历《顺天府志》，万历二十一年刻本。

〔5〕刘侗、于奕正：《帝京景物略》，北京古籍出版社 1980 年版。

〔6〕刘若愚：《酌中志》，北京古籍出版社 1994 年版。

〔7〕吴长元辑：《宸垣识略》，北京古籍出版社 1982 年版。

〔8〕光绪《顺天府志》，光绪十二年刻本。

〔9〕广瑞著，曹亦冰校点：《永庆升平・前传》，宝文堂书店 1988 年版。

〔10〕孙宝瑄：《忘山庐日记》上海古籍出版社 1983 年版。

〔11〕徐苹芳：《古代北京的城市规划》，《中国历史考古学论丛》，允晨文化实业股份有限公司（台北）1995 年版。

〔12〕韩光辉：《北京历史人口地理》，北京大学出版社 1996 年版。

〔13〕尹钧科、孙冬虎：《北京地名研究》，北京燕山出版社 2009 年版。

〔14〕蔚庐：《咏哈德门烟》，《英美烟公司月报》1921 年 9 月 1 日。

〔15〕冯大光：《北京城门琐话》，《立言画刊》1941 年 8 月 2 日。

〔16〕白木：《北京城门》，《三六九画报》1942 年 11 月 19 日。

〔17〕侯仁之：《元大都城与明清北京城》，《故宫博物院院刊》1979 年第 3 期。

〔18〕《北京市“十二五”时期历史文化名城保护建设规划》，http://zhengwu.beijing.gov.cn/ghxx/sewgh/t1206698.htm，2017 年 6 月 22 日。

（作者单位：毛智周，武汉大学历史学院；
李好，北京大学城市与环境学院）

试论“地名遗产”的核心意涵与保护战略

范今朝

摘　要　近年来，作为非物质文化遗产重要组成部分的地名遗产逐渐受到社会各界的重视。本文在对地名文化、地名遗产等术语加以辨析的基础上，对“地名遗产”的核心意涵作了界定，即指纳入某种保护体系的地名（语词）本身。同时，提出较为完整的地名遗产保护战略的构想，即宏观层面的对接配合、参与融入和自身行动三大战略。在自身行动方面，则提出地名遗产保护可以按照静态、动态两大体系，各级主管部门分级实施，以动态静态、各级部门相互交融的方式进行，构成地名遗产的四种保护类型和三维交织的保护态势。静态的四种保护类型是地名本体（单体）保护、地名群（地名系列）保护、地名富集区保护与地名事件（活动、场所、人物、文献等）保护，每种均可开展相应的保护计划、项目和活动，并分级（国家层面、地方各级层面、有关部门单位等）展开。

关键词 地名文化 地名遗产 意涵 保护 战略

在世界各国广泛开展对物质性、非物质性遗产进行保护的大背景下，地名领域，也逐渐提出“地名遗产”的概念，并推出了保护地名遗产的各种举措。

1987年以来，在多届联合国地名标准化会议所通过的决议中，都有关于地名遗产保护方面的论述。1987年，第五届会议第六号决议指出：“地名是民族文化遗产”。1992年，第六届会议第九号决议指出：“地名有重要的文化和历史意义，随意改变地名将造成继承文化和历史传统方面的损失。”2002年，第八届会议第九号决议确认：“地名为文化遗产”。2007年，第九届会议第四号决议认定“地名完全属于非物质文化遗产”。2012年，第十届会议第三号决议提出了“确定和评价地名作为文化遗产的标准”。①

在上述认识和有关决议的推动下，许多国家开始关注地名文化研究和地名遗产保护的问题。中国在这方面的行动力度也较大。国家层面，由民政部地名研究所（中国地名研究所）牵头，2004年，组织了为期三年的地名文化遗产保护项目，2011年，出版《地名文化遗产概论》等图书，2012年，推出国家标准“《地名文化遗产鉴定》行业标准”（MZ/T 033—2012），并在此基础上，拍摄电视文献片《千年古县》，发放保护标志牌，等等。② 各地也在此背景下，进行了大量有地方特色的保护行动。③

---

① 有关文件均见联合国网站：https：//documents-dds-ny.un.org/doc/UNDOC/GEN/N07/509/02/pdf/N0750902.pdf?OpenElement，2017年7月13日。

② 参见刘保全、李炳尧、宋久成等编著：《地名文化遗产概论》，中国社会出版社2011年版。

③ 《北京胡同地名文化遗产研究项目启动》，《中国社会报》2005年4月27日；《济南将建地名文化遗产名录体系》，《济南日报》2006年8月25日；《关于加强天津市历史地名管理的通知》，《天津政报》2007年第6期；《“南京老地名”正式列入市级非物质文化遗产》，《中国社会报》2008年1月21日；《老地名，诉说光阴的故事——细品我省首批千年地名文化遗产名录》，《浙江日报》2017年2月7日。

随着对地名文化和地名遗产保护工作的重视，近年来，国内对地名遗产的学术性研究也逐渐增多。① 但与现实中丰富多彩的实践相比，学理性的研究还较薄弱，亦缺乏宏观性的保护战略的总体构想和顶层设计。本文拟在对地名遗产相关术语的内涵加以辨析的基础上，提出较为完整的地名遗产保护战略的宏观构想。

一、“地名遗产”的核心意涵

目前，国内学术界和实际管理部门通常使用“地名文化遗产”来指称相关的学术研究和实际工作。从“地名遗产”这一概念在前引联合国地名标准化会议的几个文件中的使用可见，国际上使用该术语时，归结为“地名遗产”（toponymic heritage）一词；其所指非常明确，即局限于将地名也应该按照非物质文化遗产保护的方式来加以确认和保护，也即根据其延续性和文化认同性等标准，选择符合标准的地名，建立保护名录并采取相应的保护行动。故其所指为部分“地名”本身，并没有涉及其他（当然，保护这些地名，也就意味着保护其所承载的文化内涵，但这是两个维度的事情，不宜混为一谈）。

但是，在目前汉语的使用中，为了突出地名的文化内涵，现在多使用“地名文化遗产”这一术语，把多种含义都附加进去。因此，我们认为有必要对“地名文化”和“地名遗产”两个术语加以区分。

1. 地名文化

地名文化指每个地名所具有的历史、文化、空间等方面的意义，是“以地名为载体记录的中华民族所创造并世代传承的物质文化和精神文化

① 石超艺：《城市化进程中地名文化价值的量化分析——以上海市乡镇级地名为例》，《城市问题》2010 年第 1 期；岳升阳、杜书明：《城市地名文化遗产评价体系及应用——以北京市牛街地区为例》，《城市问题》2011 年第 8 期。

成果”①，也即其所使用的语词的意涵和所指代的地理实体的意涵的总和。故而，在这种含义上使用时，可以直接使用“地名文化”。

2. 地名遗产

地名遗产来自于遗产保护和评价领域，具体又可以包含两个层面的含义：

（1）地名整体的遗产属性：从整体上来看，地名是一类重要的非物质性的文化遗产，即“地名完全属于非物质文化遗产”。

（2）某些重要地名的保护体系或方式：即地名应该按照非物质文化遗产保护的方式来加以保护，某些具有重要价值的地名可以列入地名遗产的保护范围。具体而言，即将各类地名进行遗产价值的评价，建立保护名录，进而提出保护措施。在这种含义上使用时，建议直接表述为“地名遗产”，即所有符合条件的地名的整体构成“地名遗产”这一概念。而对纳

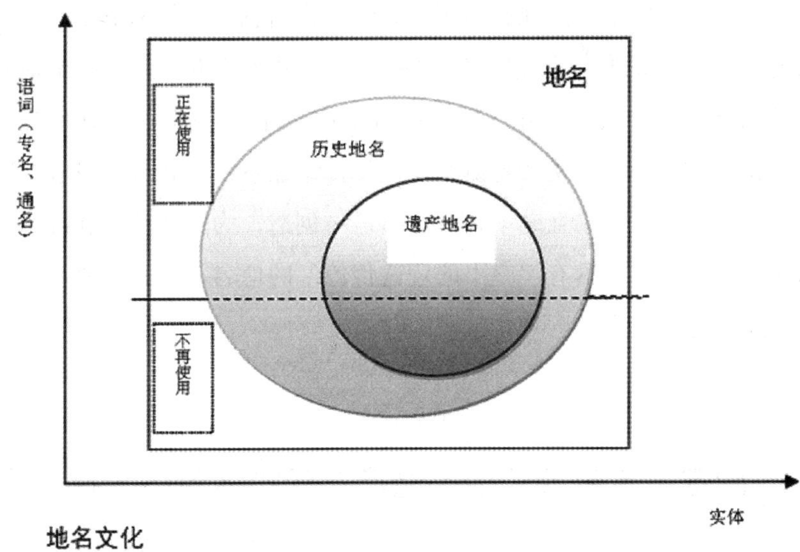

图 1　地名、历史地名、遗产地名等概念的相互关系及地名文化的分析维度

① 刘保全、李炳尧、宋久成等编著：《地名文化遗产概论》，中国社会出版社 2011 年版，第 38 页。

入某种保护名录中的具体地名，则可以用“遗产地名”来特指。

因此，本文建议对“地名文化遗产”这一用语进行细化，即区分为“地名文化”和“地名遗产”两个概念（如图1所示）：

——“地名文化”：指的是每一个地名所具有的文化内涵（包括语词文化和实体文化），表现为对其文字、图片等的说明和阐释；

——“地名遗产”：指的是纳入某种保护体系的某些地名，表现为这些地名（语词）本身。

理论上，任何地名都具有自身的文化内涵（即“地名文化”），因而都需要予以尊重和一定的保护（即理论上都有可能成为“地名遗产”）。但现实中，由于社会发展、环境变化等各种因素的影响，以及地名本身“名”与“实”的辩证统一关系（即一旦“实”发生变化，“名”或早或晚也会发生变化，这是地名本身演变的客观规律使然），地名发生一定的变化是正常的；所谓的“地名遗产”或“地名文化”的保护，也并不是绝对不能变化，而是需要采取措施使其所承载的文化信息可以传承下去。

因此，为了更好地推动地名遗产保护工作，我们需要经过对各个地名所蕴含的语词文化、实体文化（即“地名文化”）内涵的分析、评价，来确定那些符合“这种非物质文化遗产世代相传，在各社区和群体适应周围环境以及与自然和历史的互动中，被不断地再创造，为这些社区和群体提供认同感和持续感”的具有“突出的普遍价值”的地名，作为需要重点保护和传承的“地名遗产”。

二、确定一定时期“地名遗产”保护名录的直接依据

遗产（也包括地名遗产）概念的提出，其直接目的源于保护濒危的遗产本体，因此更多强调的还在于政府层面管理机制的落实，以及相应的保护行动。这从前引联合国地名标准化会议有关地名遗产的几个文件中也可以体会出来。

2002 年的第八届会议所通过的第九号决议中有关于“地名为文化遗产”的论断，认为：“国家应采取措施，确保根据地方使用地名形式的情况，实地记录尚未收集的地名”。2007 年的第九届会议上，更明确提出“地名完全属于非物质文化遗产”，并突出强调了“某些”“带有身份和连续性的色彩”的“地名的使用面临各种威胁”，故而“鼓励负责地名的正式机关：(a) 根据《保护非物质文化遗产公约》的使用标准，清点整理地名；(b) 建议《公约》所设委员会承认这些地名；(c) 根据《公约》第 2 条第 3 款和第 18 条，制定保护和弘扬此遗产的方案；(d) 着手付诸实施”。

因此，“地名遗产”的确定仅是保护的开始，还需要具体的行动措施。至于选择哪类地名列为某一时期的“地名遗产”，除了地名本身应该具有较高的文化价值、文化内涵（即“文化性”）外，也要看目前的状态（即“濒危性”，意即保护的紧迫性）和需要（即“功用性”，意即是否特别切合现实的需要）而定。虽然理论上，所有地名都有自身的文化内涵，但主管部门不可能把所有地名都确定为地名遗产；即使是其中文化价值较高者，也数量很多，且各个地名的文化内涵也具有一定的不可比性和不可替代性，很难说孰高孰低，故也不可能同时都定为地名遗产。因此，实际工作中，只能是推出特定时期的地名遗产保护名录，把当时所认为的某类具有较高文化内涵的地名，或者某些在现实需要下具有特殊功用与意义，或者明显濒危而亟待保护的地名等，列入当时所定的地名遗产名录之中，将之作为地名遗产保护行动的优先对象。

所以，某一时期的“地名遗产”的确定，要考虑地名的文化性、濒危性与功用性。文化性是基础，而濒危性与功用性则是确定某一时期地名遗产的直接依据。

当然，并不是说在确定保护实践中的地名遗产的同时，其他地名就可以忽视不顾。虽然“遗产”概念的核心是按照其对现实“有用”与否所进行的选择，但未被纳入名录之中的地名，未来也许其价值会被重新认识，会对未来的人们显现出重要意义，所以，我们又不能妨碍其在未来发挥作用。故而在当前亦应该完整记录其各类信息，尽可能保持其原真性不被破坏。地名文化的普查和评价是地名遗产确定的基础和前提，而地名遗产则是在此基础上出于不同时期现实需要而对地名所进行的选择。

三、关于地名遗产保护战略的具体构想

地名是“具有指位性和社会性的个体地域实体的指称”①，也是特定“地方”的名称；换言之，是某一具有空间意义的特定语词，即名与实的统一。因此，地名的文化价值，就既与该语词有关，也与该语词所指代的空间实体有关。反过来，只要某个实体具有公认的较高价值或意义（例如，已经列入某类物质性、非物质性的遗产保护名录之中），则指代该地理实体的语词，自然也就具有很高的价值，其名称就应该加以保护而不宜或不能随意变更（一旦变更，一方面，该语词就不能指代该实体了，也就失去了其作为地名的意义；同时，对该实体而言，也意味着该实体的原真性受到某种破坏，没有得到很好的保护）。由于地名本身的这种特殊性，也由于地名领域把地名作为遗产加以保护的工作起步较晚，因此，从最宏观的角度而言，地名主管部门应该与相关遗产保护领域做好对接、融入的工作，把地名作为与其他类型的遗产实体不可分割的一部分来一起加以保护。

当然，鉴于各类遗产的有限性，这一类仅能涉及很少一部分地名，对其他绝大多数地名而言，地名管理部门还应该有自己的作为，采取遗产保护行动。因此，我们将地名遗产的保护战略分为两个层面加以论述。

（一）宏观层面：三大战略

宏观层面而言，地名主管部门应该与相关遗产保护领域做好对接、融入的工作，同时，亦应有自身的保护行动，从而构成宏观层面的三大战略：

① 褚亚平、尹钧科、孙冬虎：《地名学基础教程（修订本）》，测绘出版社 2009 年版，第 5 页。

——对接配合：已经确定为各类世界遗产（世界自然与文化遗产、非物质文化遗产、其他类型遗产）、国家遗产（如风景名胜区、自然保护区、历史文化名城名镇名村）等，其名称（或其中与地名有关的部分）应该直接作为“遗产地名”加以保护（即该地名的实体文化具有很高价值）。

——参与融入：在现有各类遗产中，地名管理部门主动把地名或与地名有关的事项纳入相应类型遗产的保护体系之中，作为该类遗产的保护对象。如现在已经存在的非物质文化遗产的保护体系，地名完全可以作为非遗的类型纳入其中，直接作为非遗项目来加以保护。此外，如世界档案遗产、世界记忆遗产等，也可以把地名档案、地名事件等，按照其申报和管理要求，纳入其中。

——自身行动：当然，地名有其特殊性，也归属民政部门管理，所以主管部门自身，自然应当有体系化的保护思路，采取一系列保护措施。因此，地名主管部门除了前述的工作之外，应该在自身行动方面加大实施的力度，采取多样化的、适合地名特点的保护行动。

（二）地名管理部门的自身行动：四种类型与三维交织

具体就地名管理部门而论，应该借鉴非物质文化遗产的保护实践及其措施，针对地名的自身特点，提出系统的保护战略和具体行动。2003年，联合国教科文组织通过的《保护非物质文化遗产公约》中，提及三大保护体系，即“人类非物质文化遗产代表作名录”“急需保护的非物质文化遗产名录”和“保护非物质文化遗产的计划、项目和活动”①；2011年，《中华人民共和国非物质文化遗产法》中，也提及建立“国家级非物质文化遗产代表性项目名录”“地方非物质文化遗产代表性项目名录”的保护体系和“区域性整体保护”的思想②。在地名遗产保护领域，我们同样可以建立类似的保护体系。

本文认为，地名遗产保护可以按照静态、动态两大体系，各级主管部

① 王文章主编：《非物质文化遗产概论》，文化艺术出版社2006年版，第451—452页。

② 《中华人民共和国非物质文化遗产法》，见 http://www.gov.cn/flfg/2011-02/25/content_1857449.htm，2017年7月13日。

门分级实施，且动态静态、各级部门相互交融的方式进行，构成地名遗产的四种保护类型和三维交织的保护态势（如图 2 所示）：

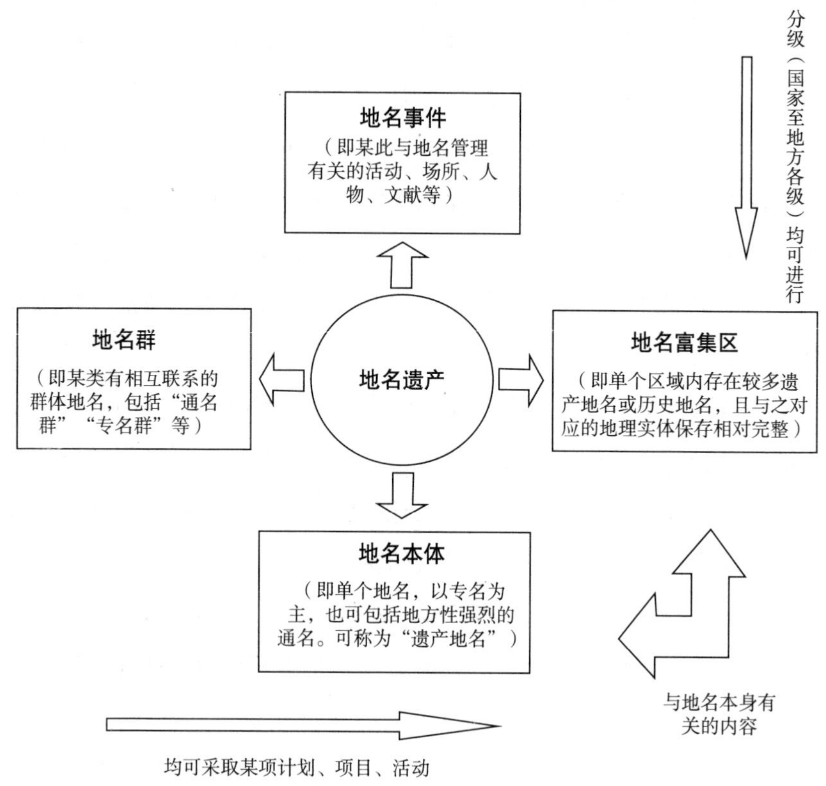

图 2　地名遗产的保护体系

1. 从静态的地名自身存在状况出发，确立四种地名遗产保护类型，建立“地名遗产保护名录”的完整体系

目前国内一般所称的地名遗产名录，内容基本上还仅是对地名本体（即单个地名）的登录（虽然这是最主要的核心部分）。因此，应该拓展思路，除了地名单体之外，还应重视地名群（除单个地名本身的价值高低外，地名群的群体性价值，更有意义，更能够完整反映某一历史时期或地理环境特征，或者反映某个历史事件等）、地名富集区（除了地名本身、

地名群以外，还包括某些区域内富集有同一时期或同类型的历史地名，或存在特定时期的地名标志等实物）等现象，并对与地名活动、管理相关的地名事件（如人物、文献、场所等）也予以重视。

因此，地名遗产保护体系的内容，除了地名单体之外，还可以包括地名群、地名富集区、地名事件等类型，应分别进行评价和保护，建立各自的遗产系列，四者共同构成“地名遗产保护名录”。

（1）地名单体——“遗产地名名录”

收录单个地名，着重单个地名本体的遗产价值（可从地名实体、地名语词两个维度评价）；以专名为主，也可包括地方性强烈的通名。该类地名可称为“遗产地名”，构成“遗产地名名录”，定期公布。

从“遗产地名”的确定来看，多数是其指代的地理实体的价值较高（如已经被纳入各类遗产名录中的地名），连带其名作为该遗产的不可分割的组成部分，自然应该予以保护。当然，也不排除一些地名主要着眼于其“语词”的价值，如浙江省内的越语等早期民族语地名遗存，虽然其意义多数已经难以考证，但该类地名的语词往往时代久远，代表了该地一定时代的人口、民族等特征，且具有濒危性和稀少性，故也应该重点予以保护。

（2）地名群——“急需保护的历史地名群名录”和“优先保护的地名群名录”

即某类有相互联系的群体地名，包括“通名群”“专名群”等。虽然就单个地名来看，可能文化价值不一定很高，或者仅存在于较小的地域范围，达不到前述遗产地名的标准，但若该类地名数量较多，分布地域相对集中，构成一类有密切关系的地名群体，可以反映一定时期、一定地域的特定面貌，或对某段历史具有见证意义，则其群体可一起构成地名群遗产。根据其性质差别，可分为两类，即处于濒危、稀少状态的“急需保护的历史地名群名录”和对现实有较大关联意义的“需要优先保护的地名群名录”。例如：

——国家层面：2015 年为抗战胜利 70 周年，与抗日战争有关的地名即可构成地名群；2016 年为红军长征胜利 80 周年，与红军长征有关的重要地名亦可构成地名群。作为这些重大历史事件的重要见证，且在当代也有重大的教育意义，与现实有较大关联性，故可以列入“需要优先保护的地名群名录”。

——地方层面：如就浙江省而言，其越语地名（专名中存在的语词）、海洋地名（通名中使用的语词）等，都非常有特色，可以构成需要重点保护的地名群遗产，列入“急需保护的历史地名群名录”。市、县等亦然。

——部门、单位、社区等层面，亦可以选取有特色的地名群加以保护。如浙江大学，不同时期其校址有过多次迁移，则不同时期校址所在地以及与办学有关的地名，就可以构成浙江大学自身的地名群遗产，列入有关保护名录之中。

（3）地名富集区——“历史地名保护区”和“地名文化保护区”

即某个区域内存在较多遗产地名或历史地名，且与之对应的地理实体保存相对完整。借鉴世界自然和文化遗产的概念，借鉴历史文化街区等思路，尽管某个区域内的多数单个地名可能价值不高，但该区内如果老地名完整保留（且历史街区格局较为完整），不同时期地名叠加层次清晰，甚至某一时期地名标志完整留存，就可以定为“历史地名保护区”（历史地

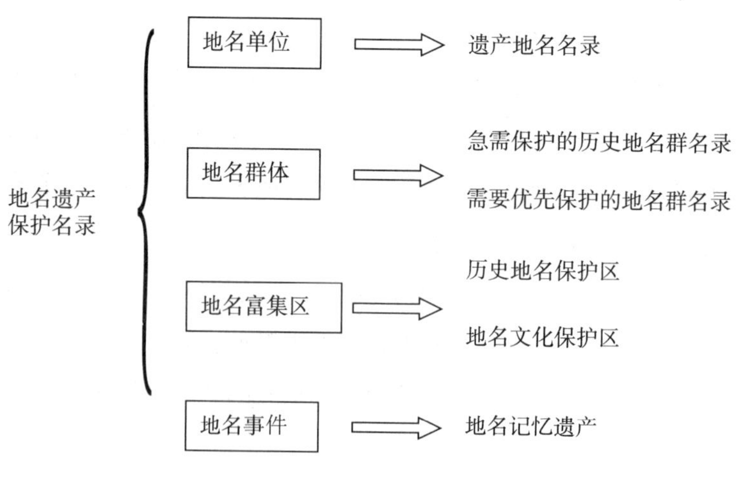

图 3 “地名遗产保护名录”的构成

名较为富集的区域）或“地名文化保护区”（某一时期的地名标志、地名设施等实物留存丰富的区域）等。

（4）地名事件——“地名记忆遗产”

即某些与地名管理有关的活动、场所、人物、文献等，可借鉴世界记忆遗产、文化遗产等概念，将这些有重要意义的地名管理机构与实践活动，以及与之有关的地名文献、档案、地名人物等的实物、场所等，公布为“地名记忆遗产”。

2. 从动态管理、实施的角度出发，推动保护地名遗产的计划、项目和活动的开展

在这四类静态的地名遗产保护体系中，地名主管部门均可于确定保护名录的过程中，设计和组织适当的计划、项目和活动，吸引社会各方面参与，借以传播地名文化。如浙江省借助各种媒体以及互联网等传播方式，拍摄地名文化微电影，举行千年古镇（古村落）的评选等。这样，可以把地名遗产的重要性和文化内涵加以传播，进而增进全社会的保护意识，真正发挥遗产的作用。某种程度上，前述的各类地名遗产，列入某种名录仅是手段，只有让其走入社会，吸引社会各界参与有关的项目和活动，才能更好地保护遗产地名，传播地名文化。

3. 国家与地方各级政府及单位、社区等，均可分别确定保护名录，推出各自的保护计划、项目和活动

前述所提及的地名遗产保护名录和相关的活动等，在国家层面、地方层面，不同单位、社区等，均可以开展，均可根据自身特点，有选择性地进行自身范围内的地名遗产保护名录的确定及推出相关的保护项目和活动。

参考文献

〔1〕刘保全、李炳尧、宋久成等编著：《地名文化遗产概论》，中国社会出版社2011年版。

〔2〕褚亚平、尹钧科、孙冬虎：《地名学基础教程（修订本）》，测绘出版社2009

年版。

〔3〕王文章主编:《非物质文化遗产概论》，文化艺术出版社 2006 年版。

〔4〕范今朝、范文君:《遗产概念的发展与当代世界和中国的遗产保护体系》,《经济地理》2008 年第 3 期。

（作者单位：浙江大学地球科学学院）

论地名特殊用字与地名文化遗产保护

陈喜波　史　悦

摘　要　地名特殊用字是反映地名形成过程中特定的历史、地理、语言、民俗、生产方式等内容的重要见证，是极为重要的文化载体，具有相当高的文化价值。本文对地名特殊用字的来源进行了理论上的分析，指出地名是长期以来人与自然之间主客关系互动的结果，也是语言文字的产物。地名特殊用字形成有其演变发展规律和基本类型，在体现区域文脉特色和延续历史文脉特征方面有非常高的文化价值。目前地名特殊用字已经成为地名文化遗产当中的珍稀类型，因此地名文化遗产保护应加强对地名特殊用字的研究和保护。

关键词　地名特殊用字　地名文化遗产　作用　保护

地名是人类与环境相互作用的产物，为了认识、改造和利用自然，便于合作和交流，人类需要对自然和人文地理实体赋予名称，由此产生了地名。地名是语言的产物，随着文字的出现，地名产生了文字形态，地名用字遂成为地名最为重要的载体之一，是体现思想观念、历史、语言、民俗、民族交往、地理环境、生产方式等文化内涵的重要构成要素。在汉语地名当中，有一类特殊地名用字，需要我们去认真研究。

一、地名特殊用字与地名的来源有密切关系

地名是人们在日常生产生活中为了交流的方便，赋予位于某一特定空间位置上的自然或人文地理实体以专有名称，构成特定的空间指位系统。地名来自于人类对于客观世界的认识，是连接人和客观世界的一套文化符号系统，换句话说，地名是人类对其所在的生存空间中的各类地理实体赋予一套语言文字形式的参照坐标系，以便于沟通和交流。地名的产生具有“人的主观性”和“地的客观性”两个方面的来源。

从地名的客观性来说，地名是对于客观世界的描述。客观世界的复杂性，决定了地名的复杂性。日月星辰、山川河流、花鸟鱼虫、雨雪风云，城市乡村、街巷井泉、寺庙观堂、闸坝桥梁、陵墓祠堂等等，上述各种事项在地名当中均能得到反映，这说明了地名的多样性，也体现了地名来源的复杂性。《周易・系辞》记载古人“仰则观象于天，俯则观法于地，观鸟兽之文与地之宜，近取诸身，远取诸物，于是始作八卦，以通神明之德，以类万物之情”。此处谈到八卦的起源就是来自于人类对于客观世界的认识过程中，利用一套符号系统对客观世界进行描述。从地名来源的客观性来说，地名一般反映人类对于地理实体基本特点的直接描述或在此基础上的派生，特征性总结就是其中一种，如黄河来源于对于河流色彩的描述、长江来源于对于河流长度的描述、泰山来源于对于山体高大的描述、雀儿坡反映着坡地鸟多的特点、象鼻山是对山体形状的比拟等等；派生性地名往往利用以后的地名进行重新描述，如方位、体积、数量等语词的使用。

纯粹的客观描述并不能提高地名在生产生活中的使用效率，为了方便交流，地名还体现着人的主观性，即人对于地理实体进行空间分割并建立一定的秩序，通过层次性和条理性来提高地名沟通效率。如政区地名当中，省是对全国范围内空间的分割，市（地区）是对省内空间的分割，县是对市（地区）内部空间的分割，通过对地理空间层层分割，确立空间秩序，并对各级空间予以命名，从而达到认识和描述地理空间实体的有效性，使得社会交流沟通成本极大降低。山脉、山岭、山峰是对山体的空间分割，江河、沟渠、涧泉是对水体大小的秩序性描述。正是通过有意识的地名秩序构建和空间划分，地名的指位作用、沟通作用和文化标示作用得以彰显。

人是生物界的一员，地名反映着人类对于自然的主观能动性，这需要从生物界的整体特征上来认识。任何生物在生存上都需要一定的空间，因此占据空间成了生物的一种本能活动，绝大多数动物都有领地意识。所谓领地意识，就是一种动物在一块区域长期生活，认为此处就是它所拥有的生存空间，不会允许其他生物来共享的空间排斥性意识。从人类的角度来说，人要占据一定生产和生活空间，对于空间的占有决定了人对于此空间命名的合法性，以区别于别的空间，彰显自我领地的特殊性和专有性。因此，地名命名具有彰显地名命名主体的作用，这便是名从主人命名原则背后的生物基因属性。从地名的主体特性来说，地名反映着人类主体的自我存在、思想观念、生产生活习俗等。

二、地名特殊用字是地名语言文字属性的反映

地名的存在形式主要表现为语言和文字。不同的民族、种族有着不同的语言和文字，语言文字是文化的重要构成要素，因此地名天然具有文化属性。另外，语言本身处于变动过程中，如一些古代语言依旧保留在现代生活当中，并体现在地名上。历史悠久的汉语地名，往往因古今语言变迁

导致出现一些与现代汉语读音不同的地名，成为特殊读音。中国是多民族统一国家，地域广大，历史悠久，民族众多，生活习俗不同，方言各异。在长期的历史演化中，随着汉语地名的普及和应用，汉语地名在描述特殊地质地貌、记录特殊的方言、译写少数民族语言、表达独特的民俗习惯时，往往就形成特殊用字的地名，如黄土高原的专门用于描述黄土地貌的塬、墚、峁等地名，南方很多地名保留的古代的汉语语音如番禺、铅山等等。江浙地区的余姚、句容、姑苏等地名与古越语有关。汉语地名在译写少数民族语言时也有特定的用字，如藏语中的“错”指代的是湖泊，例如纳木错；蒙古语河流在汉语译写上则比较复杂，如河流就写成多种文字形式，如“郭勒”“高勒”“郭楞”；云南省有勐腊、勐海，“勐”是傣语小块平地的意思。在近代拼写外国地名时，多用汉语南方语言，所以出现西班牙、葡萄牙使用“牙”字的外国地名。

三、地名特殊用字的类型

地名的载体为语言和文字，因此地名特殊用字在语言上表现为特殊字音，在文字上表现为特殊字形，这是地名特殊用字的两种基本类型。

1. 特殊读音

现有的地名中，有些地名的用字读音与现代汉语读音不一致，如番（pān）禺、蚌（bèng）埠、闽侯（hòu）、洪洞（tóng）、蔚（yù）县、铅（yán）山等等，这些地名当地读音与普通话读音不同，多是保留了古音的缘故。歙县中的歙字，有两个读音，一读 xī，一读 shè，地名读作 shè。地名用字的特殊读音还表现在民间的语言习惯上，如北京山区很多小溪用文字记录为港沟，港字民间均读作 jiǎng，如潭柘寺镇南辛房村的王港沟、西港沟。另北京市通州区有次渠村、密云区有大草次村、延庆区有茨顶村，上述村落地名当中的次或茨均是“寺”的指代，地名形成与寺庙有关，实际上应该写成“寺渠”“大草寺”“寺顶”，但因寺在口语中读成 cì，故在记录时常写成“次”或“茨”。如今辽宁大连即有寺儿沟，“寺”读作 cì；北京市平谷区有东寺渠、西寺渠，部分老年人还将“寺”读作 cì，但多数年轻人都已经按照普通话将“寺”读成 sì 了。

2. 特殊用字

澛县镇、莒县、茌平县、盱眙县、歙县等等，这些地名在汉语言中属于冷僻字，应用较少，基本上为专用的地名用字，因此难以辨识。但是这类地名往往具有非常丰富的文化内涵，具有很高的文化价值。有的地名特殊用字与特殊地貌类型关联度较高，如黄土高原有塬、墚、峁等特殊用字的地貌名称。西北地区的方言字有“碥”（biǎn），指代傍山临沟的狭长通道或水旁斜伸出的山石。埔指的是河边的沙洲，广东、福建一带多有此类地名。有些地名特殊用字用于拼写少数民族语言，例如保存在汉语中的少数民族语地名。在长期的民族融合过程中，一些少数民族语言保留在汉语当中，并且体现在地名用字上，表现出明显的独特性，如北京昌平区蒙古语地名畬（hǎ）㟙（bā）屯、乃干屯，从地名用字的写法上，就可以看出其与汉语的不同。

四、地名用字的文化遗产作用

经过长期历史发展和新中国成立后地名用字简化之后，保存到今天的特殊地名用字已经很少了。在茫茫的汉语言地名的大海中，能够保留有一些特殊用字，说明了地名特殊用字生命力的顽强性，这既是地方文化的体现，也是地方乡愁的认同，极为珍贵，具有特殊的文化含义，遗产价值较高，应当重点予以保护并慎重处理。

1. 特殊地名用字具有语言活化石的作用

地名用字还反映了语言变迁，如番字，古音为 pān，现代音为 fān，番禺保留了“番”字的古音，吐鲁番的“番”字，则是现代语音。吐鲁番在维吾尔语中读作 tur pan，可知“番”字的发音发生了变化。浙江省淳安县王阜乡的阜字也读作pù。由此可知，在汉语语言演变中，声母有重唇音p演变成轻唇音f的规律，今天的汉语中多有这种现象，如叛——饭、蓬——逢。汉语语音古今变化较大，一些古音在地名中得以保留，十分难得。甘肃省宕昌县，宕字在字典中读作dàng，但当地自古以来一直读作tàn，现已经被国家语言文字语言会确定为特殊地名用字。

2. 特殊地名用字往往拥有丰富的历史文化内涵

地名用字是历史发展的产物，可以反映地方久远的历史和独特的文化。山东莒县的莒字，来自古代的莒部落，后来为莒国，秦灭六国后，改为莒县，一直沿用至今，可见其历史之悠久，文化内涵之丰富。地名用字可以反映历史上一些人文事项和地理环境变迁，如通州区漷县镇的“漷”字，来自于辽代契丹贵族在此游猎而设置漷阴县。此处历史上为广大湖泊，春季水鸟众多，因此辽代将此处定为春捺钵之地，建高台放鹰猎天鹅，为保障游猎活动而在此设县，命名为漷阴县，漷字代表“水绕城郭”，体现了历史上湖泊遍布的自然环境。金代仍称作漷阴县，元代改为漷州，既是游猎之地，也是漕运要地，文化内涵十分丰富。

3. 有些特殊地名用字反映了特殊的地理环境

北京市大兴、通州、廊坊地区永定河流域有许多以垡字命名的地名，如胡家垡、南火垡、狼垡、白垡、黑垡、立垡、阎仙垡等，这些地名集中分布在永定河故道上的盐碱地上，是当地人为降低地下水而进行深度耕作的一种农业生产方式。华北地区有很多疃字地名，这些地名多分布在河流两岸，并与滩字互用，反映了这些村落建立在河滩地上的地理环境。南方很多地区有叫作“塆”的地名，如云南昭通有四头塆、八户塆、水井塆等，重庆市有“文星塆”“学田塆”等地名，“塆”是地名特殊用字，反映的就是山沟里的小块平地。浙江省方言地名中有叫作翁垟、上家垟的地名，垟在方言中指的是田地，仅用于地名，十分有特色。广州的车陂(bēi)，意指池塘、水边，不读pō或pí，反映的是当地水乡环境。

五、加强特殊地名用字方面的研究，保护地名文化遗产

1. 特殊地名用字应认真加以研究

地名用字是对地名语言的记录，往往会出现讹误。在中国古代，地名多在地方志书中得以保存，由于没有地名标准化管理，加之编纂者对于地方语言不熟悉，多利用相近文字进行拟音。另外，近现代在地名由语言向文字转化过程中，受记录者文化水平制约，地名用字多出现各种讹误，今天需要进行仔细鉴别和研究，例如高古庄、揣骨疃、张郭庄、赵各庄中的古、骨、郭、各等字均是家字的异写。另在华北地区，很多方言中把庄字读成 zhang，地名用字随即把庄字写成类似读音的文字，如高里掌（庄）、辛章（庄）等。河南、山东黄河故道流域，有很多土丘，称作堌堆，很多地名依据堌堆命名，但地名用字却千差万别，如沙古堆，骨堆集、李谷堆等。由此可见，在很多情况下，地名用字仅仅用来记录地名发音，并非正式地名用字，这类地名多为县级行政区以下的小地名，在地名标准化过程中，需要加强对地名用字方面的研究。

2. 特殊地名用字应慎重予以简化

中国历史上有很多地名使用生僻字，新中国成立以后，对一些地名进行了简化，如陕西彬（豳）县、周至（盩厔）县、江西省新干（淦）县、广西玉（鬱）林等。简化特殊地名用字的初衷是为了便于人们交流使用，但原来地名用字替换后，所产生的新地名的文化内涵却消失了。如江西新淦县系因为淦水得名，简化为新干县后，丝毫看不出与河流的任何关系。北京市门头沟区著名的历史文化名村爨底下村，村名来源于明代的爨里安口，爨底下村民以爨字作为自己村名的独特性而自豪。虽然 1958 年将爨底下更名为川底下，但是在民间并没有得到群众认可，并且外来旅游者也接受爨字，不认同川底下这个地名。

3. 加强特殊用字地名文化遗产保护

2003 年，联合国第五次地名标准化会议第六号决议曾明确指出“地

名是民族文化遗产”。2004 年，中国启动了“地名文化遗产保护工程”，开始加强地名文化遗产的研究和保护。党的十八大以来，习近平总书记多次强调保护地名文化，传承弘扬中华优秀传统文化。2016 年，民政部发布《民政部关于进一步加强地名文化遗产保护工作的通知》。通知指出：地名文化遗产记录了中华五千年文明的历史进程，蕴含着中华民族特有的精神价值和思维方式，是中华文化的重要组成部分，是宝贵的具有重要传承价值的文化资源。加强地名文化遗产保护，对于满足人民群众精神文化需求、培育社会主义核心价值观、弘扬中华传统文化、增强文化自信和中华民族凝聚力具有重要意义。地名特殊用字反映了地名文化所反映的特殊文化现象，中国疆域辽阔，民族众多，自然环境和历史文化传统差异大，地名用字也出现较大的差异性，出现特殊地名用字难以避免。地名用字具有十分丰富的历史文化内涵，保留很多的历史地理、地方文化、民风民俗、伦理观念等各项自然与人文方面的信息，是彰显地方文化、延续历史文脉的重要依托。

参考文献

〔1〕华林甫：《中国地名学源流》，湖南人民出版社 2002 年版。

〔2〕孙冬虎：《地名史源学概论》，中国社会出版社 2008 年版。

〔3〕尹钧科、孙冬虎：《北京地名研究》，北京燕山出版社 2009 年版。

〔4〕周文德：《南方地名用字“垮”与“湾”的区别》，《中国地名》2013 年第 4 期。

〔5〕刘保全：《慎重处理地名用字，保护地名文化资源》，《中国地名》2002 年第 6 期。

（作者单位：陈喜波，北京物资学院运河文化研究所；
史悦，北京市城建档案馆）

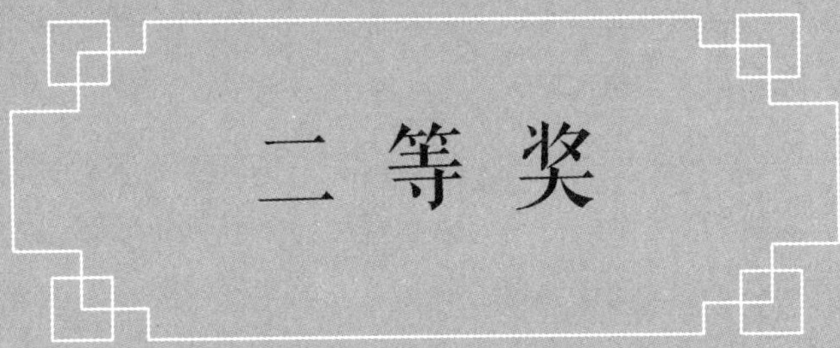

二等奖

搞好雄安新区地名规划的关键问题

张亚杰

摘　要　搞好雄安新区地名规划，需要着重解决七个方面的关键问题：优选规划单位组成权威编制组；深刻理解习近平总书记对新区建设的要求；尽早开展地名规划所需资料的收集整理；深入研究世界级城市群地名命名的一般规律；认真借鉴深圳和上海浦东新区地名规划的经验；高点定位做好顶层设计；重点处理好九个关系，即：新区总体规划和地名规划的关系，遵守现有地名管理规定与创新发展的关系，弘扬中华优秀传统文化与世界眼光的关系，延续历史文脉与反映现实面貌的关系，以人民为中心与北京皇家文化的关系，中国特色与燕赵文化元素的关系，主流文化和多元文化的关系，专家编制和群众认可的关系，地名雅与俗的关系。

关键词　雄安新区　地名规划　关键问题

设立河北雄安新区，是以习近平同志为核心的党中央作出的一项重大的历史性战略选择，是继深圳经济特区和上海浦东新区之后又一具有全国意义的新区，是千年大计、国家大事。雄安新区地名规划，是新区整体规划中的一项专题规划。

地名是不可或缺的社会公共信息。编制地名规划是地名管理部门的基础性工作，是实现地名科学化、规范化、序列化、层次化，最终实现地名标准化的必然途径。好的地名规划，对于加强社会管理，方便群众生活，传承弘扬文化血脉，展示文化魅力，倡导特定时代价值取向，进而塑造一个地区的整体形象，有着极为重要的现实意义和深远的历史意义。

编制好雄安新区地名规划，为新区建设大局服务，是地名工作者义不容辞的神圣使命。结合近年来全国重点城市、国家级新区地名规划编制实践，以及京津冀协同发展的要求，借鉴最新学术研究成果，编制雄安新区地名规划需要着重解决好七个方面的关键问题。

一、优选规划单位组成权威编制组

编制地名规划是一项专业性很强的工作，规划的好坏很大程度上取决于编制单位和编制人员的选择。所以，一定要选择有资质、有经验、参与过全国重点城市和国家级新区地名规划编制的单位；而具体编制人员，一定要在不同的学科领域选择，使整个团队具有地名、规划、语言、历史、地理、民俗、外语、天文、易学、堪舆学等多方面的学术背景。确定编制单位，成立编制组，宜早不宜迟。编制地名规划，需要反复斟酌推敲，按规定程序公示，群众广泛认可，政府依规批准，之后方能公布实施。相对充裕的时间，是创作精品的必要条件；反之，时间局促，慌忙应战，难免考虑不周，留下遗憾。

二、深刻理解习近平总书记对新区建设的要求

习近平总书记对规划建设雄安新区提出的“四个坚持”，即坚持世界眼光、国际标准、中国特色、高点定位，坚持生态优先、绿色发展，坚持以人民为中心、注重保障和改善民生，坚持保护弘扬中华优秀传统文化、延续历史文脉，是编制新区地名规划的总纲；其中坚持世界眼光、国际标准、中国特色、高点定位、以人民为中心、保护弘扬中华优秀传统文化、延续历史文脉，是编制好新区地名规划的七项具体要求。学懂悟透“四个坚持”的深刻内涵，是编制好新区地名规划的前提；协调处理好七项具体要求之间的相互关系，是对新区地名规划编制者能力与智慧的考验。

党中央不仅对新区规划提出了具体要求，还在新区的命名上为今后的地名命名做出了榜样。2017 年 4 月 13 日新华社发表《千年大计、国家大事——以习近平同志为核心的党中央决策河北雄安新区规划建设纪实》一文，对新区名称的由来含义给予了权威解读：“雄安”——未来之城的名字，取自“雄县、安新县”各一字，朗朗上口、声名远扬，既尊重历史，又寓意吉祥。“雄”字意味宏伟、阳刚、英雄；“安”字包含稳定、牢固、安康，体现了地域特色，符合中华传统文化，契合国家实现“两个一百年”奋斗目标、实现中华民族伟大复兴中国梦的内在要求。新区地名规划命名的地名，应以此为标准并产生这样的效果。

三、尽早开展地名规划所需资料的收集整理

新区地名规划编制单位一经确定，在学懂学好习近平总书记对规划建设雄安新区重要指示精神和相关法规、业务规范的同时，要尽早开展地名规划所需资料的收集、整理、研究工作。没有翔实丰富的资料支撑，犹如巧妇难为无米之炊，搞好规划只能是空中楼阁。

雄安新区，是京津冀世界级城市群的重要支点，搞好新区地名规划，需要收集的资料主要包括：(1) 研究中华文脉、中国文化地理特点和中国都城建设的专著和论文，以求在宏观上把握中国文化总体发展脉络和都城文化发展规律，达到延续历史文脉和都城建设传统的目的；(2) 京津冀即燕赵历史文化发展史料，包括州志、府志、县志，特别是第一次地名普查形成的图录典志和第二次地名普查成果数据库，以求在微观上把握燕赵文化元素，实现弘扬中华优秀传统地域文化的要求；(3) 北京、深圳、上海浦东新区、天津滨海新区等全国主要城市和新区的地名规划资料，以求他山之石以攻玉，突出反映中国特色；(4) 国际公认的六大世界级城市群代表性区域地名命名的相关资料，以求把握世界地名发展趋势，把成熟的世界元素融入到雄安新区地名规划。

四、深入研究世界级城市群地名命名的一般规律

国际公认的世界六大城市群分别是：以纽约为中心的美国东北部大西洋沿岸城市群，以芝加哥为中心的北美五大湖城市群，以东京为中心的日本太平洋沿岸城市群，以伦敦为中心的英国城市群，以巴黎为中心的欧洲西部城市群，以上海为中心的长江三角洲城市群。除上海外，我们对纽约、芝加哥、东京、伦敦、巴黎五大中心城市的地名命名规律知之甚少。这五大中心城市，地理环境和历史文化背景不同，民族构成各异，分别使用英、日、法等语言。但是，作为国际性大都市，它们在特定区域内的地名命名上，存在共性。将其进行深入研究，对编制京津冀世界级城市群重要支点区域的新区地名规划，实现习近平总书记提出的“世界眼光、国际标准”的规划要求，不可或缺。在此基础上，站在世界历史文化的高点，取其精华去其糟粕，以海纳百川的胸怀，创造出具有鲜明中国特色和雄安新区独有的地名规划新模式。

五、认真借鉴深圳和上海浦东新区地名规划的经验

1980 年 8 月，全国人大常委会批准在深圳设置经济特区。那时全国各级地名机构刚刚建立，正在集中精力开展第一次全国地名普查，地名规划的理论尚未提出。故此，直到 2008 年初《深圳市地名总体规划》才出台。深圳的地名规划是伴随着我国地名工作的逐步发展而不断完善的。

1992 年 10 月，国务院批复设立上海市浦东新区。此时地名规划的理论已经提出，编制地名规划的实践活动已经开始实施。1993 年 10 月在全国“三沿”地区地名管理经验交流会上，上海市地名委员会办公室的专家提交了《浦东新区路名规划》的交流材料，总结了浦东新区路名规划的经验教训。浦东新区的路名规划实现了与城市规划同步进行。

深圳市和上海浦东新区的地名规划，是新区地名规划的先行者，二者各具特色长短，既有经验，也有教训，如何取其所长避其所短，值得认真研究和借鉴。

六、高点定位做好顶层设计

公元 1153 年，金建都于燕京，拉开了北京 860 多年的建都史。2017 年，河北雄安新区的规划设立，又揭开了北京发展的崭新一页。习近平总书记指出：这件事确实是千年大计、国家大事。

20 世纪 80 年代看深圳，90 年代看浦东，21 世纪看雄安。编制新区地名规划，一定要观古察今，站在千年的高度，突出问题导向，强化顶层设计。当前需要做的工作，主要是制定规划编制原则，提出总体要求，确定地名层次和序列，选定地名通名，从宏观上把准方向，为不久的将来具体编制地名规划定好基调。

道路是城市的骨骼，搞好雄安新区地名规划的重点是搞好道路的命

名。而搞好道路命名的关键，首推道路通名的选择。雄安新区道路通名可分为四级：快速路，封闭的称环路，非封闭的称快速路；主干道，东西为大街与北京保持一致，南北为大路，斜向为大道；次干道，东西为街，南北为路，斜向为道；支路，东西为巷，南北为条，斜向为胡同，继承北京的胡同文化。在重点搞好道路命名的同时，还要着重做好标志性建筑、公园、广场、桥梁、绿地的命名。

七、重点处理好九个关系

编制地名规划，涉及领域广，影响时间长，撇开枝叶，抓住主要矛盾，需要重点处理好九个方面的关系。

一是处理好新区总体规划和地名规划的关系。在城市规划体系中，地名规划是城市控制性详细规划中的一个专项规划，是在城市总体规划的基础上展开实施的。雄安地名规划与雄安新区总体规划是部分与整体的关系，地名规划要全面、完整、准确的体现和反映总体规划的基本思想和文化特色，使总体规划的基本思想和文化特色通过地名规划，变成一个个含义积极向上、读音朗朗上口、文字搭配和谐的具体地名。雄安新区地名规划工作启动的时机，既不能超前孤军冒进，也不能滞后踌躇不前，应当选择在总体规划批准后，各项控制性专项规划正式展开之时，一定要在具体建设项目开工建设之前正式向社会公布标准地名，防止以往标准地名发布滞后、工程项目名称已被广泛使用并且约定俗成演变成地名的被动局面出现。

二是处理好遵守现有地名管理规定与创新发展的关系。现行的地名管理法规是 1986 年国务院颁发的《地名管理条例》，部门规章是 1996 年民政部制定的《地名管理条例实施细则》。《条例》和《实施细则》中都没有提及地名规划。2005 年，住建部、民政部下发了《关于开展城市地名规划工作的通知》，2006 年 5 月，民政部安排部署和启动实施地名公共服务工程，将开展城市地名规划工作列为四个专项事务之一，开始全面推进城市地名规划工作。为向各地提供理论指导，2011年8月，民政部地名研究所编辑出版了《地名规划概论》，成为地名规划的权威教科书。地方政府规章中有关地名规划的管理规定，各地差异很大。2010年制定的《河北省地名管理规定》，在第六条中仅有“会同有关部门编制地名规划”的原则性要求；而北京市规划和国土资源管理委员会、北京市质量技术监督局2016年10月联合发布的北京市地方标准《地名规划编制标准》，则是完备成熟的强制性地方标准。鉴于目前的改革要在法律框架和授权范围内开展的新要求，当前国家尚未制定发布统一的地名规划编制标准，现有的一些规定或已过时并被突破的现实，以及雄安新区是北京新两翼的重要一翼的定位，新区的地名规划，应该执行北京市的《地名规划编制标准》，同时博采借鉴全国各地现有管理规定和技术规范之所长，再根据雄安新区的特殊需要，采用需要什么就创造什么的办法，来处理遵守现有地名管理规定与创新发展的关系。

三是处理好弘扬中华优秀传统文化与世界眼光的关系，即处理好国际通行做法和中国特色的关系。越是民族的就越是世界的，同时越是世界的其民族性就越差。新区地名规划要体现“坚守中华文化立场，传承中华文化基因，不忘本来、吸收外来、面向未来，汲取中国智慧、弘扬中国精神、传播中国价值”，既立足本土，始终保持对自身文化的自信、耐力、定力；又面向世界，在汲取各种文明养分中实现创新发展。新区地名规划应该突出中华特色，吸收国际通行做法。将来的雄安新区，不仅是上演中国剧目的舞台，也必然是上演世界各国剧目的舞台。

四是处理好延续历史文脉与反映现实面貌的关系。要想更好地延续中华优秀传统文化，使其获得新的生命力，就必须顺应时代、向前展望，在保持自身特征、优长的同时，突破自身局限、扬弃那些不合时宜的内容，以科学的理论校正发展方向，以开放的胸襟吸收人类优秀文明成果。纵古横今，既要继承五千年文明的历史血脉，又要反映日新月异的现实世界。如果历史血脉是新区地名规划的根，那么现实面貌就是新区地名规划的干。新区的地名应该承载这样的使命：延续历史，告诉世人新区从哪里来；反映现实，告诉世人新区向何处去。无论是延续历史还是反映现实，都应该力求有利于国家富强、民族复兴、人民幸福，有利于凝心聚力、振奋精神、团结奋进，通过扬弃继承和转化创新，使雄安新区地名规划，反映出时代发展趋势和人民的心声。

五是处理好以人民为中心与北京皇家文化的关系。党中央、国务院决定设立雄安新区，最重要的定位、最主要的目的就是打造北京非首都功能疏解集中承载地。没有北京疏解非首都功能，就不可能有雄安新区。雄安新区是北京的延展，与北京血脉相连。拥有3000多年建城史和860多年建都史的北京，是传统文化，特别是皇家文化物化的代表。封建社会，国都的规划、建设以及建筑名称和主要地名的命名，追求体现的是受命于天、唯我独尊、皇家气派、天下一统、江山永固的理念，其中既有精华也有糟粕，与习近平总书记提出的“以人民为中心”，既有契合也有冲突，新区地名规划，一定要取其精华去其糟粕，精准地反映人民的地位、人民的意愿、人民的审美情趣，命名出一批“以人民为中心”，完美体现中华风格、新中国特质、首都气派、燕赵元素，经得起时间考验的地名。北京的天安门广场、中山公园、人民大会堂是这方面的典范。

六是处理好中国特色与燕赵文化元素的关系。雄安新区是首都的延伸，是未来京津冀世界级城市群的重要支点，这就注定了新区是属于全中国的。我国地域广阔，民族众多，文化多元，新区的地名规划，应当充分反映这种文化的多元性，使来到新区的人，都能通过地名体会到各自的归属感。同时，新区是在河北的大地上兴建的，燕赵文化的元素，特别是当地雄县、容城、安新三县的文化元素和地名文化遗产，也应尽可能多地在地名规划中予以体现，实现当地“点”文化与全国“面”文化的有机结合。

2007年，联合国第九届地名标准化大会确定，地名属于非物质文化遗产，适用《保护非物质文化遗产公约》。2012年7月，民政部印发了《全国地名文化遗产保护工作实施方案》。做好雄安新区地名文化保护，让老地名成为当地文化的亮点，变成未来人们寻找这片热土记忆的路；让老地名留住乡愁，让未来守望乡愁，是搞好雄安新区地名规划必须要面对的问题。

七是处理好主流文化和多元文化的关系。一个国家，一个时代，总有主流文化和非主流文化。主流文化是时代的象征。新区地名规划，既不能主次不分，主流文化和非主流文化平分秋色；也不能以主代次，一枝独秀，拒绝非主流文化只体现主流文化；更不能以次代主，喧宾夺主，非主流文化淹没了主流文化。新区地名规划，多数地名、主要地名、大地名应该反映华夏主流文化；少数地名、次要地名、小地名应该适度反映非主流文化或外来文化。

八是处理好专家编制和群众认可的关系。术业有专攻，编制新区地名规划，专业性很强，要由专业单位和相关领域的专家承担。但是，高手在民间，好名出自百姓口。专家编制的地名规划，一定要按规定程序向社会公示，广泛征求各方意见，积极宣传解读，对一些分歧较大的名称，应该适时召开听证会，统一认识，最终以广大人民群众接受不接受、满意不满意，作为地名规划能否通过的标准。

九是处理好地名雅与俗的关系。雅俗问题，很多领域都存在，地名也不例外。具体讲，大地名要高雅端庄厚重，小地名要通俗小巧轻松，做到雅俗并存，雅俗共赏。既要防止追求高雅引经据典，造成佶屈聱牙难懂；又要防止简单草率随意命名，造成平庸低俗难言。无论雅与俗，都要使用国家公布的通用字。地名是实用的，不是赏玩的。北京明清至民国时期的正阳门大街，1965 年从俗改名为前门大街，是这方面的典范。

千秋之城，需要万全规划。先谋后动，敢于担当，凝聚各方智慧，才能在历史性工程的“大考”中交出优异答卷，留下独具风流、光彩夺目、吉祥传世的雄安新区各类地名。

参考文献

〔1〕《河北雄安新区解读》，人民出版社 2017 年版。

〔2〕《雄安，雄安》，新华出版社 2017 年版。

（作者单位：河北省地名区划档案资料馆）

第二次全国地名普查档案工作的实践探索

余　伟

摘　要　《第二次全国地名普查实施方案》规定："地名普查成果验收合格后，逐级上报，完成普查文件、资料、成果等阅卷归档工作"。随着第二次全国地名普查（以下简称"地名普查"）工作的不断深入，地名普查档案数量庞大，形成了纸质以及照片、声像和记载数据库内容的光盘等载体的各种记录。为规范地名普查档案的管理，2016 年 6 月，民政部与国家档案局联合印发了《第二次全国地名普查档案管理办法》（民发〔2016〕104 号，以下简称《办法》），为地名普查档案规范化管理提出了要求。为进一步推进做好地名普查档案工作，本文从档案工作经验出发，并就实际工作中的问题，提出具有可操作性的方法，为地名普查档案工作提供借鉴。

关键词　地名普查　档案　规范管理

《办法》发布以来，通过一年多的实践，笔者感到做好地名普查档案工作，关键要准确掌握档案工作的一些要领，在具体操作中要注意结合地名普查的有关规定，注意把握以下几个问题。

一、加强收集工作

（一）了解地名普查文件的形成过程

就有关地名开展的一系列工作，形成地名成果，最后进行成果验收，便完成地名普查的业务工作。因此，必须了解各项流程工作中产生的文件材料。

1. 收集资料：是为编写地名调查目录做准备。主要收集地名属性和图形信息的书刊、地图。

2. 编写调查目录，并形成地名调查目录。

3. 预填写地名普查登记表，并通过外业调查，以及内业整理，形成最终的地名登记表，以及调查座谈、走访、勘探等材料。

4. 开展地理实体及地名标志位置测量，形成测绘材料。

5. 开展地名语音采集、数据整理入库、在矢量图及成果图上表示地名。

6. 形成音频文件以及地名数据库和工作图以及成果图等。

7. 通过地名标准化处理形成地名审定、地名命名和更名材料等。

8. 通过开展地名标志设置等工作，形成地名标志登记表以及相关照片视频等材料。

9. 通过以上工作，形成若干表格，并进行填写，最终形成地名普查成果等。

10. 开展地名普查成果验收，形成地名普查成果验收材料。

（二）鉴定文件的价值

《第二次地名普查实施方案》要求对收集的文件材料进行整理、甄别、论证和审定。这同《办法》中规定地名档案是具有保存价值的记录是一致的。有利用价值的就进行整理归档。无利用价值的可以放到一边作为资料登记保存或销毁。地名普查档案的价值体现在为今后地名工作日常利用、编史修志、进行成果转换、开发地名信息资源等方面发挥文件的第一手资料的作用，是地名普查工作成果最直接的体现，其对今后生活将产生重要的影响。

（三）了解档案的形成载体

不仅有文字的，还有图表、声像、电子数据、实物等，既有纸质的，也有电子的，等等。

（四）保证地名普查材料的完整性

除了对本身工作提出要求，还要对外包工程给予相应档案技术交底，并对相关单位地名普查文件材料的归档提出要求。

二、做好档案组织工作

地名普查形成了大量的文件材料，由谁去管理呢？也就是说这些文件材料的整理由谁去组织实施呢？

文件材料整理的组织实施包括建立档案的整理制度、选择文件材料整理的地点和人员、确定整理范围、确定文件的保管期限等。

我国历来都是实行文书部门进行公文整理的制度，按一定的时限进行归档，实践证明这是一个行之有效的制度。就地名普查工作机构而言，文书部门一般指地名普查办的秘书处，但是大多没有专门设立，也就无从说秘书处。地名普查办形成的专门档案，可以单独整理，按规定向档案室归档即可。无论采取何种整理形式，均要确定具体的整理人员。这个人必须熟悉文件的形成与运转。实际工作中，业务人员基本上都在参与文书处理工作，具体办完一件事，对这个事情的来龙去脉比较熟悉，因此，具体由谁来整理，要因单位具体情况而定。

为保证归档质量，地名主管机关档案部门要主动参与，给予必要的指导，地名普查办也要积极征求档案部门的意见。而档案人员要对形成文件的格式和书写材料存在的问题，进行反馈并提出意见，求得改善，建立健全各种必要的制度，保证归档文件的齐全完整。同时，还要加强归档的日常管理。归档前，要对各业务部门的案卷进行检查。发现有不符合要求之处，应由立卷人员重新调整加工，给予补救和纠正。

三、地名普查档案类别与地名属性类别不能混淆

档案的有效分类，不但能揭示归档文件之间的内在联系，使归档的文件成为一个有机整体，便于利用，而且对下一步卷内文件排列、编目、排架等都有重要作用。不同档案有不同类别，地名普查档案分类必须从地名普查产生的文件材料出发，考虑地名普查材料反映的内容、形式的不同去研究地名普查档案的分类。我们在地名普查工作中需要对地名及地名标志进行调查、考证、登记、处理等工作，再通过技术加工形成普查成果，会形成许多文件材料。为避免遗漏，对那些地名普查工作比较重要又具有利用价值的材料归入进来。《办法》将地名普查档案分为业务类、成果类和其他类，并为每类编制了类别代码，为下一步做好档案的整理和利用打下了基础。地名普查涉及面广，地名属性类别有 12 大类。实际工作中，有的单位将地名属性类别当作地名普查档案类别，造成了档号编制复杂甚至混乱，给直接通过档号这个能够准确查找地名案卷的途径，带来了不必要的麻烦，给档案利用造成不便。

需要注意的是业务类归档文件中的地名标志登记表、地名用字读音审定表前加“同一”，是指向同一地名，而成果类中则指名称相同的这一类表格，以地名类别为单位归档区分。

四、妥善处理管理类、声像类材料和实物的归档

1979 年原中国地名委员会发布的《全国地名档案管理暂行办法》指出，地名档案是指各级地名委员会在工作活动中形成的全部档案，并组成一个单独的全宗，其归档范围包括了文书类、地名调查和成果类、编译出版类、科学研究类和国际会议及交往类。现在全宗的主体——中国地名委员会已不存在，地方各级地名委员会也大都撤销，地名工作除少部分在规划、国土等部门外，大都划归各级民政部门，纳入各级地名主管机关的职责，地名管理工作中形成的管理文件材料即我们通常说的文书材料与机关其他部门形成的文件一起归入本机关文书档案。不便归入文书档案的各种地名专业材料，才是地名档案的主体①。2001 年修订的《地名档案管理办法》指出，地名档案是指在地名管理工作中形成的具有保存价值的记载地理实体的标准名称及其他相关信息的文字、图表、声像等材料。明确了地名档案是一种专业档案，而不是文书档案。因此，地名普查工作中形成的管理类的文件材料、声像材料、实物等应当归入地名主管机关相应的档案门类。

五、地名普查档案组卷原则和方法不同于文书档案

地名普查档案作为地名业务档案，其整理与文书档案是有区别的。如按照文书档案的整理方法，将一个地名的文件材料分别按年度—问题放入有关问题的档案中，不仅不能集中反映某一地名的地理属性信息，也给查找利用带来不便。因此，其整理方法，必须体现地名档案的特点。

《第二次全国地名普查实施方案》规定，地名普查以县级政区为单位

① 张岳：《〈地名档案管理办法〉的新特点》，《中国民政》2002 年第 3 期。

进行，普查成果验收合格后逐级上报。与此相适应，《办法》第九条规定：业务类、成果类文件材料以县（县级市、市辖区）为单位进行整理。

（一）业务类以地名为单位进行组卷

地名普查文件材料较多，但围绕同一个地名的地理实体的普查都要形成记载其名称及其相关信息的材料等，这些材料的内容都是指向同一个地名。因此，业务类文件材料按照“一名一档”的原则整理，将对该地名普查形成的材料组合在一起，符合 2001 年《地名档案管理办法》中建立“个体地名档案”的要求，可以直观地反映出对该地名进行标准化处理的准确性，反映出同一个地名的地理实体的属性信息。同时，这也是形成地名成果最主要的依据。对了解该地名的沿革以及查找利用都非常便利，是获取单个地名的第一手信息，也是开展地名管理、地名文化保护、地名研究的基础信息。

（二）成果类材料按地名成果反映的问题（类）组卷

地名成果材料具有成套性的特点，我们将所有地名普查成果中文种名称相同的文件材料组合在一起，即地名目录、地名成果表、地名标准化处理统计表、地名标志登记表和地名用字读音审定申报表分别组卷，可以更准确、更直观、更科学地反映出某一地区某一类地名普查的内容和成果。这也符合《地名档案管理办法》第八条地名材料归档要求的“地名表装订成册”的规定。成果类材料是通过地名普查所获取地名属性数据、图形数据和多媒体成果，具有举足轻重的分量，其价值是不言而喻的。

六、整理环节是关键

经过收集的并按“卷”进行管理的地名普查档案是和文书档案的按“卷”整理工作内容基本相同，包括案卷的调整、确定保管期限、拟定标题、卷内文件的排列与编号、填写卷内目录与备考表、填写案卷封皮、案卷装订、排列、编制移交目录等。

（一）案卷的调整

主要包括：

1. 检查卷内文件成分

检查卷内是否有重份和多余的材料，剔除不需要归档的材料。

搜集的地名相关史料、考证材料、实地调查的记录，如为已经归档的文件，可只标注原档的档案号，或者留复印件（可部分复印）；如为县志等已经出版的书籍等，可以复印封面和相关页，并在该卷的卷内文件目录备注中明确为复印件，在该卷的卷内备考表中无须说明。

所有未在《办法》中明确列出的，确应归档的材料均归入其他类中的其他材料范围中。如跨界自然地理实体普查材料归入此类。

2. 检查卷内文件联系

即保持文件之间的联系如何，业务类中文件材料是否系同一地名的材料，将其他地名的材料归入相应地名的案卷中。对于缺页或可能没有办完的文件，酌情进行催收或询问，保证归档文件的完整。

3. 检查卷内文件数量

对于卷内文件数量较多的，宜酌情适当分卷。

（二）拟定案卷标题

案卷标题是以后编制目录的主要依据，应避免过于抽象笼统或堆砌文件标题。

业务类：我们要求一名一档，直接写出标准地名名称即可。如果该地名材料较多分为数卷的，其分卷标题应加上分卷号，如北京市东城区东华门街道（一）、北京市东城区东华门街道（二）等。

成果类：可以用县级行政区划名称 + 子类别名称，如果同一类内容分成数卷的，其分卷标题应加上分卷号，如 ×× 县地名标志登记表（一）、×× 县地名标志登记表（二）。

其他类：此类中的地名调查目录参照上述业务类填写标题，但另一些还需要归档的材料，应根据卷内内容编写标题。可参照文书档案的标题编写方法。

（三）卷内文件排列和编号

1. 卷内文件的排列

卷内文件排列次序要有条理，保持文件之间的联系，给每份文件以固定的位置。

业务类:《办法》第九条规定，按《办法》第六条第一款顺序进行排列。

成果类：第二次全国地名普查规程第七章规定的成果类的表格基本上都要求以县级政区为单位，按地名分类分别打印（依据规程），每一类文件按地名代码顺序排列即可。

地名工作图和成果图，每份图都是按照图幅接合表在前，各单幅图在后顺序进行排列，而不是以成果图在前，工作图在后的顺序排列。

2. 卷内文件编号

卷内文件经过排列之后，均应用阿拉伯数字逐件按顺序编写页号，固定次序，以便填写有关的目录。有文字页均应编写页号，空白页不编号，用铅笔填写在每页正面的右上角或背面的左上角。如果是印刷成册，像书籍等，可编可不编。如果不编，应在卷内目录或备考表中备注，在计算页数时，可以写成 ×× 页 +× 本。

3. 注意卷内文件题名的填写

应如实填写文件的标题，如无标题应拟定一个标题，标题要能体现文件内容。如是搜集的地名相关史料、考证材料、实地调查的记录等，每一份文件都要在目录中体现，不能合起来只写一个概括性的文件标题，因为它们是多份文件，要分别填写文件标题。

（四）填写案卷封皮和装订

案卷封面各项应用耐久性好的蓝黑墨水填写，然后进行装订。案卷封皮项目的填写，《办法》附件已经进行了说明。这里需要强调的是在填写案卷封面之前最后再确定一下案卷标题，确定无误后下一步就可以进行案卷封面的填写和案卷装订了。装订的目的是为了固定与保护卷内文件，避免散失或损坏。装订之前，必须去掉金属钉、针，以防止年久腐蚀文件。

图纸等大型图等不应折叠。

（五）案卷排列、编号和编制案卷目录

装订后，还必须进行系统的排列，确定每一类内每个案卷的前后次序和排放位置。根据习惯的不同，在进行案卷排列时，可以适当考虑行政区划顺序结合地名属性类别因素。如业务类既可以先按照一个乡镇内不同类别地名按照地名代码顺序进行排列，再进行另一个乡镇排列，乡镇先后排列依行政区类别代码顺序进行；也可以按照全县行政区域内同一类地名按照地名代码顺序进行排列，然后另一类地名按照地名代码顺序进行排列，地名类别先后排列依五位类别代码顺序进行，以方便今后利用和查找。

成果类则先将各类案卷分别集中排列，然后再将几类案卷集中一起顺序排列。

一般情况下，地名普查档案的顺序一经确定，不得随意拆散和重新组合。这是因为在日常工作中，地名普查要面对各种检查。所以要求在地名普查档案利用时，特别注意保持地名普查档案实体的排列顺序，避免发生错乱现象，确保地名普查档案的完整与安全。

光盘为载体的档案要单独编号。光盘顺序固定后，统一编写流水号，光盘号即案卷号。

将系统排列的案卷逐一编号登记，就形成了案卷目录。它是案卷的名册，用来揭示地名普查档案的全部案卷，是查找档案最基本的工具，也叫移交目录，是交接档案的依据和凭证。每本案卷目录不宜太厚或太薄，适当均匀调整。填写案卷目录项目需要注意的是：

（1）案卷封面项目，市辖区要写 ×× 市 ×× 区，其他只写到本级行政区域即可。

（2）案卷目录备考表中的案卷总数盒（袋）项目，根据实际情况必须划掉其中的一个。如果是装盒保存就把袋字去掉，如果是档案装袋就把盒字去掉。

（六）档案盒项目的填写

案卷装盒后要填写档案盒上的项目。需要注意的是，档案盒正面类别

名称项目，如果类别名称是业务类，子类别名称不填写。档案盒正面、档案盒脊项目中的“档案编号”一项，盒（袋）内同一类的档案编号，填写起止档案编号，中间用“／”连接；不同类的档案编号之间用“、”隔开；只有一卷，直接填写档案编号即可。

对于地名普查形成的照片、声像、光盘以及电子等特殊载体材料，应当按照相应门类档案管理的有关规定执行，电子文件必须保证与相应的纸质文件内容相一致。

七、档案保管要符合要求

地名普查档案的保管和保护至关重要，必须按照档案的保管要求，加强保管和保护工作，维护档案的安全。包括归档前与归档后两个阶段的管理。档案的保存方式和方法、保管装具要符合标准。除要指定人员管理档案外，还应当有专门的地点存放档案。要采取有效措施，以达到档案保管“八防”（防盗、防火、防虫、防鼠、防潮、防尘、防光、防高温）要求。

地名普查档案保管原则是：不具备保管条件的要创造条件，确无保管条件的可以委托具备条件的单位进行代管。尤其要加强档案的日常维护工作。

档案安全保管还包括定期的全面检查，重点在于档案实体是否有破损、霉变、虫蛀、褪色等现象发生，还要看是否有潜在的隐患等危险因素，实体秩序是否出现混乱，是否有长期未还的档案，等等，发现问题及时进行修补、复制或者相关技术处理。

针对声像档案和电子档案，软硬件环境、存储载体等容易发生变化，要定期进行检查，以保证声像档案和电子档案信息记录能够满足国家在保密、信息安全等方面的要求，并且要保证声像、电子档案可读可用。

八、做好归档与移交工作

归档是经过整理后的档案向地名主管机关移交的工作，而移交则是地名主管机关向同级的国家综合档案馆的移交。《机关档案工作条例》规定，临时机构形成的档案要归入主管机关相应的档案类别。因此，地名普查档案要向地名主管机关的档案部门归档。因为地名普查档案是国家档案的重要组成部分，应该在地名主管机关保存一定时期后向同级国家综合档案馆移交。但有些省级地名专业档案馆可根据需要保存一套地名普查档案。

九、加强地名普查档案检查验收的组织工作

检查验收工作是地名普查档案区别其他业务档案工作的一个亮点，对于地名普查档案工作将产生推动作用。

各省级地名普查办必须在《办法》的基础上，制定相应的验收标准，包括验收依据、验收方法、验收内容和标准、验收程序与组织、验收结论等内容。各地的验收标准可以对国家没有规定的一些内容，比如地名档案普查范围和类别、档案盒规格、对档案的装订等提出要求，对于《办法》有着明确规定的如档案类别等不能擅自增加或进行修改。

（作者单位：民政部档案资料馆）

《唐大和上东征传》所载浙江地名考释

王建富

摘　要　《唐大和上东征传》又名《鉴真和尚东征传》《鉴真和尚传》《过海大师东征传》等，是日本奈良时代典籍，由鉴真和尚的日本弟子真人元开于唐大历十四年（779年）用汉语撰写，主要叙述了唐代著名僧人鉴真东渡日本的经历，以及在日本传播佛教的事迹，对中日文化交流史研究具有很高的史料价值。

本文在全面查考唐代以来相关历史文献的基础上，对《唐大和上东征传》所载浙江地名进行了系统的考证，以期厘清历史真面目，传承地名文化遗产。

关键词　鉴真东渡　地名　文化遗产　考释

《唐大和上东征传》记述的浙江地名主要有（以文中出现先后排序，

不重复解读）：

《唐大和上东征传》：“天宝二载癸未（743年）。当时海贼大动繁多。台州、温州、明州海边并被其害。海路（堙）塞，公私断行。”

台州 即今台州市，其时治所在今临海市。唐武德五年（622年）改海州置台州。《元和郡县志》卷二六：“盖因天台山为名。”天宝元年（742年）改称临海郡。乾元元年（758年）复称为台州。元至元十四年（1277年）改为台州路。明太祖吴元年（1367年）改置台州府。1912年废台州府。①

温州 即今温州市。温州古为瓯地，也称东瓯。唐高宗上元二年（675年），从括州析置。《太平寰宇记》卷九九：“以温峤岭为名。”《清一统志》卷四八：“以其地恒燠少寒，故名。”治所在永嘉县（今温州市区）。天宝元年（742年）改为永嘉郡。乾元元年（758年）复为温州。宋咸淳元年（1265年），以温州为度宗潜邸，升为瑞安府。元至元十三年（1276年）改为温州路。②明洪武元年（1368年）改置温州府。1912年，废温州府。

明州 即今宁波市。唐开元二十六年（738年），升鄮县为明州。《元和郡县志》卷二六：“以境内四明山得名。”州治在鄮县（今鄞州区鄞江镇）。唐长庆元年（821年）州治迁三江口。天宝元年（742年）改为余姚郡。乾元元年（758年）复为明州。南宋绍兴元年（1131年），置沿海制置使于明州。③绍熙五年（1194年）以明州为宁宗潜邸，升为庆元府。宝庆《四明志·沿革论》：“以所以改元者，名之曰庆元。”元至元十四年（1277年），改为庆元路。明洪武元年（1368年）改置明州府。洪武十四年（1381年），为避明朝国号讳，以“海定波宁”之意改名为宁波府。1912年，废宁波府。

南宋乾道《四明图经》卷一记载：“明之为州，实越之东部……虽非都会，乃海道辐辏之地。故南则闽广，东则倭人，北则高句丽，商舶往

---

① 陈桥驿主编：《浙江古今地名词典》，浙江教育出版社1991年版，第237页。

② 陈桥驿主编：《浙江古今地名词典》，浙江教育出版社1991年版，第653页。

③ 陈桥驿主编：《浙江古今地名词典》，浙江教育出版社1991年版，第396页。

来，物货丰衍……亦东南之要会也。”

《唐大和上东征传》：“天宝二载十二月举帆东下。到狼沟浦，被恶风漂浪，波击舟破……更修理舟，下至大板山，泊舟不得，即至下屿山。住一月，待好风发，欲到桑石山……风停浪静，有白水郎将水米来相救。”

大板山 即今嵊泗县大盘山岛。宋乾道《四明图经·昌国》记载为“大板”。有人猜测为泗礁山岛大悲山。但因大悲山地名出现于清代，未予采信。

下屿山 从前后文航行线路、附近岛屿自然条件及相关地名记载推测，为今岱山县下川山岛。宋乾道《四明图经·昌国》记载为川石山，“在县东北七百里。”

桑石山 即今岱山县双子山岛。宋乾道《四明图经·昌国》记载为桑子山：“旧名桑石山，在县东北六百里。”1976年4月，在岛上出土了铸有“庆元路总管府”“人字一号”“壬寅大德六年（1302年）”，以及相关八思巴文的字款。

《唐大和上东征传》：“又经五日，有逻海官来问消息，申谍明州太守处分，安置鄮县山阿育王寺。寺有阿育王塔。”

鄮县 即今宁波市区。秦始皇二十五年（前222年）置县。时辖区包括今宁波市区及舟山市。县治设于今鄞州区五乡镇鄮山山麓的同岙村一带，为我国古代海上丝绸之路的发源地。南宋《方舆胜览》卷七和乾道《四明图经》卷二均引《十道四蕃志》曰：“鄮山，以海人持货贸易于此，故名。”宝庆《四明志》卷一：“古鄮县乃取贸易之意，居民喜游贩鱼盐，颇易抵冒……南通闽广，东接倭人，北距高丽，商舶往来，物货丰溢。”

阿育王寺 在宁波市鄞州区五乡镇宝幢太白山华顶峰下。始创于西晋太康三年（282年），素有“东南佛国”之称，是佛教禅宗名寺，中国佛教五山十刹之一。南朝梁普通三年（522年），梁武帝赐额“阿育王寺”。寺名取自于古代印度摩揭陀国孔雀王朝的第三代国王名。因其护持佛教，被尊为护法名王。

阿育王寺是中日、中韩佛教文化交流的重要寺院。唐代著名的日本留学生阿倍仲麻吕在寺内会见日本僧人普照和日本遣唐使藤原清河、吉备真备等。宋代日僧、高丽僧来华多先参学阿育王寺。

阿育王塔 在阿育王寺。明万历《明州阿育王寺山志》载，晋武帝太康三年（282年），并州离石（今山西吕梁市离石区）人刘萨诃病危时，梦见一梵僧示意超度。既苏，旋改业出家，法名慧达，并按梦示，寻求宝塔。至鄮山乌石岙时……宝塔从地下涌出，光明腾耀……慧达即结茅于此，修持行道。东晋义熙元年（405年），舍利宝塔从乌石岙慧达结茅处迁至阿育王寺。

《唐大和上东征传》："明州者，旧是越州之一县也。开元二十六年（738年），越州鄮县令王叔通奏割越州一县，特置明州，更开三县，令成一州四县，今称余姚郡。"

越州 今绍兴市。《元和郡县志》卷二六："《禹贡》扬州之域。春秋时为越……夏少康封少子无余以奉禹礼，号曰于越，越国之称，始于兹矣……秦以其地并吴立为会稽郡。后汉顺帝时，阳羡令周喜上书……以浙江山川险绝，求得分置。遂分浙江以西为吴郡，东为会稽郡。自晋至陈，又于此置东扬州。隋平陈，改东扬州为吴州。大业元年（605年）改为越州。武德四年（621年）讨平李子通，置越州总管。"嘉泰《会稽志》卷一："越：在唐虞时，禹平水土制九州，而越为扬州之域。职方氏：东南曰扬州，其山镇曰会稽……禹会诸侯江南计功而崩，因葬焉，命曰会稽。会稽者，会计也……会稽山，本名苗山……禹到大越上苗山大会，计爵有德封有功，更名苗山曰会稽。"开元二十六年（738年）分置明州。天宝元年（742年）又改为会稽郡。乾元元年（758年）复为越州。五代吴越国以越州为陪都，称东府。宋仍为越州。南宋建炎四年（1130年）高宗驻跸越州，以"绍祚中兴"之意改次年为绍兴元年，又以年号为名升越州为绍兴府。元改名为绍兴路。1912年，废绍兴府。

余姚郡 即今宁波市。唐天宝元年（742年），改明州为余姚郡，郡治设鄮县。乾元元年（758年），复为明州。

《唐大和上东征传》："其鄮山东南岭石上有佛右迹……"

鄮山 在宁波市鄞州区东部，五乡镇灵峰山一带。南宋《方舆胜览》卷七和乾道《四明图经》卷二均引《十道四蕃志》曰："鄮山，以海人持货贸易于此，故名。"鄮山山麓同岙村曾设古鄮县治。宋词人吴潜在《登镇海楼》诗中有"鄮山深处古明州，新有江南客倚楼。"

《唐大和上东征传》："天宝三载（744 年）……越州龙兴寺众僧请大和上讲律受戒。事毕，更有杭州、湖州、宣州并来请大和上讲律。"

越州龙兴寺 在今绍兴市越城区大善塔附近。一般认为即始建于南朝梁天监三年（504 年）的大善寺。

嘉泰《会稽志》卷七将会稽县大善寺与山阴县龙兴寺记为两座寺院："大善寺，在（绍兴）府东一里二百一十步。梁天监三年（504 年）……建寺。僧澄贯主其役，未期年而成，赐名大善……唐开元二十六年（738 年）改名开元。后唐长兴元年（930 年）吴越武肃王别创今开元，乃复大善旧名。""龙兴寺，与今龙兴桥相近，或谓提举廨舍是也。疑龙兴塔既焚后，人取废塔所葬舍利佛骨，益以他舍利，葬于大善塔耳。以栋上字观之，则大善自建寺以来未尝有被焚之事，亦未尝名龙兴也。""龙兴寺，宋太始元年（265 年）建，号香严寺。唐神龙元年（705 年），改为中兴寺。神龙二年改为龙兴寺……今废为提举司。"

杭州 今杭州市。隋开皇九年（589 年）废钱塘郡置杭州。州治初在余杭，次年迁钱塘（今杭州市上城区和下城区）。《太平寰宇记》卷九三："（杭州）在余杭县，盖因其县以立名。十年移州居钱塘城。"大业三年（607 年），改为余杭郡。武德四年（621 年）复置杭州。天宝元年（742 年）又改余杭郡。乾元元年（758 年）复名为杭州。五代为吴越都城，称为西府。北宋初为两浙路治所。南宋以杭州为都城，称行在所，升杭州为临安府。元至元十五年（1278 年）改称为杭州路，为浙江行省治所。至正二十六年（1366 年）朱元璋改称为杭州府。1912 年废杭州府，置钱塘道，为浙江省会。1927 年废道置杭州市。

湖州 今湖州市。三国吴宝鼎元年（266 年）置吴兴郡。隋开皇九年

（589年），废吴兴郡置湖州。因濒临太湖得名。唐天宝元年（742年）复改为吴兴郡。乾元元年（758年）又改为湖州。南宋宝庆元年（1225年）改为安吉州。元至元十三年（1276年）改为湖州路。元至元二十六年，改称为湖州府。1912年废湖州府。1949年设县级湖州市。1983年改为设区市。

《唐大和上东征传》："时越州僧等知大和上欲往日本国，告州官曰：'日本国僧荣叡诱大和上欲往日本国。'时山阴县尉遣人于王亟（一作丞）宅，搜得荣叡师，着枷递送京，遂至杭州。"

山阴县 唐越州辖县。境域包括今绍兴市柯桥区西部以及越城区解放路以西区域。秦置山阴县，属会稽郡。因地处会稽山北麓得名。治所即在今绍兴市越城区。《元和郡县志》卷二十六："山阴，越之前故灵文园也。秦立以为会稽山阴。"嘉泰《会稽志》卷十二："本越王句践之都……邑在山阴，故以名焉。"西汉文帝时，曾为会稽西部都尉治所。东汉永建四年（129年）吴、会分治后，为会稽郡治。南朝陈分置会稽县。隋开皇九年（589年）并入会稽县。唐武德七年（624年）复置。后多次置废。元和十年（815年）再置。与越州和会稽县同城设治。1912年，与会稽县合并为绍兴县。1949年分绍兴县东部置会稽县。1950年，会稽县并入绍兴县，划出城区设绍兴市。1962年绍兴市并入绍兴县。1981年改绍兴县为绍兴市。1983年，划绍兴市区及市郊六乡置越城区，其余乡镇复置绍兴县。①2013年，撤销绍兴县设立绍兴市柯桥区。

《唐大和上东征传》："大和上率诸门徒……寻山直出。州太守卢同宰及僧徒父老迎送……送至白社村寺，修理坏塔，劝诸乡人造一佛殿。至台州宁海县白泉寺宿。"

白社村寺 为"白杜村寺"之误。在今宁波市奉化区白杜村。时白杜村无寺院，白杜村寺当为民间信仰场所。白杜赤堇山一带，古为鄞县县治。宋宝庆《四明志》中，"白杜"地名出现10次。其中有白杜村、白杜里、白杜河、白杜市、白杜（酒）坊等，均在奉化县下。宝庆《四明

① 陈桥驿主编：《浙江古今地名词典》，浙江教育出版社1991年版，第63、436页。

志·奉化县志》卷二:“金溪乡……管里二村三:履信管、白杜里;石桥村、溪东村、白杜村。”“白杜市,(奉化)县东南二十五里。”

台州宁海县 即今宁海县。其时县境也包括了今台州市三门县部分区域。西晋太康元年(280年),分鄞县800户和章安县北部200户置宁海县,县治始设于白峤(今宁海县跃龙街道白峤村),属临海郡。明郭子章《郡县释名·浙江》:“以濒海而名曰宁海者,犹宁波之谓,且以别于临海也。”隋开皇九年(589年)并入临海。唐武德四年(621年)复置宁海县,治设海游(今三门县海游镇)。七年又并入章安县。永昌元年(689年)再置宁海县,治广度里(今宁海县跃龙街道)。唐武德五年(622年)始属台州。元属台州路。明清属台州府。1949年,属台州专区。1952年,改属宁波市。1957年,撤县复属台州专区。1958年,撤县并入象山县。1961年,复置宁海县,属宁波专区。1983年,后属宁波市。

白泉寺 今宁海县寿宁寺。位于宁海县跃龙街道港头村。现俗称为老白泉寺。嘉定《赤城志》卷二十九:“寿宁寺,在(宁海)县南一十里。旧名白水庵。晋义熙元年(405年)僧昙猷建。时猷自海乘槎至,卓锡泉涌,故以为名。晋天福五年(940年)改名海晏。国朝淳化元年(990年)改今额。”寿宁寺除留有鉴真和尚东渡的足迹外,也曾于北宋雍熙年间接待过日僧奝然和嘉因师徒。现寺内建有东渡纪念堂,立有“三宝东渡纪念碑”。

《唐大和上东征传》:“明日度岭,入始丰县,日暮至国清寺。松篁蓊郁,奇树璀璨,宝塔玉殿,玲珑赫奕,庄严华饰,不可言尽。孙绰《天台山赋》不能尽其万一。”

始丰县 即今天台县。三国吴置始平县。西晋太康元年(280年),因与雍州始平县重名而改称为始丰县。县治即今天台县城。东晋永和三年(347年)分置乐安县(今仙居县)。隋开皇九年(589年)并入临海县。唐武德四年(621年)复置始丰县。武德八年省县。贞观八年(634年)再置县。唐高宗上元二年(675年)改为唐兴县。五代梁开平二年(908年),改为天台县。后唐同光初年(923年),复名为唐兴县。后晋天福二年(942年)改为台兴县。北宋建隆元年(960年)复为天台县。

国清寺 即今天台山国清寺。嘉定《赤城志》卷二十八：“景德国清寺，在（天台）县北一十里。旧名天台。隋开皇十八年（598 年）为僧智顗建。先是顗修禅于此，梦定光告曰：寺若成，国即清。大业中遂改名国清……唐会昌中废。大中五年（851 年）重建……国朝景德二年（1005 年）改今额。”南宋列为“江南十刹”之一。

唐贞元二十年（804 年），日僧最澄偕弟子义真搭乘遣唐使团船入唐，曾到国清寺求法，后携带着从国清寺等地抄回的大批佛经，在明州搭乘日本遣唐使的船只回国，于京都比睿山创立了日本天台宗。日本至今还保留着当时明州刺史陈审则在贞元二十年（804 年）发给最澄禅师来天台山国清寺取经后返国所开具的牒文。北宋元祐元年（1086 年），高丽僧义天到国清寺求法，将天台宗传入朝鲜半岛，创建高丽国佛教天台宗。

天台山 又名桐柏山。位于天台县城北。嘉定《赤城志》卷二十一：“天台山。在县北三里……山有八重，四面如一。《十道志》谓之顶对三辰，或曰当牛女之分。上应台宿，故曰天台。一曰大小台，以石桥大小得名。亦号桐柏。”天台山为我国和日本、韩国佛教天台宗的发源地。隋代，智者禅师（538—597）于此创立了中国汉化佛教第一宗——天台宗。

《唐大和上东征传》：“大和上巡礼圣迹，出始丰县，入临海县。导于白峰，寻江遂至黄岩县。便取永嘉郡路，到禅林寺宿。”

临海县 即今临海市。西汉始元二年（前 85 年）置回浦县，县治设于章安（今台州市椒江区章安街道），属会稽郡。东汉初改名为章安县。三国吴太平二年（257 年），分章安县西部及永宁县部分境域置临海县。县治设于大固山南麓，为临海郡治。嘉定《赤城志》卷一：“取（临海）郡东北临海山而得名。”隋开皇九年（589 年）废临海郡，并章安、始丰、乐安（今仙居县）、宁海入临海县。唐武德四年（621 年）于临海县置海州，复分置章安等四县。五年改海州为台州。自唐至清，临海历来为台州的州、郡、路、府治所。1986 年 3 月，撤销临海县改设临海市。①

① 陈桥驿主编：《浙江古今地名词典》，浙江教育出版社 1991 年版，第 468—469 页。

白峰 位于台州市路桥区峰江街道。自古为台、温间水陆交通要道。嘉定《赤城志》卷二十:“白峰，在（黄岩）县东南三十五里。”卷三记载:“白峰桥，在（黄岩）县东南五十五里。”卷十八记载:“白峰铺，在（黄岩）县东南五十里。”

黄岩县 即今台州市黄岩区和路桥区。唐高宗上元二年（675 年）析临海县置永宁县。天授元年（690 年）改为黄岩县。嘉定《赤城志》卷一:“黄岩县，本汉永宁县。唐上元析临海置，属台州。天授元年更今名。”《太平寰宇记》卷九八:“以其山顶有黄石，故以名之。”元元贞元年（1295 年）升为黄岩州。明洪武三年（1370 年）复为县。1989 年撤县设市。1994 年撤市设区，原黄岩东部的路桥等 8 镇 2 乡划出设立路桥区。

永嘉郡 即今温州市。晋太宁元年（323 年），析临海郡南部四县置永嘉郡，郡治设于永嘉县（今温州市鹿城区）。唐高宗上元二年（675 年），析括州之永嘉、安固二县置温州。天宝元年（742 年），改温州为永嘉郡。乾元元年（758 年）复为温州。

禅林寺 即今台州市路桥区峰江街道白枫岙的香严寺。嘉定《赤城志》卷二十八:“香严院，在（黄岩）县南四十里。唐开元元年（713 年）建。会昌中废，大中复建。国朝大中祥符四年（1011 年）赐额。”

《唐大和上东征传》:天宝七载（748 年）……六月二十七日发自崇福寺，至扬州新河，乘舟下至常州界狼山。风急浪高，旋转三山。明日得风，至越州界三塔山，停住一月。得好风发至署风山，停住一月。

三塔山 存疑待考。原因如下:一是越州界内唯绍兴城内有三塔。然，鉴真东渡多次为官府所阻，且第三次东渡失败后，鉴真曾应邀到越州龙兴寺讲经，被当地僧侣举报东渡活动，因此往往避开州、县而宿。二是越州近邻秀州虽也有三塔，但也在城内，且唐代秀州城内无山。三是属于古越州的明州一带，关于三塔山地名的文献记载，仅见于今宁波市北仑区白峰镇东门村的总台山。总台山，原名三台山，因山势呈三台，谐音作三塔山。明《武备志》卷二十五、《殊域周咨录》卷三、雍正《浙江通志》卷九十七等均有洪武二十年（1387 年）于此设三塔山烽火台的记载。由于三塔山烽火台于清代升为浙东烽堠总台，故改称三塔山为总台山。从地理位置看，此三塔山在唐代是否称为三塔山，仍存疑。葛继勇在《鉴真东渡与舟山列岛》一文中支持舟山学者郭振民的观点，认为三塔山就是今嵊泗县洋山镇的小洋山岛。然而，据现有史料来看，小洋山岛历史上从未称过“三塔山”或相近地名。其论据多有错讹，未予支持。

暑风山　又名曙峰山，即今舟山市定海区竹山岙、晓峰岭一带。宋乾道《四明图经·昌国》：“晓峰山，在（昌国）县西二十里。”宋宝庆《四明志》卷二十：“……晓字，本避英宗皇帝庙讳更名。”

《唐大和上东征传》：“十月十六日晨朝……少时风起，指顶岸山发，东南见山。”

顶岸山　即舟山市普陀区桃花岛对峙山。宋乾道《四明图经·昌国》记载为柽岸山：“柽岸山，在（昌国）县南三百五十里。”对峙山为舟山群岛最高峰，因山势高耸，附近又有大佛岩，是在舟山群岛南部区域航海的重要参照物。

参考文献

〔1〕陈桥驿主编：《浙江古今地名词典》，浙江教育出版社 1991 年版。

〔2〕浙江省测绘与地理信息局：《浙江古旧地图集》，中国地图出版社 2011 年版。

〔3〕张津等：《四明图经》，烟屿楼版。

〔4〕罗浚等：《四明志》，烟屿楼版。

〔5〕陈耆卿等：《赤城志》。

〔6〕施宿等：《会稽志》，采菊轩版。

〔7〕李吉甫等：《元和郡县图志》。

〔8〕王建富：《海上丝绸之路浙江段地名考释》，浙江古籍出版社 2017 年版。

（作者单位：舟山市民政局）

“陂”作地名源流考

肖亚琪

摘　要　“陂”字是中国地名中比较特殊的用字，它的发音有四种：bēi、pí、pō、bì。前三个读音，与地名有关。故在实际运用中容易混乱，让人无所适从。分析起来，“bēi”有“池塘，水边，水岸，山坡，斜坡”的意思；“pí”为地名“黄陂”；“pō”意为“倾斜，不平坦”。中国含“陂”字的86个地名中，有74个读音为bēi。这与该地水利设施的兴修和水田有很大关系。

关键词　地名　陂　源流　读音

中国地名中，有不少特殊用字现象。“陂”这个字，经常用作地名用字，但对其读音，尚有不同看法。“陂”字共有四个读音，即：bēi、pí、pō、bì。前三个读音均与地名有关。

一、“陂”源流考

对“陂”字记载最早的是《易·泰卦》：“无平不陂，无往不复。”此处“陂”读音为bì，意指倾危。全句的意思是：凡事没有始终平直而不遇险阻的，没有始终往前而不遇反复的。《周礼·春官·典同》：“陂声散。”郑玄注曰：“陂，读为险陂之‘陂’，陂谓偏侈，陂则声离散也。”“陂声散”，意指：钟体一边偏大，发出的声音就会离散而不稍内敛。可见周朝就出现了“陂”字，意义为“偏邪、不正”。“陂”的用例，历代都有不少，如：

《尚书·洪范》：“无偏无陂，遵王之义。”孔传：“陂，不正。”

《荀子·成相》：“谗人罔极，险陂倾侧。”

《玉篇·阜部》：“陂，倾也；邪也。”

王夫之《读通鉴论·叙论四》：“学之守正而不陂者在焉。”

这些“陂”字都有“偏邪、不正、倾危”的意思。读音为“bì”。

类似此意思的还有“陂陀”一词，也作“陂陁”，意为“险阻、倾斜不平”，“陂”读“pō”。“陂陀”还有一个意思，指阶陛。如：

《楚辞·招魂》：“文异豹饰，侍陂陀些。”王逸注：“陂陁，长陛也。言侍从之人，皆衣虎豹之文，异采之饰，侍君堂隅，卫阶陛也……陁，一作陀。”洪兴祖补注：“陂，音颇。陀，音驼。不平也。《文选》陂，音波。”

按：《文选》作“陂陀”。

《广雅·释诂二》：“陂陀，袤也。”

《玉篇·阜部》：“陂，陂陀，靡迆也。”

春秋时期，“陂”就已经用作地名。如：

《左传·成公四年》：“许人败诸展陂。”杜预注：“展陂，许地。”

《左传·昭公十三年》：“楚公子比次于鱼陂。”杜预注：“竟陵县城西北有甘魚陂。”

这种用法，持续使用。如：

《史记·货殖列传》：“水居千石鱼陂。”

《汉书·景十三王传》:“游雷波。”颜师古注:“波读为陂。雷陂,陂名。”

《正字通》:“黄陂,县名,今黄州府。”

“陂”字也有“山坡、斜坡”之意,读音为“bēi”。如:

《说文·阜部》:“陂,阪也。”

《尔雅·释地》:“陂者曰阪。”

《尔雅·释名·释山》:“山旁曰陂。”

《文选·古诗〈冉冉孤生竹〉》:“千里远结婚,悠悠隔山陂。”

“陂”还有“水池、湖泊”之意,读音为“bēi”。如:

《淮南子·说林》:“十顷之陂,可以灌四十顷。”高诱注:“蓄水曰陂。”

《说文·阜部》:“陂,一曰沱也。”段玉裁注:“陂得训池者,陂言其外之障,池言其中所蓄之水。”

《汉书·元后传》:“后又穿长安城,引内沣水注第中大陂以行船。”

后引申为“水利设施、灌溉”。如:

《风俗通义》:“陂者,繁也。言因下钟水,以繁利万物也。今陂皆以溉灌。”

“陂”有时也作“边际、旁边”之意。如:

《国语·越语下》:“故滨于东海之陂,鼋鼍鱼鳖之与处,而蛙黾之与同渚。”韦昭注:“陂,崖也。”

《前汉·礼乐志》:“腾雨师,洒路陂。”颜师古注:“路陂,路傍也。”

古书中对“陂”的注音多种多样,这里以《汉语大字典》《汉语大词典》和《现代汉语词典》为主展开讨论。①

《汉语大字典》及《汉语大词典》对“陂”的注音都是4种,分别为bēi、bì、pō、pí。《现代汉语词典》对“陂”的注音只有3种:bēi、pō、pí。

① 见汉语大字典编辑委员会:《汉语大字典》第二版,四川辞书出版社、崇文书局2010年版,第4436页;汉语大词典编辑委员会:《汉语大词典》,上海辞书出版社、汉语大词典出版社1986—1993年版,第16317页;中国社会科学院语言研究所词典编辑室:《现代汉语词典》第6版,商务印书馆2012年版,第52、987、1005页。

在《汉语大字典》和《汉语大词典》对“陂”的4种注音中，“bì、pō、pí”意义几乎一致。《汉语大词典》对“pí”进行了补充，除用作地名外，还可组成若干固定词语，如陂月、陂田、陂曲等。对于注音“bēi”，《汉语大字典》有5种解释，分别为：①山坡、斜坡；②池塘、湖泊；③壅塞；④边际、旁边；⑤倾斜。《汉语大词典》有7种解释，分别为：①堤防、堤岸；②池塘、湖泊；③壅塞；④山坡；⑤旁边、边际；⑥靠近；⑦沿着、顺着。

在《现代汉语词典》中，“bēi”意义有“池塘”“水边”“山坡”；“pō”意为“倾斜不平”，主要组词“陂陀”；“pí”为地名，湖北省黄陂县。

可见，在“陂”的注音和解释上，《现代汉语词典》较之《汉语大字典》及《汉语大词典》，都有所简化。注音方面，《现代汉语词典》去掉“bì”；注释方面，通过归纳合并同类意思及删除不常用意思，“陂”的意义大大减少。

导致这种现象产生的原因主要是《汉语大字典》和《汉语大词典》都是“古今兼收，源流并重”的大型语文工具书，而《现代汉语词典》是现代汉语工具书，偏重于现当代的字词及其解释，对古代的字词及其解释有所简化。

二、“陂”用作地名现状

戴均良《中国古今地名大词典》共收录了73个带“陂”字的地名。[①]读音为“bēi”的有61个，分别为大陂山、大陂站、广济陂、巳尼陂、天宝陂、木兰陂、五陂镇、仆射陂、玉池陂、古陂镇、石陂镇、石塘陂、芍陂、龙陂、平皋陂、东陂镇、白水陂、头陂镇、江陂镇、礼陂镇、西陂塘、百尺陂、朱管陂、华陂镇、池陂桥、吴塘陂、沥陂镇、沙塘陂、穷

① 戴均良：《中国古今地名大词典》，上海辞书出版社2005年版。

陂、灵陂、陂头、陂头镇、陂西镇、陂面镇、陂阳县、陂洋镇、泥陂镇、迪陂、金氏陂、金陂镇、鱼陂、沿陂镇、泼陂河镇、陌陂、柳陂镇、皇子陂、晁陂镇、钳声陂、逢关陂、逢洪陂、高陂镇、展陂、黄陂镇、麻陂镇、鸿隙陂、渼陂、蒲阳陂、焦（椒）陂镇、矮陂镇、腰陂镇、新陂镇。

其中，得名与“灌溉、水利设施”有关的有：大陂山、大陂站、广济陂、天宝陂、木兰陂、五陂镇、玉池陂、芍陂（què bēi）、吴塘陂、沥陂镇、灵陂、陂头、陂头镇、陂西镇、泥陂镇、迪陂、晁陂镇、钳声陂、逢洪陂、高陂镇、鸿隙陂、渼陂、蒲阳陂、新陂镇。

得名与“水池、湖泊、河流、桥”有关的有：巳尼陂、石陂镇、石塘陂、龙陂、平皋陂、东陂镇、白水陂、头陂镇、礼陂镇、西陂塘、百尺陂、江陂镇、朱管陂、华陂镇、池陂桥、沙塘陂、穷陂、陂面镇、陂阳县、陂洋镇、金氏陂、金陂镇、沿陂镇、泼陂河镇、陌陂、柳陂镇、皇子陂、逢关陂、黄陂镇、麻陂镇、焦（椒）陂镇、矮陂镇、腰陂镇。

仆射陂因山坡得名。《元和郡县志》：“郑州管城县‘李氏陂，县东四里。后魏孝文帝以此陂赐仆射李冲，故俗称为仆射陂。周回十八里’。”天宝六载（747年）改名广仁陂。

读音为“pí”的有黄陂县、黄陂桥。

黄陂县为古县名，北周大象元年（579年）置，隋属永安郡，唐、北宋属黄州，今在湖北省武汉市黄陂区北郊。黄陂桥为集镇名，今在湖南省邵东县北部、邵水支流潭家水西北岸。集镇东南跨水有黄陂桥，地以桥名。

另外，《中国古今地名大词典》还收录了地名“黄陂镇”并为之注音“bēi”。《中国古今地名大词典》：“黄陂镇（陂 bēi）①在江西省宜黄县西南部、黄水河畔。唐末戴姓自虔化（今宁都）县清泰乡迁此，以水为名，称黄陂。1949年设黄陂等乡，1958年设黄陂公社，1984年改乡，1985年置镇。②在江西省宁都县西部。唐乾符年间建村于璜溪河畔，以水为名。明时河上筑有水坝改称璜陂，1963年简作今名。1949年设璜陂区，1958年设红都公社，1984年改黄陂乡，1987年设镇。③在广东省英德市东部，滃江中游。因附近有一饮水陂头得名。原属大镇镇，1977年析置黄陂公社。1984年改区，1987年建乡，1993年设镇。④在广东省兴宁市北部，黄陂河中游。宋时称乌茶洞，明泰昌元年（1620年）改称中洞圩；后因黄陂河上筑有拦水坝（俗称陂头），上游开采硫黄矿，河水浑浊呈黄色，故名。1950年属兴宁六区。1958年设黄陂公社，1962年设区，1987年建镇。”

由此可见，在《中国古今地名大词典》中，同为“黄陂”，读音有“bēi”“pí”之分。湖北省武汉市黄陂县的“陂”读音为“pí”，以“桥”为名的“黄陂桥”的“陂”读“pí”，因“水、水利设施”得名的“黄陂镇”的“陂”读“bēi”。

然而，在该书中，“龙陂”“礼陂镇”“百尺陂”“池陂桥”中的“陂”读“bēi”，得名亦与“桥”有关。如礼陂镇：“在江西省崇仁县东南部。明代罗姓建村，以地势低洼，溪上有古道陂桥，因名底陂桥，雅称礼陂桥，演化为礼陂。”所以，如果仅以“桥”为判断依据，与“桥”有关的地名“陂”读音都应该为“bēi”，包括“黄陂桥”。

如此一来，判断“黄陂桥”的“陂”读音是以“桥”为依据读“bēi”，还是统一把含“黄陂”的地名中的“陂”都读作“pí”，是一个值得进一步探讨的问题。

读音为“pō”的有九陂镇。

九陂镇在广东省连州市南部，因附近有九个石陂而得名，1955年设九坡区。

读音不详的有：土地陂、王市陂、古畿陂、安王陂、述陂城、周氏陂、胡柳陂、盘陂县、幕天陂。

这九个地名皆为古地名，大部分现已被废除。

土地陂，在今河南南召县北。《方舆纪要》卷51“南召县”条载：明正德中，农民起义首领刘三“为官军所败，走死于土地陂”。

王市陂即王家市镇，《大清一统志》：“王市陂在颍北九十里即王家市也”。

古畿陂，在今内蒙古自治区太仆寺旗南。北魏神瑞二年（415年），拓跋嗣东巡，途经此。

安王陂，在今江苏铜山县西。《资治通鉴》：“虏驱南口万余，夕应宿安王陂，去城数十里。”

述陂城，唐武德五年（622年）筑，在今江西省抚州市西。后废。《大清一统志·抚州府》：“唐武德五年刺史周法猛筑述陂，置陂上山田百余亩，为永久修陂之费，今为小港、华家、徐陂相连，并列为五陂。”

周氏陂，亦名周氏曲。在今陕西咸阳市东三十里。《太平寰宇记》卷二六“咸阳县”条：“周氏陂周回十三里。汉太尉周勃冢在陂中，其子亚夫有功，遂赐此陂，故地以氏称之。”

胡柳陂，因胡柳陂之战而闻名，在今河南濮阳市东南五十里。《旧五代史·唐书·庄宗纪》：天祐十五年（918年），李存勗进军梁汴京，“次胡柳陂”。

盘陂县，西魏置，属梁宁郡。治所在今湖北京山县西。隋大业初废。

幕天陂，在今河南省开封市西。《三朝北盟会编》：“北宋靖康元年（1126年），李纲率军救姚平仲，与金军战于此，斩获甚众，即此。”

另外，《中国古今地名大词典》尚未收录的地名有：槎滩陂、广润陂、北澳陂、马仁陂、松陂村、江陂村、瓦子陂村、湖陂村、甘陂村、章陂村、沐陂村、文陂镇、桃陂镇。在这些地名中“陂”的读音，可以根据它们所处的情况作出判断。

槎滩陂位于江西省泰和县禾市镇桥丰村境内，是江西最早的水利工程，故此处“陂”读音是“bēi”。

广润陂即古黄泽，在今河南省安阳县瓦店和汤阴县的菜园之间，这一带曾是一片水的沼泽之地，又在内黄境内，故名“黄泽”，故此“陂”音“bēi”。

北澳陂又名虎潭陂，在江西省遂川县泉江镇四农村、县城西1.5公里虎山下。虎山的样子像老虎蹲踞，古时就叫“虎阜啸风”，为“泉城八景”之一，下临深潭，故名虎潭。从南唐以来，拦河筑坝，成为该县骨干引水工程。所以，此处“陂”音“bēi”。

马仁陂，在河南省泌阳县，今称华山水库，是西汉元帝时南阳太守召信臣率民工创建的。郦道元《水经注》载：“马仁陂水出阴北山，泉流兢凑，水积成湖，盖地百顷，谓马仁陂。陂水历其下，西南竭之以溉田畴。”由此可见，此处“陂”音“bēi”。

松陂村，在我国湖南、广东等个省都有同名村庄，共同特点是天蓝水美，水田丰富，所以此处“陂”音“bēi”。

江陂村、瓦子陂村、湖陂村皆隶属于南昌市，“陂”音“bēi”。

甘陂村位于广东省惠州市惠阳区镇隆镇，水田丰富，盛产荔枝，“陂”音“bēi”。

章陂村位于广州市增城区新塘镇，西邻瑶田河，“陂”音“bēi”。

沐陂村地处广州市，与石东员村，新塘村，玉树村同乡，“陂”音“bēi”。

文陂镇位于江西省吉安市青原区中部，富水河两岸，被誉为“庐陵文化第一村”的渼陂古村就坐落在乡政府所在地，故“陂”音应为“bēi”。

桃陂镇地处江西省抚州市，灌溉便利，盛产优质水稻和杂交水稻，故“陂”音应为“bēi”。

三、“陂”用作地名读音分析

通过观察以上 86 个带“陂”字地名的读音，可发现，虽然用作地名的“陂”读音有三个，但可以通过以下办法对其读音作出判断。

与“灌溉、水利设施”或“水池；湖泊；河流；桥”或“水边；边际”或“山坡；斜坡”有关的，读音一般为“bēi”。

意为“倾斜不平”的，读音一般为“pō”，相关组词有“陂陀”。

读音为“pí”的为专属地名，湖北省武汉市黄陂县。

更直接简单的方法是，除“黄陂”外，其余地名“陂”大部分音为“bēi”。因为在目前看来，音“pí”的似乎只有“黄陂”，音“pō”的更是少之又少。

参考文献

〔1〕戴均良:《中国古今地名大词典》，上海辞书出版社 2005 年版。

〔2〕汉语大字典编辑委员会:《汉语大字典》(第二版)，四川辞书出版社、崇文书局 2010 年版。

〔3〕汉语大词典编辑委员会:《汉语大词典》，上海辞书出版社、汉语大词典出版社 1986—1993 年版。

〔4〕许慎:《说文解字》，中华书局 2013 年版。

〔5〕中国社会科学院语言研究所词典编辑室:《现代汉语词典》(第 6 版)，商务印书馆 2012 年版。

(作者单位：江西农业大学人文与公共管理学院)

县域视角下的地名变迁与地名文化保护

郭晓琳　刘　烜

摘　要　地名的形成和演变是人类社会文化的重要组成部分。地名作为文化存在，也会对人们的社会活动产生重要影响。一叶知秋，个案研究可以在一定程度上反映整体全貌。诸城市历史悠久，地名资源丰富，包含众多的自然、历史、人文信息。通过详细梳理诸城市境内地名的内涵、演变轨迹，研究分析基于城镇化进行区划调整后的地名命名、更名，发现随着城镇化进程逐渐加快，以诸城市为代表的县域地名也出现较大变动，但地名文化通过挖掘整理、制定保护规划、加大宣传力度、融合发展等措施得到了较好的保护。

关键词　县域　地名　变迁　地名文化　保护

随着新型城镇化的大力推进、新农村建设的加快，城镇规模极速扩展，中国的城乡地理面貌发生着前所未有的变化。在这一过程中，地名也发生着巨大变化。几乎每一天都有老地名的消失和新地名的诞生，随着时间的流逝，就形成了一部地名变迁史。它记录了人们的生产生活、政治变革、聚落变迁等社会实践活动，其间蕴含的浩如烟海的信息汇聚成了深厚的地名文化。

本文以山东省诸城市为例，通过对诸城市地名文化演变的梳理，分析城镇化背景下地名命名、更名出现的新情况，进一步探讨如何更好地保护传承地名文化，并将其作为一种精神力量影响人们的思想和社会发展。

一、诸城地名文化的演变

诸城地处胶潍平原与泰沂山脉交汇处，是鲁东南文化名城，自古以来就是东夷文化与中原文化交汇融合之地，历史上名士辈出，素有“文章府第、人文渊薮”之美誉。在城镇化进程快速发展的今天，用地名学理论作依托和指导，对诸城地名文化做一系统分析，能帮助我们发现城镇化发展对传统地名文化带来的影响，进而有助于探究乡土地名文化传承和保护的路子。

（一）“诸城”地名的来源和内涵

诸城地名由来久远，境内最早用“诸”字地名的是舜生地“诸冯”。“诸冯”源自东夷“邾”“风”二部族的合名，春秋时鲁国设诸邑，即由诸冯得名。西汉在原诸邑设诸县，至隋开皇十八年（598年），“取汉故诸县城为名，改东武为诸城”①。从“邾风”到“诸冯”到“诸邑”到“诸县”再到“诸城”，该地历经数千年风雨，见证数千年沧桑。与“诸城”名称紧密相连的历史地名还有琅琊、东武、密州、东莞、胶州等。琅琊为秦

① 乐史：《太平寰宇记》卷二十四《河南道二十四》。

朝郡治，以琅琊山得名，郡治设在东武老城[①]。东武则是自西汉直至隋初一段时期内的名称，是诸城的原名、旧名。密州是宋金元时期的区划，诸城为密州治所。东莞[②]是西晋设置的郡，诸城曾隶属之。北魏时期又曾将胶州[③]治所设在诸城。可见，历史上许多时期，在鲁东南大文化圈里，（东武）诸城处在一个文化中心的位置。

历史上诸城区划北起安丘、高密界，南抵大海，区域阔大，境内地名蕴含着丰富的地理历史信息。村庄多为自然聚居形成的条、块状村落，根据成村年代分类，汉 27 个，隋 6 个，唐 5 个，宋 17 个，元 36 个，明 632 个，清 244 个，民国 5 个，新中国成立后 26 个。命名的分类大致有如下几种：

1. 根据地理地貌特征命名的，如代表平原地貌的曹家泊、东下泊，明确表述村庄所处山区地貌的史家夼、响水崖、大山，曹家溜、董家口[④]则包含了海边地名的显著特点；

2. 以重大历史事件命名的，如因汉光武帝刘秀在诸城居住以逃避追兵的传说而得名的龙宿，因三国时曹兵在此练兵布阵得名的曹阵；

3. 以历史名人命名的，如韩信沟、汉王山、马武沟，分别承载了西汉韩信败楚将龙且灭齐国的战争，以及刘秀、马武在诸城作战的史实；

4. 以吉祥嘉言取名的，如求佳邻居；

5. 以建筑物命名的，如三官庙、青云寺、西庵，这从一个侧面证明了佛教在该地区历史上的兴盛；石桥子、半倒井等村名，则反映了桥和井这两种公共设施在古代社会生活中的重要地位；

6. 以历史古迹命名的，如都吉台；

7. 以物产命名的，如小栗园；

8. 以矿藏命名的，如炭井；

---

① 今古城社区。

② 今莒县东莞镇。

③ 今青岛胶州市。

④ 1949 年前地名。

9. 以古县城命名的，如昌城；

10. 以姓氏命名的——这是最多的命名村庄的方式，如臧家庄、妫家庄、林家村等。这种方式多以立村人的姓氏命名，反映了中国的姓氏文化、家族迁徙史以及重要历史事件、当时的社会状况等。

诸城自然地理名称也是多姿多彩、韵味深厚。马耳山为鲁东南第一高峰，唐朝有萧颖士描写马耳山清幽胜景的诗，“马耳腰云”为老诸城十景之一；常山为苏轼知密州时祈雨之地；城东的卢山是秦朝博士卢敖隐遁之处，苏轼作有《卢山五咏》；障日山被苏轼唤作“小峨眉”，山下至今仍有峨眉村①；白龙山则为江北最大的药材集散地。北部潍水汇集各支流，组成叶脉状水系，纵贯全境，李澄中《东武吟》写道：“山川灵气相荡回，尽收远势归东武。”

诸城地名中包含了丰富的自然和人文信息。从地理的角度看，这些地名反映了鲁东南丘陵独特的地理风貌；从历史角度看，反映出不同时期的政治、经济、军事、社会状况；从文化的角度解读，这些地名更像文化的细胞，带有东夷文化、齐鲁文化的地域文化特性；从内容上剖析，地名承载名人文化的特征十分突出：包括舜的孝德文化、卢敖的隐逸文化、苏轼的超然文化、刘墉家族的清廉文化、王冷泉的古琴文化及近年来兴起的恐龙文化等。

（二）诸城市境地名的演变轨迹分析

地名的演变主要有以下方面：主地名的派生和转移、地名类型和数量的增加、聚落名和小地名的合并与消失、标准化程度的变化、农村地名逐步城市化等。诸城市的地名变化具体表现在以下几方面：

1. 从数量、类型及命名方式上分析，呈现“三增三减”的特点

一是城市地名增加、农村地名减少，这是城镇化对地名最直接的影响。20 世纪 80 年代第一次地名普查统计地名 2300 条，2014 年以来开展第二次地名普查预调查地名 6000 余条，多出来的近 4000 条地名大部分是

① 自然村落。

城市地名，包括公共设施、生活小区、专业设施、旅游景点、单位等等。二是自然村落减少、人工设施增加。自然村从第一次地名普查 1559 个，减少到现在的 1259 个。自然村的合并迁移，历史上多缘于战争、灾荒等原因，迫于外力居多，而城镇化过程中的合并迁移则是人们为适应现代化发展的需要主动为之。三是地名的自然命名减少、商品化命名增加。自然产生的地名是历史上人们约定俗成的，而新兴的城市设施特别是城镇新建小区的命名，多数遵循了商品化的规律，命名首先迎合了消费者心理。

2. 城镇化进程迅速发展，地名除具备“三增三减”的基本特点，还出现了地名融合、迁移的现象

农村变为城镇，农村地名不是简单的保留或者消失，而是出现了如下几种情况：

一是保留但赋予新的内涵。如原来的城中村大书堂，村落改造成了城市居住小区，小区命名依然用大书堂。二是延伸扩展命名。有的从村名延伸命名，如从历史上的自然村名白玉山子，到玉山社区，到居住小区玉山小区，到城市道路玉山路，一脉相承。三是适当雅化。如阳春社区，即原来的杨家庄子经过雅化和简化的结果。

二、区划调整后的地名命名、更名及后续影响

诸城市位于山东省中东部，潍坊市境东南端，潍河上游。1987 年 7 月 1 日诸城县撤县设市，全市辖 13 个镇，22 个乡，1340 个村（居）民委员会。建市至 2007 年底，内部区划经过多次调整，乡镇数量整体呈逐渐缩减的趋势。

2001 年 2 月首次设立街道，在城镇化过程中迈出重要的一步。撤销城关镇，分设密州街道、龙都街道。撤销万家庄镇、箭口镇，整建制合并组建舜王街道。

随着城镇化速度的加快，2007 年内部区划进入大幅调整阶段，区划

调整共进行了三次，由原来的18镇、2乡、3街道，调整为9镇、1乡、3街道。2010年5月又撤销桃林乡设立桃林镇。调整后至今，全市乡镇平均面积167平方公里，人口平均规模8.2万人。

区划调整给地名管理带来较大的影响，区划调整后地名出现以下变化：

一是新建街道名称的选定。设立街道的首要任务是确定街道的名称。按照国务院《地名管理条例实施细则》及山东省《地名管理办法》的规定，街道应以办事处机关所在城市道路取名，但诸城的街道办事处驻地却是外迁到原乡镇驻地所在村。这样一来，传统的命名规则已不能适应新形势的变化。经过专家论证和向社会征求意见，最终选定了密州、龙都和舜王作为街道的名称。密州街道因历史上自唐至元以来诸城都是密州治所，且“密州”在诸城家喻户晓而得名；龙都街道的取名，源于驻地区域发掘大量恐龙化石，形成以恐龙地质公园为中心的旅游景区，而诸城亦有“中国龙城”的美誉；舜王街道因驻地区域有相传为舜出生地的诸冯村得名，舜文化作为诸城的文化品牌以每年举办大舜节的方式加以弘扬传承。三个街道的命名既符合了新的区域特点，又恰当地反映了诸城的地域文化，为此后的城市管理和文化传承提供了新思路，也成了城市的新名片。

二是新建社区地名的出现。根据区划调整后的特点，诸城市加快了农村社区建设的步伐，在全市设208个农村社区，由此产生一批新的社区名称。2007年公布的农村社区，大部分用原来驻地村名称命名，但也有12个社区名称使用了援建社区企业的名称，如大源社区、希努尔社区、鑫城社区、义和社区等。实践证明，这些社区的名称失去了地名的指位作用，隔断了地名的传承脉络，从一开始就受到诸多质疑，广大群众也不认可。近年来陆续改正了部分社区的名字，恢复原来的村庄名称。但仍有7个企业命名的社区名称被沿用。多年的地名命名、更名事例及结果证明，社区用企业名称命名是违背地名命名原则的，弊大于利，恢复到原来的命名符合相关法规要求和群众意愿。

三是重名村庄的重新命名。乡镇合并后出现了少数重名村庄，根据地名命名更名的法律法规要求，按照《村民委员会组织法》的程序由村民会议讨论通过新的名称。

三、城镇化过程中保护、发展传统地名文化

诸城是“舜帝故里、中国龙城、东坡治所”，相关联的三个地名就是：诸冯、龙骨涧、超然台。诸城市在地名规划中围绕三个核心词汇，衍生出有明确文化核心的地名群。围绕舜生地“诸冯”，产生了诸冯街、仰舜街、舜德路、舜都路等；围绕库沟“龙骨涧”有龙乡街、龙溪路、龙源路；围绕苏轼的超然台有：超然台路、台下街、前近苏巷、后近苏巷①。其他如自然山川名称用于城镇地名的，有马耳山大道②，凤凰路③、卢山大道④等。

由此可见，在城镇化改造的过程中，原来的地名不是简单的消失，而是可以移植、融合、再生的。通过深入挖掘研究和科学命名，更可以助推城镇化发展，为新的城市建设保存厚重的历史文化。城镇与农村不是机械分割的两个区域，而是互为依靠，相互融合渗透的。统筹城乡发展，地名也要融合发展。如果用简单丢弃的态度来进行地名改造，就会人为隔断地名文化的脉络。失去了文化这根脉络，凭空臆造的地名是没有生命力的。

诸城文化资源丰富，有“山东的绍兴”之称。三皇五帝之一的虞舜出生地在此，文化名人张择端、赵明诚、丁惟宁、刘墉、窦光鼐、王统照、臧克家、王愿坚、陶钝、崔嵬等都是诸城人，苏东坡在诸城任密州太守虽仅两年，却写出了不少传世名篇……另外诸城有世界上最大的鸭嘴恐龙墓地，恐龙文化影响深远。

面对如此富集、高品位的文化资源，地名文化作为地域文化的重要组

① 据历史上的近苏村得名。

② 因直通马耳山得名。

③ 因经凤凰山附近得名。

④ 因通卢山风景区得名。

成部分理应发挥重要作用。诸城市在地名文化保护和弘扬方面进行了探讨和实践。

一是做好基础性的地名调查工作，查清各类地名的存量和分布情况，进行甄别、鉴定和汇总，借助第二次全国地名普查，根据民政部发布的《地名文化遗产鉴定》行业标准规定，将县域内历史悠久、内涵丰富的地名作为地名文化遗产，争取纳入国家、省、市、县四级地名文化遗产保护名录之中，剩余的地名由当地地名主管部门制定详细的措施加以保护。

二是将地名文化保护作为城镇地名规划的有机组成部分，把老地名、已消失地名进行分类，根据城市功能分区把老地名“移植”“再生”，重新启用。有的适宜用在商业区，有的可用于文化区或居住区。

三是积极拓宽宣传渠道，除了编辑出版各类地名图书、制作地名文化宣传片、举办地名文化展览外，运用互联网建立地名论坛、网站、公众号、微博、微信等，传播最新的地名文化资讯，激发社会舆论持续关注地名的热情，营造保护地名文化的良好氛围。

四是将地名文化的保护与文化、建设、旅游等部门的文化保护工作相结合，统筹资源，融合发展。从区域文化的整体性入手，将地名文化遗产的历史性与非物质文化遗产的活态性相结合，在增强居民的文化认知度和归属感的同时，壮大地名文化遗产保护的社会力量；将地名文化遗产融入全省县及县以下历史文化展示及“乡村记忆”工程，系统挖掘、整理、保护和展示各地的历史沿革、来历含义、发展脉络；把地名文化遗产保护与非遗保护、传统村落保护、发展文化旅游有机融合，构建具有地域特色、兼顾城市建设和文化遗产保护的地名景观。

参考文献

〔1〕李炳尧、刘保全：《地名管理学概论》，中国社会出版社 2008 年版。

〔2〕赵一贫：《以地名公共服务工程建设为契机大力弘扬地名文化》，《中国地名》2012 年第 10 期。

〔3〕冯骥才：《地名的意义》，《人民日报》2001 年 11 月 13 日。

〔4〕蒲欣梅:《中国城市地名发展演化与规划研究》，硕士学位论文，兰州大学，2009 年。

〔5〕王明娟、刘海峰、张凤荣:《保护地名遗产 传承历史文脉 挖掘旅游价值——关于承德地名文化建设工作的思考》，《环球人文地理》2014 年第 12 期。

〔6〕刘保全等编著:《地名文化遗产概论》，中国社会出版社 2011 年版。

（作者单位：郭晓琳，山东省地名研究所；

刘烜，山东省诸城市民政局）

江西地名用字考证举例

徐　敏

摘　要　江西地名用字情况复杂，有同字而异义者，有异形而同义者，有字形与通行字形相同而音义全然不同者，有因俗字简化而本字隐没者，也有因古今读音变迁而影响地名用字者，其中多存古字古音古义，针对上述不同类别的地名用字，本文分别选取“里”“广”“墈”“埜”等相关地名用字和“水督下”“上圩告”等地名，详加考证，一一追溯其本字本义本音，借此管窥江西地名用字情形。

关键词　江西地名　用字　考证

当前我国正在开展的第二次全国地名普查工作中，地名的专读音和专用字亟须进行深入研究，同时，在清理不规范地名和进行文化遗产保护时，也需要对地名用字展开研究，目前学界关于地名用字的研究成果已有不少，但江西的地名用字研究，还很薄弱。① 实际上，江西地名用字多存古字古音古义，寓意丰富，源远流长，其情形颇为复杂，有同字而异义者，有异形而同义者，有字形与通行字形相同而音义全然不同者，有因俗字简化而本字隐没者，亦有因古今读音变迁而影响用字者。欲更好地传扬江西地名文化，亟待加强江西地名用字研究，基于此，笔者选取若干例子，以点带面，以期引起大家对江西地名用字的关注。

一、字形字义例

1. 里

里字见于地名，意义有如下几种：一是指里面、内里的意思，如瑞金地名中的“里背坑”“里坊”等；二是指长度单位，一里等于五百米，如九江“八里湖”、宁都县“七里村”等，此外，江西地名中以某某里称者比比皆是，如奉新县地名“沙坪里”“坟石里”，峡江县地名“峡里”“大里”，石城县地名“大坝里”“大坪里”，等等，这些地名中“里”字的具体含义是什么呢？

《说文解字·里部》：里，居也。良止切（lǐ）。②《尔雅·释言》：里，邑也。《说文》训里为居，是民居的意思，民居座座比联排列，形成了

---

① 相关成果主要集中在以下几个方面：一是单个或若干地名疑难字的具体考释，如徐瑞渊《闽浙四个地名用字的读音》（《方言》2015 年第 3 期）、张铁文《“㧑”字在地名中的使用情况调查》（《辞书研究》2015 年第 6 期）；二是含有某一疑难字的一类地名的研究，如邓玉荣、杨壁莞《两广“塱”类地名的音义》（《方言》2014 年第 2 期）、覃远雄《广西地名用字“沓”的音义》（《辞书研究》2015 年第 6 期）；三是探讨某一区域的疑难字，如刘美娟《浙江地名疑难字研究》（中国社会科学出版社 2012 年版）、黄宁宁、周文德《河北省地名疑难用字探析》（《中国地名》2015 年第 8 期）、高昳君《山西政区地名用字特殊字形字音研究》（四川外国语大学 2016 年硕士学位论文）。关于江西地名用字的探讨，仅见有周春林《“盱江”、“旴江”辨》（《江西地名》1994 年第 1 期）、刘洪元《筠州的得名及其读音》（《江西社会科学》1981 年第 1 期）等少数篇目。

② 文中凡加扩号的拼音系笔者根据反切规则所注，余不一一说明。

“邑”，邑就是聚落的意思，这种聚落我们称之为里，南方多称里，北方多称村，所指对象是一样的。《周礼·地官·遂人》：“五家为邻，五邻为里”，以二十五家为一里，《风俗通义》：“五家为轨，十轨为里”，以五十家为一里，《尚书大传》：“八家为邻，三邻为朋，三朋为里”，则以七十二家为一里，《管子·度地》：“百家为里”，又以百户为一里，考诸典籍，里制因时因地而有所差异，但本义都是指民居比列聚集而成的村落，后世的里甲制度、里正之名都是由此引申而来的。《史记·汲郑列传》“黯耻为令，病归田里”，江淹《别赋》“离邦去里”，以及今日还活跃在我们口语中的“乡里乡亲”，用的都是里字的本义。

笔者曾见某地牌楼高悬“京裏”二字，此处“裏”字当作“里”。裏字从衣旁，《说文解字·衣部》：“裏，衣内也。良止切（lǐ）。”裏本指衣服贴身的一面，我们常说的裏子、面子，用的便是裏字本义。作为地名，表示里居之义，不当用“裏”字。由于字体简化，里居之里与衣裏之裏合二为一，共用“里”之字形。日常用字，里居之义罕见，里外之义常行，导致里居之义为大众所忽视。

此外，尚有一种含“里”字的地名，却与上述三义都无关。如上饶县地名志中所录“里洲”“里村”等。据地名志记载：“里洲”是“以李、周二姓建村得名李周，谐音成今名”①。“里村”则是“李姓始居，原名李村，后讹写成今名”②。这属于用字时的同音假借，只要查清其得名缘由，便易于判断了。

里字在现代地名中一字而兼多义，研究地名时需区别对待。

2. 广

奉新县地名志中收录了一条独特的地名：渣广。原文如下：“渣广 Zhā yán 位于吟村东北 1.5 公里小山脚下。24 户 108 人。清乾隆年间，阴姓从

---

① 江西省上饶县地名办公室编：《江西省上饶县地名志》（内部资料），1986 年，第 262 页。

② 江西省上饶县地名办公室编：《江西省上饶县地名志》，第 273 页。

吟村迁此建村。”[①]广，今读guǎng，指广大、宽阔的意思，为何地名之中读作 yán 呢？

段玉裁《说文解字注·广部》：广，因厂为屋，象对刺高屋之形。鱼俭切（yǎn）。简体字中厂读 chǎng，是“廠”字的简化，换言之，我们今日通行的“厂”字本当写作“廠”，为了书写便利，借用“厂”的字形表示“廠”的意义。古文中厂本读呼旱切（hǎn），指岩崖下的山洞，人类尚未普遍营构房室时，常依此栖身。而广是指人依凭着天然的藏身之所——厂——而建造的房屋，“广”古文写作⼴，象形字，背倚岩壁以当墙垣，上像屋脊，面前高敞，以便出入和采光。今偏远山区尚有依岩洞建居的，其居处情形正如字所反映的情况。而随着时代的进步，人类的居住条件早已改善，广字所传达的历史信息以及广字本身都淡出了人们的日常生活，在字体简化过程中，广字的字形也被用作代表廣大之廣，其原音原义鲜少人知，幸而地名“渣广”尚保留了原音[②]原义，实在一字千金，应当加以保护。

3. 峦

湖口县地名志中多见含“峦”字的地名，如“凤鸡峦”“乌林峦”“竹村峦”等。峦在这些地名中注音为“luàn”，释义为小山，如：“华峦 Huá Luàn 位于傅垄殷山大队境内。海拔 180 米，面积约 200 平方米。植被薪炭林。据传说，该山当年桦树甚多，故名。桦因‘桦、华’同音，后讹传。”[③]又如：“苗竹峦 miáo zhú luàn 清嘉庆年间，江妙宇由当地牌楼江家迁居长满苗竹的小山前。18 户，72 人。距江桥北 0.5 公里。”[④]

峦字《说文解字》《广韵》《康熙字典》等字书、韵书皆未收，《宋元

---

① 江西省奉新县地名办公室编：《江西省奉新县地名志》（内部资料），1983 年，第 95 页。

② 广字反切所切的普通话读音为第三声，而地名志中所录为第二声，声调小异，这是方言语音常有的情况。

③ 江西省湖口县地名办公室编：《江西省湖口县地名志》（内部资料），1986 年，第 217 页。

④ 江西省湖口县地名办公室编：《江西省湖口县地名志》，第 111 页。

以来俗字谱》亦未录，查《汉语大字典》所录“埜”字，释义如下：“埜同‘棽’。唐元结《引极 · 望仙府》：‘山凿落兮渺嵚岑，云溶溶兮木埜埜。’”如字典所释，埜音义与棽相同，当为棽的异体字。《说文解字 · 林部》：“棽，木枝条棽俪貌。丑林切（chēn）”，意思是树木枝条交错叠加的样子。此义与元结诗歌中“云溶溶兮木埜埜”用法契合，可见字典所录“埜”字，当读作“chēn”，意思是树木枝条茂密交叠的样子，此音此义，与地名中读为“luàn”，义指“小山”的“埜”显然不是一个字。那么，地名中的“埜”，它的本字又是什么呢？

《说文解字 · 山部》：巒，山小而锐。洛官切（luán）。顶部尖锐的小山，称之为巒（今简化作“峦”）。地名中的华埜，海拔180米，面积约200平方米，面积不大，海拔不高，正合小山之义。巒、埜两字声母韵母全同，只是声调因方音的缘故，小有区别。两字虽形体有异而音与义相契合，埜应当视为巒的异体字。巒字从山旁，䜌（luán）声，是形声字，但声符䜌字笔画繁难，读音隐晦，通俗行文书写不便，民间用字予以简化，是情理之中的。而埜字上林下山，表示山上林木丛生之意，属于会意字，埜即巒之俗字，这种俗字省改类型属于“改形声为会意”①。改䜌为林后，此字书写方便，音义在当地民众中约定俗成，耳熟能详，故能通行无碍，沿用至今。

4. 墈、堪、勘

江西含墈、堪、勘字的地名极多，如湖口县地名志收录的“周垄墈上”“垄墈徐村”，在附录的地名索引中“墈”字都写作“勘”，进贤县地名志中有3个称“堪头”的地名、两个地名称“墈头王家”。其他地名志所收录含墈、堪、勘字的地名或释文中用到三字的也不少，现试论三者的关系，先看地名志对以上地名的解释：

垄墈徐村　lòng kàn xú cūn　明洪武年间，徐彬由本地土桥港迁居此地，因村处大田垄之上墈，故名。38户，139人。距水车港北0.5公里。

---

① 张涌泉：《汉语俗字研究》，商务印书馆2010年版，第62页。

堪头　kān tóu 志中称“因建村高土堪下头，故名”。

堪头　kān tóu 志中称“因村背紧靠山堪，故名”。

墈头王家　kān tóu wáng jiā 志中称“因建村湖岸高堪边，故名”。

墈头王家　kān tóu wáng jiā 志中释义“因建村周坑山堪下，故名”。

堪头　kān tóu 志中称“因处湖岸边，地形较高，故名”。①

综合以上地名词条，不难发现：三字在地名中含义相同，都表示地势突起、位置较高之处，“墈”“堪”通用，“墈”“勘”通用。

《说文解字·土部》：堪，地突也，口含切（kān）。依据《说文》，堪指土地突起之处，读 kān，与进贤县所收地名音义一致。

《康熙字典·土部》：“墈，《广韵》《集韵》《韵会》并苦绀切（kàn），音戡，险岸也，俗谓土突起立者为墈。”按照《康熙字典》的诠释，墈读 kàn，本指险岸的意思，但通俗行文用来指“土突起立”的地方，释音与释义皆与湖口县地名志所记录的地名契合。

《康熙字典·力部》：“勘，《广韵》《集韵》《韵会》《正韵》并苦绀切（kàn），堪去声，《说文》：校也。《玉篇》：覆定也。《增韵》：鞠囚也。又《集韵》枯含切（kān），音堪，能也。”

“勘”字《康熙字典》收录了两个读音：苦绀切（kàn）和枯含切（kān），有三个义项：一、校对复核；二、审讯囚犯；三、能够。三个义项与地名中所用的“堪”字意义毫无关联。故地名中用“勘”字表示地势突起之义时，实是假借“勘”为“堪”。

综合字书与地名记载可知，表示地势高起之义的地名用字，其本字当作“堪”，俗字可写作“墈”，有时同音假借作“勘”。读音可读 kān，亦可读 kàn。

---

① 江西省湖口县地名办公室编：《江西省湖口县地名志》，第 99 页；江西省进贤县地名办公室编：《江西省进贤县地名志》（内部资料），1987 年，第 121、191、156、232、327 页。

二、字音例

上文都是关于字形字义的考辨，而江西各地，方言不一，许多地方保留了大量古音，反映在地名之中为数颇多，遇到这类地名只有从古今音变的角度加以剖析，才能得其本旨，不至穿凿附会。试举例如下：

1. 水督下

瑞金县地名志收录了一条地名“水督下”，乍一看，不明其意。原书释义曰：“水督下 shuǐ dū xià 系大队驻地，位于瑞林圩北偏东 16 公里较低洼（方言称水督下）的田塍上。13 户，46 人。陈孟莲从本地丁陂的窑下迁此建居 7 代。”①

由释文可知，水督下属于方言地名，指低洼之地。而“督”字是监督、督查的意思，与“低洼”之义无涉。督字此处应为同音假借字，那么，表示低洼之义的本字是什么呢？

《说文解字 · 水部》：潴，水所亭也。陟鱼切（zhū）。

《广韵》：潴，水所停也。陟鱼切（zhū）。

综合二书可知：潴，读陟鱼切 zhū，为水所停聚之地。地势低洼故周遭之水汇聚，潴的含义与“低洼”之义相因。字书读“zhū”而方言读“dū”，则是古今读音变迁所致。钱大昕在《十驾斋养新录》卷五中论证了一条汉语声母演变规律：“古无舌上音”，即上古声母系统中没有“知”（对应普通话声母中的 zh，但中古时读舌面音，今普通话声母系统中无此音）“彻”（对应普通话声母中的 ch，中古读舌面音）“澄”②这组声母，中古之后声母为“知”“彻”“澄”的字在上古音中都读作与之相应的舌头

① 瑞金县人民政府地名办公室编：《江西省瑞金县地名志》（内部资料），1985 年，第 52 页。

② 澄母，今普通话声母系统中无此发音，澄为彻的浊声母，参见林尹：《中国声韵学通论》，中华书局 1937 年版，第 40 页。

音“端”（d）“透”（t）“定”①。潴，陟鱼切，声母属“知”，上古读“端”（d），故今日读“zhū”音而上古音当读为“dū”。虽然时代久远，语音屡经变迁，时至今日瑞金方言仍将“潴”读作“督”，这正是上古读音的遗留。简而言之“水督下”本字当作“水潴下”，瑞金方言因保留了部分上古音发音特点，将潴读作督，故而方言地名写作“水督下”。

2. 上圩告

瑞金县地名志收录了另一地名“上圩告”，书中解释得名缘由曰：“村处冈面上方。此坑内大口小，形似一窖（窖方言称窖），故名上圩窖，同音演变。”②

分析此处解释可知，瑞金方言窖、告同音，该地名本当写作“上圩窖”，为书写简便，取同音字代替，写成了“上圩告”。普通话中窖读作“jiào”，告读作“gào”，并不同音，为何瑞金方言中两字同音无别呢？这也涉及读音流变问题：声母“见”（g）“溪”（k）“群”③在清代以后分化成两派，当与开口呼和合口呼相拼时仍读“g”“k”，与齐齿呼和撮口呼相拼时则变为“j”“q”。《说文解字·穴部》：“窖，地藏也。古孝切。”反切上字“古”属于见（g）母，窖字声母当为 g，但因为反切下字“孝”读 xiào，韵母以 i 开头，属于齐齿呼，见（g）母与之相拼，声母变而为 j，所以普通话把窖读为“jiào”，这是演变后的读音，而瑞金方言仍读“gào”，则保留了古音，如此就形成了普通话中“窖”“告”音别，而瑞金方言中“窖”“告”音同的局面。

3. 楼开排

除古今音变问题外，尚有一类常见的音变问题影响着地名用字，如同书所录另一个地名“楼开排”，书中解释，因为该地“位于庵下东北 1 公

① 定母，今普通话声母系统中无此发音，定为透的浊声母，参见林尹：《中国声韵学通论》，第 40 页。

② 瑞金县人民政府地名办公室编：《江西省瑞金县地名志》，第 98 页。

③ 群母，今普通话声母系统无此发音，群为溪的浊声母，参见林尹：《中国声韵学通论》，第 40 页。

里形似楼梯（方言称楼开）山排上”①而得名。楼梯，瑞金方言称之为“楼开”，开本是开门、开关的意思，与楼梯毫不相关，“开”在这个地名中显然也是借字，其本字当为“陔”。

《说文解字·阜部》：陔，阶次也。古哀切（gāi）。

《玉篇》：陔，阶也，陇也。

陔是指阶梯的层次，也直接用来指阶梯。根据反切，其音本读作 gāi，而瑞金方言读作“kāi”，是因为 g、k 发音部位相同，只是发音方法上前者不送气后者送气，发音时很容易相互转变，在音韵学上，g、k 同属牙音（牙音或称作浅喉音），g 为见母，k 为溪母，两者属于旁纽双声，读音上的互相转变称为旁纽双声近转②，所以普通话读作“gāi”的陔字在瑞金方言中可以读为“kāi”，读音虽然转变，而本字仍当作陔。这种音变是影响方言读音进而影响方言用字的重要类型，在进行地名的相关研究时也须稍加留心。

限于篇幅，本文仅就若干江西地名用字进行剖析，挂一漏万，然由此少许例证，犹可窥见江西地名用字的复杂性和丰富性。江西地名用字研究，尚需系统地对全区域地名加以详尽的考察，要达到这一目标，还有大量具体而微的工作要做，笔者在此抛砖引玉，希望更多研究者投入到江西地名研究中来。

参考文献

〔1〕许慎：《说文解字》，中华书局 2013 年版。

〔2〕许慎撰，段玉裁注：《说文解字注》，上海古籍出版社 1981 年版。

〔3〕许慎撰，张舜徽注：《说文解字约注》，中州书画社 1983 年版。

〔4〕顾野王：《大广益会玉篇》，中华书局 1987 年版。

〔5〕余迺永校注：《新校互注宋本广韵》，里仁书局 2010 年版。

---

① 瑞金县人民政府地名办公室编：《江西省瑞金县地名志》，第 60 页。

② 江谦：《说音》，文海出版社 1973 年版，第 30 页。

〔6〕郝懿行:《尔雅义疏》，上海古籍出版社 1983 年版。

〔7〕林尹:《中国声韵学通论》，中华书局 1937 年版。

〔8〕江谦:《说音》，文海出版社 1973 年版。

〔9〕张涌泉:《汉语俗字研究》，商务印书馆 2010 年版。

〔10〕江西省上饶县地名办公室编:《江西省上饶县地名志》(内部资料),1986 年。

〔11〕江西省奉新县地名办公室编:《江西省奉新县地名志》(内部资料),1983 年。

〔12〕江西省湖口县地名办公室编:《江西省湖口县地名志》(内部资料),1986 年。

〔13〕江西省进贤县地名办公室编:《江西省进贤县地名志》(内部资料),1987 年。

〔14〕江西省瑞金县地名办公室编:《江西省瑞金县地名志》(内部资料),1985 年。

（作者单位：江西省社会科学院）

揭阳市榕城区地名景观特征分析

郭　凡

摘　要　本文收集揭阳市榕城区十个街道，七大类型的地名，运用GIS技术对不同时期的地名进行可视化分析，地名统计分析发现：与水有关地名用字多于与山有关的地名用字印证榕城区地势低平，河网密布的自然环境特点；地名刻画聚落格局，蕴藏当地社会、经济、文化生产过程。多种宗教地名并存，展现地方信仰的复杂性与多样性。宗祠地名承载着海内外潮汕人民共同记忆；对比三次收集的地名分布发现，近三十年来榕城区行政中心从中山街道向东兴街道转移，工业重心则向北迁移，市场化程度随着改革开放不断加深；城市道路地名的更替不仅反映出城市空间扩张的方向，更承载市民对城市发展的共同记忆。基于地名演进，为研究潮汕地域文化提供了新的视角。

关键词　地名　榕城区　城市景观　文化演进

一、引言

地名最基本的作用在于指代位置。人们赋予某一特定空间位置上，自然或人文地理实体的专有名称①，刻画人类利用自然、改造自然的痕迹，并在历史演进中相对稳定地保存下来。地名作为一种文化现象，成为学者们研究区域文化关注的焦点。我国幅员辽阔，复杂多样的地理环境，悠久的文化历史造就丰富的地名文化景观。地名文化景观研究传统方法多借助描述、记述等手段，分析地名用字、语源、类型，透析社会文化现象，20世纪90年代后期，借助GIS技术，采用核密度估计法、EOF模型构建，更直观、科学的展现出地名景观的空间特点。地名的演化和变迁可视化程度增强。工业革命以来，城镇化进程加速，“造成运动”“旧城改造”等空间生产使城市内部生产出大量的地名，同时也推动地名系统的更新换代。地名源于地理环境，在参与社会生产中，也衍生出不同群体的社会诉求。

“潮汕地区”是广东省三个地级市汕头市、潮州市、揭阳市以及周围部分县区的统称，“潮汕”一词作为行政区划地名存在，仅仅只有几年的时间。但以潮汕方言为载体的潮汕文化在民俗、民居、戏剧、宗教信仰等方面展现出浓郁的地域特色，成为维系特定族群的精神纽带。地名研究方面，林伦伦从潮汕方言的角度分析粤东地名用字特点及地名的文化内涵②。本文通过对潮汕地名空间分布及其演进的分析，试图探讨潮汕地区社会变迁及城市发展状况，丰富对潮汕文化内涵的挖掘。

---

① 中国大百科全书总编辑委员会《地理学》编辑委员会编：《中国大百科全书·地理学》，中国大百科全书出版社1992年版。

② 林伦伦：《潮汕方言谚语的文化内涵》，《汕头大学学报》1990年第2期；林伦伦：《粤东闽语区地名的文化内涵》，《汕头大学学报》2002年第1期。

二、研究区域、数据与方法

揭阳市榕城区位于广东省东部，潮汕平原中部，榕江流域中段，背倚黄岐山，周环榕江，为揭阳市人民政府驻地所在。下辖十个街道（中山、西马、榕华、新兴、榕东、东阳、东升、东兴、仙桥、梅云），四个镇（渔湖、登岗、地都、砲台）。榕城区历史悠久，辟建于宋朝绍兴年间，至今凡设有揭阳县建制，榕城便是县治所在地，区内人文荟萃，文物古迹众多，是潮汕文化发源地与核心区。新中国成立以来，榕城区行政区划有所调整，但榕城区现辖十个街道，在历次区划调整中变化不大，因此被选定为本文的研究区域。本文地名数据主要来源于《1981 年揭阳县全国第一次地名普查成果表》（以下简称“一普成果”）、《揭阳县地名志》（1987 版）、《1995 年揭阳市地名补查和资料更新成果表》（以下简称“95 补查成果”）、《揭阳市地名志》（2002 版）、《榕城区志》（2002 版）、《2014 年揭阳市区 58 平方公里核心区道路的起名方案》以及近十年内榕城区各村出版的乡志、族谱中相关地名记录辅助补充。据统计，一普成果中收录 498 条，95 补查成果中收录 1286 条，本次收集地名 3620 条；地图选取 2014 年榕城区 1∶10000 地形及行政区划图；人口数据来源于《2015 年揭阳市榕城区统计年鉴》。

本文运用统计分析方法对收集地名数据建立数据库，并按照自然实体类（陆地地形、河流、湖泊、池塘、井、水库、排水沟、灌溉渠、农林牧渔区等）、聚落类（各级行政区、居民点等）、交通设施类（道路、街巷、桥梁、渡口、码头、渡口、加油站等）、机关单位类（党政机关、群众自治组织、事业单位、学校、卫计单位等）、商业类（市场、大厦、商业街、企业等）、名胜古迹类（宗教场所、文物古迹、祠堂、公厅等）及其他类进行分类。借助 ArcGIS 空间分析与制图技术研究地名的空间分布及时空演变特征，并结合地图直观表现。

三、榕城区地名统计分析

榕城区地形西南、东北高，中部为冲积平原，自然实体类地名中陆地地形主要集中于西南及北部边缘，而水域地名分布较为分散；交通设施类地名，在总量中比重近 1/3，道路、街巷在此类中数量最多，本次收集到桥梁 158 座、渡口 11 座、码头 10 座，从侧面也印证榕城区水系众多，桥梁、渡口成为对外来往重要通道；名胜古迹类地名中包含祠堂 156 个、公厅 200 个、宗教场所 155 个，这三类地名直观反映出潮汕地区浓郁、独特的地方信仰。从地名密度图中发现：中山、西马、榕华、新兴四街道地名密度高于其他六街道，中山街道地名密度达 211.49 个 / 千米。此四个街道为旧时揭阳县城所在地，发展历史悠久，文化底蕴浓厚，地名密度高。对比人口密度与地名密度，人口集中的区域，地名的密度相对也较高。但四街道面积较小，其地名总数也较其余街道少，占地名总量的比例较小。

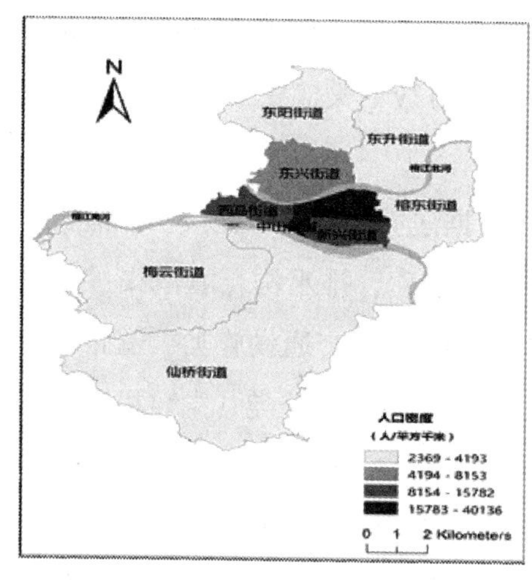

图 1　榕城区人口密度

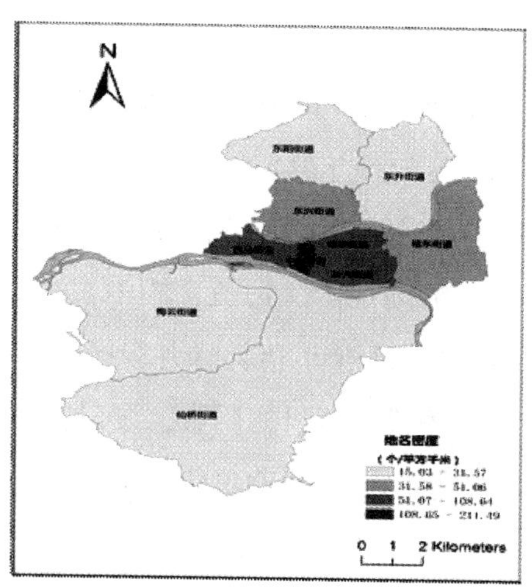

图 2　榕城区地名密度

四、榕城区地名用字与来源分析

（一）自然地理环境反映“一方水土养一方人”

地名是一种语言符号，人们通过生活实践，借助语言来表达空间地理实体，因此地名起名与地理实体密不可分。地名普查成果中共与“水”有关的用字 11 个，多于与山有关的地名用字，也印证榕城区地处榕江中下游，地势低平，区内河网密布，有“海滨邹鲁”之称的地形地貌特点。因河流泥沙沉积于村港口，故名沙港；村落位于河流交汇处，与潮水起伏相关的“潮下”“潮东”；道路中“望江北路”“临江南路”直观表达道路沿江而建；潮汕方言中描述河流相通处称为“滘”，“仙滘”“滘墘”都是位于小溪流的旁边；河流凹岸为引水而修建的阻水小堤或河流分叉口自然形成的沙埂称为“塭”，“塭头”“塭嘴”等聚落名称因与塭的相对位置而得名。

榕城区与山有关的地名常见的有“山”“岭”，潮汕地区也有用“崇”表示山顶，“坪”表示山区局部平地。以形取名反映出人们对地理实体的直接感知，这一点在对自然实体的起名中体现得非常明显，如“牛山”“龟山”“虎头岭”“尖石山”；描述山中低地“坑”，如“后坑”“官坑”等。聚落地名中也有与山地相关的地名，如“山前村”“陇上村”等等。

地名具有指示方向作用，地名中出现的“东”“西”“南”“北”“上”“下”“前”“后”大 多表示被描述的地理实体的方位或相对位置，在潮汕地区除了以上常用于表达方位的单字以外，还出现了用“头”“顶”表示较前或靠上的位置，如“西头”“桥头”“塭头”“顶六”“顶新厝”；用“尾”表示较后或靠下的位置，如“沟尾”“港尾”“山尾”“池尾水库”；“墘”在地名中比较少见，它有旁边、附近的意思，在笔者收集的地名中就有此用法，“港墘”建立在港口附近，“滘墘”位于玉滘溪旁边。

表1　与自然地理环境有关的地名用字

类别	主要用字							
与水有关的地名	浦	滘	潮	淇	泮	港	江	
	湖	河	溪	塗	沟	堀		
与方位有关的地名	阳	东	南	西	北	上	下	嘴
	前	后	顶	尾	头	墘	前	
与山有关的地名	山	坑	陇					

（二）刻画人们日常社会、经济生活印记

1.地名与聚落

地名被称为语言的活化石，承载着居民的日常生产、生活的痕迹。地名普查表明：从一个文化景观的起源到消失，地名如同历史的见证者，历经文化生产、扩散、整合、消失过程，并最终以语言的形式表达出来。潮汕地区乡民多聚族而居，村落大多由家族繁衍发展而来。创村之初，村民便将姓氏融入村落起名，如"彭沟黄""彭沟林""新苏""新林"这些村落地名最后一个字便是村落内主要姓氏。根据谐音美化地名，在地名演进过程中也时有发生。据《揭阳县地名志》记载：玉浦村原名詹圃，以詹姓为主，因潮音"詹"与"尖"相同，后人俗称为"尖"。明洪武二年（1369年）以后，詹姓迁徙或湮没，黄姓取代之，清乾隆七年，乡人邑进士黄世杰改村名为"玉浦"。村名便从"詹圃"演变为"尖浦"最终改名为"玉浦"一直沿用至今。其余聚落地名还有"龟地"改为"奎地"，"大狮"改为"大西"，"赤水"改为"吉水"，"芒芽头"改为"望龙头"，等等。社会发展使部分地名成为历史地名，但人们对地名的认同感并不会迅速消失。"彭南乡""燎原乡""古溪乡"等地名在行政区划调整中成为历史地名，但当地居民依旧会使用这些地名指代特定方位。

大地域范围的聚落地名中能刻画当地居民的文化生产，小范围的地名中更能找寻居民日常生活的痕迹。居民建房在潮汕称"起厝"，先祖创居后，族人聚居以围墙与外界隔开，称之为"围"或"寨"，因此

“厝”“围”“寨”潮汕聚落地名较为常见，有389个地名采用这三个字，占收集聚落地名的46.8%。“布街”“草街”“柴街”“打铜街”等既是由专业市场形成的街道，也是居民生活的居住点；“永和里”“永乐围”“仙丰围”等表达居民对美好生活的向往；“郭厝围”“甲东里”与明末抗清将领郭之奇相关。据《榕城镇志》记载：“郭之奇为明代武英殿大学士，官至礼部尚书。”“甲东里”“郭厝围”为后人为纪念郭之奇英勇事迹以及卓越贡献所修建的居住区。

2. 地名与地方信仰

信仰是人们对客观世界认识的一种反映，宗教则是人们的信仰所发展的一种文化，宗教类地名在揭阳较为普遍。流传于榕城的宗教有佛教、道教、基督教、天主教。佛、道两教在潮汕起源时间早，在潮汕有长足的发展，形成了一批如“双峰寺”“慈云禅寺”“道教娘宫观”等历史悠久、规模较大、文化底蕴浓厚的宗教场所。基督教、天主教起源于19世纪60年代，汕头开埠之后传入。地名普查中收集到榕城区境内有制度化宗教35处，其中本土宗教27处，基督教堂7处，天主教堂1处。除制度化宗教以外，潮汕地区存在非制度化地方宗教信仰。本次共收集122处，它们有来自对自然崇拜产生的自然神，如天公、雨仙；有从神话传说、历史演义或对社会作出巨大贡献的人物升格而成的人神，如感天大帝、地母娘娘、关圣帝君、玄天上帝、财王爷等；也有自然神与人神兼有的神址，如城隍庙、三山国王庙、伯公庙、福德古庙等。首先，地方宗教建筑规模一般较小，但其数量、分布密度远高于制度化宗教。地方宗教源于地方生产生活，因此其受众更加广泛；其次，地方宗教庙宇一般由村民组织捐建，村内人口规模不大，因此修建庙宇也受到资金限制。宗教承载人民对美好生活的祝愿，特殊宗教活动还加强特定空间内部成员交流以及传统文化习俗的传承。

受“怀抱祖德、慎终追远、饮水思源、报本还始”的儒家文化影响，潮汕地区祠堂、公厅林立，祖灵崇拜氛围浓厚。祠堂、公厅在古时多用于宗族议事、祭祖及办理红白喜事。如今随着群众自治组织的建立，祠堂、

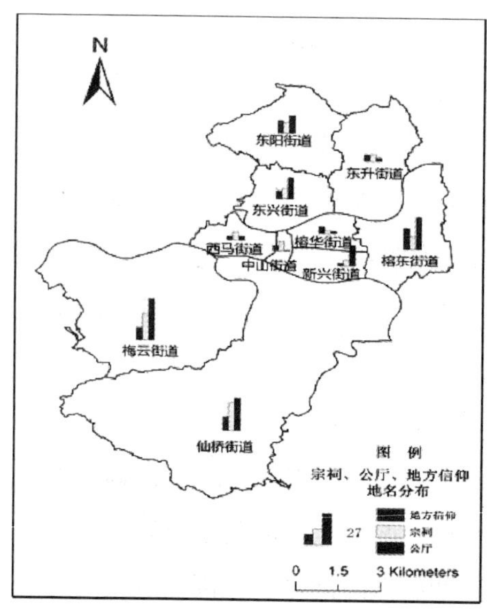

图 3　榕城区宗祠、宗教地名分布图

公厅更多用于维系宗族血缘关系。因血缘、支系不同，祠堂、公厅起名上也有所不同。姓氏和地域是区分宗族最通俗的办法，因此以地域加姓氏组合起名最为常见，如“东门郭氏宗祠”“介公宫李氏宗祠”“凤围宋氏宗祠”“凤潮李氏祖厅”等；其次，为纪念特定祖先，祠堂、公厅带有先祖名字，如“玉浦纯祖公祠”“玉浦朴易公祠”“丁氏光禄公祠”“淡浦子惠公厅”等；与一般宗祠由村内望族发起兴建不同，“家庙”多为朝廷任职官员，由皇上赐旨回乡所建府第，祭祀先人，如“池内里李氏家庙”“玉浦黄氏家庙”“揭阳庄氏家庙”等。此外，每一个祠堂都有独一无二的堂号，如郭氏宗祠堂号为“鼎象堂”，李氏宗祠堂号为“如在堂”，纯祖公祠堂号为“光德堂”，其堂号也是宗族身份地位的象征。建立在祠堂之上同族成员之间的血缘纽带成为当地社会结构的基础单元，同时，海外华侨与潮汕地区的地缘纽带也借助“祭祖”活动得到加强。

五、榕城区地名文化景观的时空演进分析

（一）地名与行政管辖变迁

《榕城镇志》载：“南宋高宗绍兴十年（1140 年），卜治址玉滘村（今中山街道内），建置揭阳县”；清顺治年间县城建制七坊，城外设都；至民国二十一年（1932 年）废都设区，罢七坊，改置十镇一乡；新中国成立后，榕城范围基本确定，一普成果显示，今榕城范围内被划分为榕城镇及

仙桥、梅云、东山、渔湖4个公社，公社下辖生产大队。三十多年以来，榕城区境内村落地名、行政区类地名专名鲜有变化，通名多因区划调整而变。空间上，一普成果收录的26个机关单位类地名榕华、新兴、西马、中山四街道占据18个，据95补查成果统计，机关单位类地名数量出现大幅度增长。原因在于1992年揭阳撤县设市，榕城区为市政府驻地所在，市政府相关机构均设址榕城区。其次，区政府兴学育才，侨胞慷慨捐资办学推进榕城区教育事业的发展，机关单位中学校数量在本次普查中增长较多。从机关单位布局来看，老城区四街道收录机关单位类地名115条，占总数的42.28%。至本次收集机关单位类地名中榕华、中山、西马三街道数量缩减。其余街道数量增加，其中东升街道增加数量最多，以类型市政单位为主，表明行政中心从中山街道向东升街道转移。

表2　机关单位类地名统计

街道＼来源	一普	95补查	本次收集
榕华街道	4	41	31
新兴街道	3	29	31
中山街道	6	21	13
西马街道	5	25	20
榕东街道	0	21	36
东升街道	2	19	55
东阳街道	1	29	31
东兴街道	1	30	39
仙桥街道	1	25	58
梅云街道	3	36	53

表3　商业类地名统计

街道＼来源	一普	95补查	本次收集
榕华街道	2	56	23
新兴街道	0	15	13
中山街道	0	13	5
西马街道	1	53	10
榕东街道	0	4	53
东升街道	0	11	32
东阳街道	0	7	45
东兴街道	3	28	36
仙桥街道	0	7	85
梅云街道	4	6	81

（二）地名与商贸发展

揭阳城素有“水上莲花”之称，榕江分叉于古城南北，城内南北滘河，贯通榕江南北，水运交通便利，商贸活动也依水而行。宋元期间榕城已开辟南、北两市于旧城区，南市在今南市巷至火烧地街一带，北市设于今西马路东段首，两市均靠近南北滘河。明清时期，集市发展迅速，城区集市数量增加至8个，仙桥、梅云等农村地区也出现“古溪市”“石马圩”等交易市场。自19世纪60年代汕头开埠以来，城内商行开始涌现，商贸产品与日常生活息息相关，偏轻工，多手工作坊。如今，商行虽大多退出历史舞台，但以街巷和居民点地名的形式传承下来，后人以此彰显先祖当年的辉煌功绩，勉励族人继续奋发图强。一普成果收录商业类地名较少，企业以国营企业为主，至20世纪90年代，得益于建市设区的基础设施建设及“工业兴区”的发展战略，榕城区企业、商业发展明显加速，95补查成果收录商业类地名达199个，个别街道增长明显，榕华、西马增长数量超过50个。企业成分上，国有企业逐步转制为集体制企业，个体私营企业开始出现。进入21世纪，榕城工业重心由老城区向东、向北转移，中心老城区商业类地名减少，仙桥、梅云、榕东三个街道商业类地名增长幅度较大。所有制上，本次收集企业地名中个体私营企业数量突出，经济体制向市场化转变，使私营、个体商贸得到快速发展；95补查成果中大部分国营、集体所有制企业则被市场化淘汰，据查，95补查成果中收录的商业类地名中有120个成为历史地名。商贸发展格局印证社会经济发展态势以及人们物质需求的提高。

六、总结与讨论

地名研究能发现当地的历史、文化、经济和地理特征。本文从自然实体类、聚落类、商业类、交通设施类、机关单位类、名胜古迹类、其他类等七大类别地名的产生、演变过程中发现：潮汕地名在用字上紧靠山、水等自然地理实体，反映出当地低山、多水域，地势低平的自然环境特点；或与居民社会生产活动相关，突出当地物质发展状况以及社会精神风貌。

地名持久的生命力成为展现城市品位与底蕴的一张“名片”。地名记录着城市内涵的积淀以及城市文化景观的变迁。随着现代化速度的加快，相应地，现代化进程加速旧地名的淘汰，使城市景观逐步同化，造成城市特色的流失。人们对城市记忆的遗忘，势必削弱居民对地域文化的认同感。制定符合时代要求的地名规划与地名管理，保持地名的现代性的同时确保地名的地域性与时代性成为必要。便于人们查找与记忆，继承传统与创新方式的起名方法，将对城市发展产生持久、深远的影响。

参考文献

〔1〕中国大百科全书总编辑委员会《地理学》编辑委员会编：《中国大百科全书·地理学》，中国大百科全书出版社 1992 年版。

〔2〕陈晨等：《基于 GIS 的北京地名文化景观空间分布特征及其成因》，《地理科学》2014 年第 4 期。

〔3〕王彬等：《GIS 支持的广东地名景观 EOF 模型分析》，《地理科学》2007 年第 2 期。

〔4〕Azaryahu M，“Renaming the Past in Post-Nazi Germany：Insights into the Politics of Street Naming in Mannheim and Potsdam”，*Cultural Geographies*，2012.

〔5〕李鹏等：《地名变迁中的文化政治阐释——以从化温泉为例》，《人文地理》2015 年第 2 期。

〔6〕刘博等：《批判视角下广州地铁站命名与更名研究》，《地理科学》2014 年第 9 期。

〔7〕纪小美等：《批判转向以来地名学研究回顾与展望》，《地理科学进展》2016 年第 7 期。

〔8〕陈冠琦等：《南海诸岛地名的权力关系及地方反馈》，《华南师范大学学报》（自然科学版）2016 年第 2 期。

〔9〕何东霞等：《宗族制度、关系网络与经济发展——潮汕地区经济落后的文化原因研究》，《华南师范大学学报》（社会科学版）2014 年第 2 期。

〔10〕刘钊：《论地理环境影响下形成的潮汕文化特点》，《教育教学论坛》，2016 年。

〔11〕［日］横田浩一：《潮汕地区村落的族群标签与其历史演变——以潮州市饶

平县 X 村的宗族与移居传说为例》，《韩山师范学院学报》2012 年第 1 期。

〔12〕林伦伦：《潮汕方言谚语的文化内涵》，《汕头大学学报》1990 年第 2 期。

〔13〕林伦伦：《粤东闽语区地名的文化内涵》，《汕头大学学报》2002 年第 1 期。

（作者单位：华南师范大学地理科学学院）

北京市地名文化遗产保护研究

陈喜波　郭　健

摘　要　地名文化遗产保护是保留乡愁并传承区域历史文脉的重要手段。北京是历史文化名城，地名在彰显城市文脉、塑造城市精神方面具有不可估量的作用。本文从近年来北京市地名文化遗产保护现状入手，具体剖析了地名文化遗产保护所面临的问题、成因以及保护意义，进而分析了北京市地名文化遗产的总体特征和地名文化遗产类型，提出了北京市地名文化遗产保护原则和对策以及保护方法建议等。

关键词　地名　文化遗产保护　研究　北京

一、地名文化遗产保护的背景和意义

长期以来，由于社会经济建设快速发展，地名的文化价值并未被社会所认识，地名文化遗产的保护意识观念淡薄，对古老地名随意更改和废止，由此导致大量有价值的地名消失，结果造成其余文脉传承出现断裂，地域文化形象消失的现象。针对此种状况，中国地名研究所在 2004 年组织成立地名文化遗产保护专家委员会，提出了建立地名文化遗产研究与保护机制，启动了“中国地名文化遗产保护工程”。2008 年 8 月，联合国召开第九届联合国地名标准化大会暨第二十四次联合国地名专家组会议，指出：“地名有重要的文化和历史意义，随意改变地名将造成继承文化和历史传统方面的损失”，明确提出地名属非物质文化遗产，适用《保护非物质文化遗产公约》。在联合国地名组织的推动下，许多国家开展了地名文化遗产保护工作。中国是四大文明古国之一，地名文化遗产资源丰厚，但是，随着城镇化、工业化的快速发展，大量有重要历史和文化价值的地名不断消失，破坏严重，亟须进行抢救和保护。 上述地名文化遗产消失现象，同样发生在北京，因此，必须及早采取措施，加强地名文化遗产保护，传承悠久的区域历史文化，打造城市文化品牌，提高首都城市形象。

近年来，全国各地纷纷开展地名文化遗产保护工作。山东省在全省范围开始调查地名资源，摸清了地名文化遗产资源的数量、分布情况，评估了地名文化遗产的内涵和价值，为进一步开展地名文化遗产保护工作奠定了基础。安徽省在全省范围内也开展了地名文化遗产摸底排查，挖掘重点地名文化遗产 900 余处，摸清了地名文化遗产现状，编制实施地名文化遗产保护规划和保护名录。在地名资源调查基础上，很多省市开展了编制地名文化遗产保护名录工作。如吉林省成立地名文化遗产保护工作专家组，建立了地名文化遗产重点保护名录。江苏省在 13 个设区市和 20 个县（市、区）完成了历史地名保护名录编纂工作。通过开展这些工作，全国各地加强地名文化遗产保护的理念不断深化，地名文化遗产保护的制度不断健全，手段和方式不断丰富，地名文化遗产保护的成效逐步显现。总体来说，全国地名文化遗产保护在以下几个方面取得了较好的成效。第一，建立常态化的地名文化保护机制，地名保护需要走法制化道路，这为地名文化遗产保护提供了法制依据，杜绝了领导按照喜好随意更改地名的行为。第二，各地均出台各项保护性政策，如建立地名文化遗产保护名录，重视地名规划编制工作，对地名文化遗产保护起到了极大的推动作用。第三，各地均在加强地名审批与不规范地名清理整治工作，对于不规范的地名坚决予以抵制，文化含义高的历史地名进行重新启用，规范新老地名之间的衔接关系，促进文化传承。第四，全国各地均十分重视地名文化遗产保护和宣传工作，通过出版物、社会活动、现代传媒等媒体进行大力宣传，使优秀的地名文化成为丰富人民生活、塑造良好社会风气的文化力量。第五，全国部分地区十分重视创新地名文化遗产保护方式，这为地名文化建设和管理提供了新的思路。虽然目前全国地名文化遗产保护取得了较大成绩，但是由于我国地名文化遗产保护仍处于起步阶段，全国各地对地名文化遗产保护工作认识程度不同，理论研究不够深入，保护措施力度不够等因素还大量存在。因此，加强地名文化遗产保护工作还是一项长期的文化建设工程，需要在服务社会、推动经济发展、促进文化建设的过程中不断完善。

二、北京市地名文化遗产保护现状和面临的问题

（一）北京市地名文化遗产保护现状

作为全国文化中心，北京市地名文化遗产保护工作起步较早，相关保护管理工作也走在全国前列。在 20 世纪 80 年代的第一次地名普查工作中，北京市对全市地名资源进行了收集和整理，并形成地名志、地名图、地名录等相关成果，极大地促进了地名文化遗产保护，提高了地名管理水平。北京市比较重视传统地名在文化建设中的作用，特别是在老城区，尽

管城区内部旧城改造进程较快，但老地名还是最大限度地得到保留，当然也有遗憾，一些片区的老地名还是因为种种原因没有得到有效保护。北京市十分重视地名管理法律法规建设，为地名管理和地名文化遗产保护提供了有力保障。20世纪初以来，北京市针对城镇化进程的加快，及时推出地名规划编制工作，推出《北京市地名规划编制导则（试行)》，通过地名规划工作，对城市建设新区地名文化资源进行全面梳理，挖掘地名文化遗产价值，重点对老地名进行保护，通过优先使用、启用历史地名，来展现悠久的历史文化，体现地域文化精神，使城市文脉得到有效传承。在地名规划编制基础上，北京市又推动地名规划编制标准工作，2016年颁布了《北京市地名规划编制标准》，使地名规划管理工作走在全国地名管理的前列。在地名文化宣传方面，北京市地名管理部门积极发动市内地名研究专家，各区县地名研究爱好者，加强对地名的研究，对有重要历史文化价值的地名通过报纸、出版物、新媒体等媒介向社会进行介绍，使地名成为弘扬地域文化的重要依托，极大地推动了区域文化建设，取得了良好的社会效果。

（二）北京市地名文化遗产保护面临的问题

尽管北京市积极推动地名文化遗产保护工作，但由于前些年过于注重社会经济发展，文化建设相对滞后，地名文化遗产保护出现了一些令人感到遗憾的现象。这些问题主要表现在以下几个方面：

1.缺乏文化根基的新地名大量出现

近年来，随着城镇化建设的推进，城市建设新区对地名产生大量需求，于是大量的新地名雨后春笋般出现并得以应用。特别是在北京郊区，在城镇化进程中，对于本地老地名缺乏文化自信，一心希望拥有高大上的地名，于是出现大量的体现奢华洋化、富贵吉祥等过分追求美好愿望用字的地名，由于过多使用，导致富贵吉祥类地名泛滥，缺乏地域文化特征，并且指位性不强，致使很多地方的地名类似，难以彼此区分。比如亦庄地区道路专名大量使用荣华、荣京、天华、天宝、隆庆、中和、同济、锦绣、运成、建安、康定等词汇，含义相似难以区分，并且缺乏文脉根基，居民对新地名缺乏认同感，不仅削弱了地名文化属性，而且给区域地名识别和寻找带来了一定程度的困难。

2. 新地名的奢华洋化现象较为严重

在民政部所指出的地名管理存在“大、洋、怪、重”这四种地名乱象当中，北京市现状地名主要表现为“洋”和“奢”，且大都出现在居住区名称中。这类地名的出现恰恰是因为管理体制原因，北京市居住区命名基本上由开发商来负责，所以出现洋化和奢华现象。从 2000 年前后起，北京出现了一堆带着“威尼斯”“罗马”等名字的小区和写字楼，如柏林爱乐、卡布其诺、澳洲康都、长岛澜桥、威尼斯花园、东方普罗旺斯、康斯丹郡、枫丹丽舍、雪梨澳乡、檀香山、加州水郡、加州小镇、西斯莱公馆等等。另外，一些奢华的地名也大量出现，如滨江帝景、都丽豪庭等。由于城市新建居住区面积广大，奢华、洋化地名的大量出现，对老地名产生巨大冲击，将老地名隔离成一个个孤岛，并且奢华洋化地名因含义雷同，导致现实生活中地名指位性降低，不仅日常生活识别出现问题，也给地名管理添加了较大困难。

3. 老地名在旧城改造中大量消失

新地名激增的背后，是老地名的大量消失。随着行政区域的合并、社区街道改造合并，一些有历史文化内涵的老地名正在快速消失。北京是一座有着深厚文化底蕴的古都，其直接体现就是城内大量的胡同地名，如灵境胡同、金鱼胡同、锡拉胡同、百花深处胡同、砖塔胡同等等，每个胡同后面都承载着一段历史，有着丰富的文化内涵，这些胡同地名是古都历史文化风貌的一大特征。然而，在旧城改造中，北京丰富多彩的胡同名却面临着日益消失的困境，如校场口胡同、无量大人胡同、遂安伯胡同等已经消失，特别是无量大人胡同在改造后称为十分俗气的金宝街，地名品位大大降低。民政部区划地名司发布的资料显示：因 1980 年至 2003 年的旧城改造，北京市旧城区的胡同地名消失了 40%。另据统计，从 1990 年至 2000 年间北京城消失了 927 条胡同。胡同地名是体现北京古都文化的重要载体，胡同地名的消失无疑给北京市区域文化发展带来的较大的负面影响。

三、北京市地名文化遗产总体特征和类型

从古史传说时代，到商周燕国都城，再到秦汉蓟城、隋唐幽州，直至辽金建都，历经元明清大一统时代，再到今天的现代化大都市。三千年的历史，多民族的交融，多种文化的交流汇聚，造就了北京文化丰富多彩的地域文化。地名作为地域文化之一，是展现地域文化的主要载体。因长期作为都城，北京市地名文化呈现出类型丰富，历史文化内涵丰富，拥有独特的自然和人文地理印记的文化特点。

（一）北京市地名文化遗产的总体特征

城市的老地名蕴含着城市的历史和文化内涵，展现着一个城市独特的内在品格和气质。地名文化遗产具有弘扬传统文化的作用，凭借老地名，今人可以感受到一个城市厚重的历史发展脉络和鲜明独特的地域风格。可以说，老地名承载着区域文化的记忆，是塑造城市人文精神和体现历史文脉的重要资源；老地名积累了众多的劝人从善的历史故事，具有潜移默化的教化功能，环境的熏陶作用是书本无法代替的。北京地名文化遗产的总体特征体现在具有悠久的历史，都城特色明显，皇家地名众多、山川地名文化内涵丰富，以长城地名为代表的军事地名多，以运河文化为代表的漕运与水利工程地名多的特点。无论从地名历史悠久程度、类型丰富程度、文化多元性还是文化内涵丰富性等方面，都是国内其他地区所不具备的。

（二）北京市地名文化遗产的类型

地名是对一个区域文化的高度概括，也是地域文化精神的重要文化标志。地名文化遗产经过长期的积累，成为区域地名体系当中的文化精华，承载着更多的乡愁，对于文化的传承起着举足轻重的作用。从北京市地名文化遗产资源总体现状来看，地名文化遗产类型同其他地方相比，有普遍性，也有特殊性。从普遍性来说，北京市地名文化遗产可以依据民政部提出的几个类型：(1) 千年古城地名文化遗产；(2) 千年古县地名文化遗产；(3) 千年古镇地名文化遗产；(4) 千年古村地名文化遗产；(5) 甲骨文、

金文地名文化遗产；(6) 少数民族语地名文化遗产；(7) 著名山川地名文化遗产；(8) 近现代重要地名文化遗产。

北京作为都城，山川秀美、文化荟萃，地名文化遗产也有独特性。根据北京市地名文化特点，在民政部地名文化遗产类型基础上，增列以下几种北京市特色类型：(1) 寺观地名文化遗产；(2) 皇家地名文化遗产；(3) 运河地名文化遗产；(4) 长城地名文化遗产；(5) 陵墓地名文化遗产；(6) 红色地名文化遗产。

四、北京市地名文化遗产保护原则和对策

（一）北京市地名文化遗产保护的总体目标和原则

1. 总体目标

根据民政部《全国地名文化遗产保护工作实施方案》，按照“统筹规划、全面保护、突出重点、分类实施、逐步推进”的要求，全面开展地名文化遗产保护工作，对各类地名进行系统挖掘整理，重点做民政部制定的八类地名文化遗产和北京市特色地名文化遗产的保护工作。制定地名文化遗产保护规划，建立完善管理与保护的长效机制，将北京市地名文化遗产的保护与世界文化遗产保护相衔接，使各类地名文化遗产得到有效保护、传承和弘扬。

2. 基本原则

根据民政部提出的地名文化遗产保护基本原则，即抢救第一，保护为主，弘扬传承，合理利用。坚持全面保护与重点保护相结合，保护研究与保护实践相结合，传承弘扬与宣传教育相结合。正确处理每个“结合”的相互关系，防止只顾重点保护，忽略一般性、全面性保护工作，防止不经深入研究和考证而盲目武断认定保护对象，防止只重认定确认不重传承弘扬和宣传教育的倾向。这是对于地名文化遗产保护的总的方向。北京市地名文化遗产保护应在民政部制定的保护原则上制定适合于北京地区的

原则。

根据北京市地名文化遗产资源特点和未来城市发展需要，北京市地名文化遗产保护工作应按照下面的三个原则进行：

（1）传承保护与发展创新的原则

地名文化遗产保护的首要原则就是传承，流传至今的老地名承载了过去数百年甚至千年的文化精华，凝结了民族文化的情感，均具有一定的历史价值和文化价值，因此必须对地名进行传承，而传承的主要手段就是保持现有地名体系的稳定性和连续性。由于文化的进步和发展，原有的地名资源已经远远不能满足社会需要，而且，部分地名已经与现代社会不相适应，为此，地名文化遗产还要本着创展的原则，进行适度创新，通过创新来促进地名文化遗产的保护和传承。

（2）文化效益和社会效益并重原则

近年以来，随着社会经济快速发展，北京市局部地区出现乱改老地名的现象，新地名呈现出庸俗、奢华、洋化现象，特别是过度追求穿金戴银，攀富比贵，对老地名体系形成较大冲击，大大降低了北京城市文化品位。北京是全国文化中心，是向外展现中华文化的窗口，而地名就是这扇窗户上的玻璃，地名文化既受社会文化影响，又对社会文化具有反作用。北京市地名管理应以弘扬社会主义先进文化为主旨，建设健康平实、特色突出的地名文化，传承并弘扬传统的优秀中华文化成分，传播正能量，提高文化自信，树立文化自尊，使文化效益和社会效益相辅相成，相得益彰。

（3）理论与实践相结合的原则

北京市地名文化遗产资源丰富，应加强地名资源的调查和整理工作，通过历史文脉梳理，挖掘地名文化内涵，明晰沿革变迁，审核校正其真实含义，确立起文化价值。理论研究还要贯彻到实践中去，地名文化遗产保护应走群众路线，加大地名文化遗产的宣传、教育，让广大人民群众能够接受地名文化的精神魅力和文化感染力。地名文化只有走向社会并与民众日常生活结合起来，才能聚集人气，获得社会认可，地名文化遗产保护才会取得实质性的效果。

（二）地名文化遗产保护的方法

结合第二次全国地名普查工作，把握北京市地名文化总体状况，更好地保护地名文化遗产，传承和弘扬优秀地名文化。按照中央城镇化工作会议提出的“望得见山、看得见水、记得住乡愁”的要求，按照中央关于规范地名管理、解决“热衷于起洋地名、乱改老地名”问题的重要指示，刻不容缓地传承、保护和弘扬优秀传统地名文化，在此基础上充分发挥地名文化弘扬中华民族文化、建设社会主义先进文化的积极作用，逐步增强地名文化对社会主义核心价值观的承载能力。尤其要注重在城镇化过程中把有文化积淀的老地名保护好、传承好、使用好，进一步加大地名文化遗产保护力度，建立地名文化遗产重点保护名录制度，建立地名文化遗产数据库，健全地名文化评价标准体系，使地名文化遗产得到分类、分级和分层保护。加强地名文化遗产的学术研究工作，建立健全地名文化遗产的保护制度，编制地名文化遗产的保护规划，逐步实现地名文化遗产保护的法制化、规范化，建立地名文化遗产保护的长效机制。

1. 制定地名文化遗产保护规划

在北京城镇化发展大潮当中，许多开发建设地区的地名被弃之不用，代之以没有文脉基础的新地名。早在 2007 年，时任中国地名研究所所长的刘保全就曾表示：“要保护濒危地名，尤其是对已成为当地文化标志的古老地名，绝不能打着商业开发的旗号随意变更或废弃。确需更名时，要通过专家严格论证，注意保持地名的稳定性和连续性。”同年，第九届联合国地名标准化大会确定，地名属于非物质文化遗产。我国也编制了《中国地名文化遗产保护总体规划》。北京作为全国的文化中心，应在地名文化遗产保护方面走在全国的前列。因此，应尽早制定地名文化遗产保护规划，对地名进行科学规范的管理。尤其要实施地名标准化管理，北京市域内地名数量众多，对于其中的一些含义粗俗、一地多名、名实不符、重复的地名有必要进行标准化处理。比如北京海淀区、朝阳区、通州区都有小营村，朝阳区和海淀区都有一个八里庄，在城市规划中为防止地名重复，在一定程度上修改地名是必要的。西城区大吉片改造，老街区被改造得面目全非，许多有价值的胡同地名无法落地使用。因此制定地名文化遗产保护规划，并且走在城市规划前面，是很有必要的。

2. 建立地名文化遗产保护名录

2007 年，联合国地名标准化会议确定地名为非物质文化遗产，并说明了制定地名保护名录和申遗是有效的保护方式。地名保护名录制定应依据地名的具体分析，地名文化遗产应从以下几个方面进行界定，具体包括地名产生时间、使用时间、地名稳定性、名实相符程度、影响范围、文化内涵、历史文化意义、民众归属感等几个方面。地名文化遗产等级应据此进行判断和划分，进而制定保护名录。地名申遗工作要注重将具有相同文化特征的地名群整体申遗，可以达到保护区域文化基因的效果。比如凤河两岸的“营”字村落，包括石州营、霍州营、孝义营、沙堆营、垡上营、解州营、赵县营、窦营、沁水营、长子营、黎城营、车固营、周营等，这些地名记录和见证了明代早期北京的移民历史，非常珍贵。

3. 加强地名文化遗产档案管理

建立地名文化遗产保护档案，全面记录地名文化遗产信息。以前的地名档案主要记录名称书写、发音，长宽、面积、高度等空间属性信息，沿革来由含义等。但是地名图片、实物、实体特征、人物、典故等文化信息严重欠缺。今后应该建立专门的档案制度，除了记录地名文化遗产的空间属性之外，要加强地名的文化属性记录，并不断丰富内容。

4. 要加强地名管理的法制化建设

地名管理法规的不完善是地名混乱的症结所在，依法建立科学的地名管理法律法规体系迫在眉睫。现有的《地名管理条例》和《地名管理条例实施细则》已不能涵盖目前地名管理的相关事务，如地名文化遗产保护，地名存量和增量的平衡，地名商业化，地名变更，新、奇、怪地名，以及互联网地名管理，地下空间地名管理，等等，亟须结合北京实际情况，与时俱进，完善体系，规范管理。要从根本上做好保护老地名的工作，地名管理就应依法行政，就要有地名管理法规作强有力的保障，才能有效遏制随意更改老地名的现象发生。

参考文献

〔1〕李炳尧、刘保全：《地名管理学概论》，中国社会出版社 2008 年版。

〔2〕尹钧科、孙冬虎：《北京地名研究》，北京燕山出版社 2009 年版。

〔3〕孙冬虎：《北京地名发展史》，北京燕山出版社 2010 年版。

〔4〕刘保全：《加强地名文化遗产研究与保护势在必行》，《中国地名》2006 年第 4 期。

〔5〕张占国：《地名规范化管理探究》，《中国地名》2015 年第 10 期。

〔6〕张燕来：《北京地名和地域文化》，《北京社会科学》2006 年第 2 期。

（作者单位：陈喜波，北京物资学院运河文化研究所；
郭健，北京市规划和国土资源管理委员会）

明代方志中的地名史料及其在地名普查中的价值

王　涛

摘　要　地名研究离不开地名资料的搜集和整理，以往的研究关注的空间范围较大，虽注意到方志史料，但资料搜集主要集中在正史地理志和历代地理总志等典籍，地名研究的深入和以县为尺度的地名研究，需要充分挖掘方志中的地名资料。由于各地现存方志多始于明代，且续修各志以因袭前志为主，故明代方志在地名研究中的价值不容忽视，其地名资料应当进行专门整理。整理和研究明代方志中的地名资料，不仅可以检视既有的地名志资料和基于地名志展开的相关研究，还将直接服务于当前正在进行的地名普查工作和提升第二轮地名志编纂的质量。

关键词　明代　地方志　地名　地名普查　地名志

地名是重要的地理信息和社会公共信息，与人们的日常生产和生活息息相关，在国家和社会治理、经济发展、文化建设、国防外交等方面广泛发挥着重要作用。[①] 我国非常重视地名资源的调查和地名文化的挖掘，继1979—1986年进行第一次全国地名普查后，国务院又于2014年7月全面启动了第二次全国地名普查。在第二次全国地名普查的工作设计中，地名资料的搜集与挖掘是十分重要的环节，得到了应有的重视。2017年，笔者有幸参与了江西省第二次全国地名普查的省级验收工作，深深体会到地名资料搜集对普查工作的重要性。当前我国的地名普查是以县为单位展开的，正史地理志、历代地理总志虽然记载了大量的地名，但以县为尺度衡量，其所载地名远远不能满足普查工作需要，这一背景下，素有地方百科全书之称的地方志所具有的独特价值就体现出来了。方志作为我国文献的重要种类，全面记录了地方社会的政治、经济、文化、地理、物产等信息，其中包含着大量的地名资料。据统计，我国存世方志有8000种，10万卷，华林甫先生以平均每卷50处计算，认为方志中涉及的地名有500万处以上。[②] 如此数量巨大的地名文化遗产，是值得重视的，下面笔者仅就明代方志中的地名史料及相关问题进行初步的探讨。

一、明代方志中的地名史料

我国传世文献众多，地名史料分布范围广、种类多，其中比较集中的是二十五史中的十七部地理志和历代地理总志。此外，《水经注》《洛阳伽蓝记》《郡县释名》《今县释名》等也记载了大量地名资料。上述典籍在地名学研究中得到了充分的重视，并有相当的研究，[③] 而方志文献中的地名

---

① 国务院第二次全国地名普查领导小组办公室编：《第二次全国地名普查指导手册》，中国社会出版社2014年版，第1页。

② 华林甫：《中国地名史话》，齐鲁书社2006年版，第6—7页。

③ 利用上述资料对地名进行的研究，以华林甫先生的《中国地名学源流》（湖南人民出版社2002年版）和《中国地名学史考论》（社会科学文献出版社2002年版）为代表。

资料尚待进一步挖掘。①

我国的现存方志中，存量最多的是明清方志。应当说，明代方志在时间上晚于宋元方志，在数量和载录地名上少于清代方志，但由于宋元方志现存数量少，覆盖的地理空间极为有限，且集中分布在江浙地区②，而志书的因袭性较强，清代方志中地名史料在地名条目选择和渊源解释上往往承袭明代志书。同时，方志中地名得名时间的记载往往缺失，这一背景下，载录地名的文献出现的早晚也有其价值。从得名时间溯源、地名渊源解释和文献的空间覆盖等方面综合考虑，明代方志地名史料有其独特价值，值得重视。

据统计，《中国地方志联合目录》所收 8000 余种方志中，明代方志有近千种，加之新发现方志，现存明代方志当在千种以上。③ 以 8000 种方志中的地名史料 500 万条计算，则保守估计明代方志中的地名超过 60 万条。

方志在明代已趋于定型，虽然编纂形式多种多样，但内容大体相同，体裁相对固定，故这一时期不同志书对地名的记述，区别只在于具体地名名称异同和记载地名数量多寡，而对于哪一部分侧重记载地名，却差异不大。一般而言，志书中地名的分布主要在地理部分，至于食货、学校、艺文、祭祀之类，虽有少量地名，多是涉及，而非专门记载。以正德《新城县志》为例，该志共十三卷，卷一、卷二为地理，卷三、卷四为食货，卷

---

① 利用方志进行地名学研究的成果有胡运宏：《咸淳〈毗陵志〉的地名学研究》，《中国地方志》2008 年第 11 期；殷亮：《〈道光泰顺县志〉所见庄镇地名研究》，硕士学位论文，南京大学，2013 年。

② 据《宋元方志丛刊》统计，现存宋代方志 29 种，各省份分布情况是：上海 1 种，陕西 2 种，江苏 8 种，浙江 14 种，安徽 1 种，福建 2 种，湖北 1 种，元代方志存 11 种，其中江苏、浙江各 4 种，山东、河南、山西各 1 种，详见中华书局编辑部编：《宋元方志丛刊》，中华书局 1990 年版。

③ 关于《中国地方志联合目录》中明代方志的数量，排除山、水、寺庙、名胜等志，仓修良粗略统计有 992 种，李新峰言有 973 种，李氏推测存世明代方志在千种以上，分见仓修良：《方志学通论》（增订本），华东师范大学出版社 2013 年版，第 269 页；李新峰：《丛书影印明代政区方志初录》，收入《明代卫所政区研究》附录，北京大学出版社 2016 年版，第 223、225 页。

五为秩官，卷六为公署，卷七为选举，卷八为人物，卷九为宸章，卷十、卷十一、卷十二为艺文，卷十三为外纪。其地名史料主要集中在卷一、卷二地理部分的沿革、山川、乡都、道路、陂塘诸项，少量集中在卷六公署中的坛壝、祠庙，卷八人物中的丘墓和卷十三外纪部分的寺观，仅山川一项，即有 112 条，乡都部分记载了新城县所领七区四坊五十都七十八图的所有区、坊、都、图和村名。① 上述地名，绝大部分在历代地理志和地理总志中不曾出现过。

明代方志地名资料来源丰富，其中部分史籍今已不存，如《丰水志》共有两部，一为王孝友所纂，一为李义山所纂，两书均佚，目前研究者仅辑佚有城池和人物各一条②，除此之外，并不清楚《丰水志》记载的内容，嘉靖《丰乘》中有一条关于《丰水志》的内容："尧山，上有小亭，置木像，被衮冕，号为古帝。《丰水志》云：一名冕山，上有坛，呼为尧坛。"③ 虽不清楚此条源自何本，然该记载弥足珍贵。再如嘉靖《进贤县志》金山、麻山、栖贤山各条对已佚《豫章志》地名资料的征引④，现有辑佚成果里也未曾收录⑤。这些都增加了我们对早期志书所载地名信息的了解。

大体而言，明代志书涵盖的行政区越大，其记载的小区域面积内的地名就越少，具体到某一县地名的记载，通志不如省志，省志不如府（州）志，府（州）志不如县志，以低一级行政区为单位编纂的志书，因其所涉地域较小，往往记载地名更多、更详细。

明代方志中所载地名，种类繁多，涉及方方面面，有山、水、洲、湖、泉、瀑布、洞、岭、岩、谷等自然地名，也有府、州、县、乡、都、

---

① 正德《新城县志》卷之一《地理·山川》，第 311—330 页。

② 关于《丰水志》的辑佚，目前有关研究仅辑佚出城池和人物各一条，详见马蓉等点校：《永乐大典方志辑佚》(第 3 册)，中华书局 2004 年版，第 1883 页；黎传纪、易平：《江西古方志考》，海南出版公司 1989 年版，第 439—441、492 页。

③ 嘉靖《丰乘》卷三《山川志》，第 150 页。

④ 嘉靖《进贤县志》卷一，第 11 页。

⑤ 关于《豫章志》的辑佚，详见马蓉等点校：《永乐大典方志辑佚》，第 1481—1488 页；黎传纪、易平：《江西古方志考》，第 45—45、58—69 页。

图、村、巷、坊、宫、观、寺、庙、庵、墓、井、塘、池、楼、亭、台、轩、堂、阁、驿、铺等人文地名。对上述地名的描述，有的相对简单，只是介绍地理实体距离县治的距离和方位，如隆庆《瑞昌县志》记载郎君山只言“去县西五里许”①；有的则涉及其他信息，内容相对丰富，如万历《新修南昌府志》言洪崖“在西山紫清观，去县四十里，左右石壁相向斗起，悬绝飞湍，奔注其中，下为洪井”②。还有的看似简单，但因是一组地名，反而体现了该地地名用字特色、命名特点和小区域内的地名重名问题。③

明代方志中数以万计的地名史料，为地名学的研究提供了丰富的素材，是一个待开发的宝藏。

二、明代方志地名史料在地名普查中的价值

明代地名史料在我国当前地名普查中具有重要价值，普查工作中应予以重视。具体而言，其突出作用表现在地名的来历、含义、沿革及别名、曾用名的记载上。

在地名普查成果表中，地名的别名和曾用名是必填项目，这在方志中有丰富的记载，只不过别名除了少数地名直接点明“别称”外④，大多数地名是以“一名”“又名”或“俗称”的方式表述的，如嘉靖《丰乘》言罗山“一名池山”⑤，隆庆《临江府志》言东皂岭“一名玉华”⑥，万

① 隆庆《瑞昌县志》卷一《舆地》，第25页。

② 万历《新修南昌府志》卷三《舆地类・山川》，第59页。

③ 嘉靖《宁州志》卷九《坛壝》，第416—418页。

④ 如《新城县志》明确记载新城县“别称黎川”，见正德《新城县志》卷一《地理・沿革》，第301页。

⑤ 嘉靖《丰乘》卷三《山川志》，第151页。

⑥ 隆庆《临江府志》卷三《疆域》，第59页。

历《新修南昌府志》言江前岭“又名跃龙冈”①，嘉靖《赣州府志》言铜钵山“俗呼发龙山”②，正德《袁州府志》言稳山“俗呼为稳山关”③。曾用名在方志中更多的是“旧名”，如隆庆《临江府志》言丰城山“旧名百丈山”④、正德《袁州府志》言紫盖山“旧名云盖”⑤、正德《建昌府志》言高视湖“旧名聚水湖”⑥、嘉靖《赣州府志》言剑山“旧名癞婁”⑦。此外，“初名”也是曾用名的另一种表达，如正德《饶州府志》言鄱阳山：“在城西北一百十五里鄱阳湖中，初名力士山，唐改今名。”⑧

“地名的来历、含义及历史沿革”作为地名属性信息的重要组成部分，在第二次全国地名普查工作中也予以高度重视，《第二次全国地名普查成果表》中专门列有该项内容⑨。与此相关的，明代方志中记载了大量的地名渊源解释信息，涵盖了该项内容的地名来历和含义。在明代方志中，这类资料有的反映了地理实体的重要特征，如万历《吉安府志》言金凤山“形似凤，故名”⑩。嘉靖《东乡县志》言猴伏尖：“山形如猴之伏，故名。”⑪正德《南康府志》言五乳峰“五峰上耸，如乳状”⑫。嘉靖《进贤县志》言乌石山“山多巨石，其色皆乌”⑬。有的涉及地名所在地的植被和物产，如正德《新城县志》言竹山“竹木丛茂”。⑭嘉靖《赣州府志》言菖蒲岭“下

① 万历《新修南昌府志》卷三《舆地类·山川》，第59页。

② 嘉靖《赣州府志》卷二《山川》，第118页。

③ 正德《袁州府志》卷一《山川》，第74页。

④ 隆庆《临江府志》卷三《疆域》，第59页。

⑤ 正德《袁州府志》卷一《山川》，第75页。

⑥ 正德《建昌府志》卷二《山川》，第98页。

⑦ 嘉靖《赣州府志》卷二《山川》，第118、121页。

⑧ 正德《饶州府志》卷一《山川》，第69页。

⑨ 国务院第二次全国地名普查领导小组办公室编著：《第二次全国地名普查指导手册》，第217页。

⑩ 万历《吉安府志》卷十二《山川》，第182页。

⑪ 嘉靖《东乡县志》卷上《山水》，第42页。

⑫ 正德《南康府志》卷二《疆域山川》，第28页。

⑬ 嘉靖《进贤县志》卷一，第11页。

⑭ 正德《新城县志》卷一《地理·山川》，第313页。

有涧，生菖蒲”[①]。隆庆《瑞昌县志》言韭山“山上多生韭菜，因名”[②]。嘉靖《东乡县志》言槲山“《府志》云：高五里，山多槲木”[③]。有的则与当地的矿产有关，如临江府的铜山“山产铜矿，唐大历后置官场，宋平南唐罢”[④]。正德《袁州府志》言铁山“其地界刘阳，产铁”[⑤]。有的反映了当地的气候，如正德《南康府志》言香炉峰“其形圆耸，常有云烟，故名”[⑥]。有的则涉及某一历史人物，如：“东坡井，府治南，东坡苏公自儋耳还，游青郡，至米巷，曰此地凿井当得甘泉，市人如其言，果然。因假公名号井。”[⑦]“龙须山，在二十一都，峰峦崒嵂，绝顶有泉沸出，登禅师尝驻锡焉。唐代宗时土人龙须捐地法云庵，故名。”[⑧]有的关涉某一历史事件，正德《建昌府志》：“军峰山，在南丰县界，去城百余里。相传楚衡山王吴芮攻南粤驻军山下，由是得名。”[⑨]

关于地名的沿革，普查规程中明确要求对每一条地名进行追根溯源、详细考证，记录其历史演变的全过程。[⑩]这就要在地名来历和含义之外，考证地名的命名时间和变化情况，不过困难的是，方志中记载的时间信息很少，即使少量有时间信息的，也多是从他处转录而来，但这并不意味着明代方志在地名沿革考证方面毫无价值。实际上，有些地名，要做到追根溯源，就需要充分发挥明代方志的作用，如这次普查中的 12 大类地名中的陆地水系和陆地地形类地名，大部分很难准确考证出得名时间，也就是说很难彻底地做到追根溯源，但这并不意味着我们该放弃对这类地名得名

---

① 嘉靖《赣州府志》卷二《山川》，第 122 页。

② 隆庆《瑞昌县志》卷一《舆地》，第 27 页。

③ 嘉靖《东乡县志》卷上《山水》，第 47 页。

④ 隆庆《临江府志》卷三《疆域》，第 61 页。

⑤ 正德《袁州府志》卷一《山川》，第 75 页。

⑥ 正德《南康府志》卷二《疆域山川》，第 29 页。

⑦ 万历《吉安府志》卷十二《山川》，第 183 页。

⑧ 万历《吉安府志》卷十二《山川》，第 182 页。

⑨ 正德《建昌府志》卷一《疆域》，第 65 页。

⑩ 国务院第二次全国地名普查领导小组办公室编著：《第二次全国地名普查百问百答》，第 14 页。

时间的考证，实际上如果充分利用明代方志，虽不能完全考证出得名时间，则至少可以把部分陆地水系和陆地地形类地名的得名时间延伸到方志纂修的年代，有的甚至可以上溯到更久远的时代。在这个问题上，进贤县的陆地地形类地名金山岭便是很好的例子。金山岭旧志里的名称是“金山”，《明史·地理志》“进贤县”条言：“西南有金山，产金。”现在的称呼中通名“山”已经专名化。1987年进贤县地名志办公室在编纂《江西省进贤县地名志》时引用的是道光三年《进贤县志》，言“昔以产金，下有淘金井”①，实际上这句话嘉靖四十二年《进贤县志》即有记载②，这至少说明，明代已有“金山”，若我们顺着嘉靖《进贤县志》的提示，知道此部分来源于《豫章志》，则金山一名的出现可能更早。再如修水县抱子石，《江西省修水县地名志》引《义宁州志》言：“抱子石——在泰乡六都。高二十丈，广五十步，上无草木。其石有二，小石高丈余，屹然江浒，状如人形，因名抱子。”③《义宁州志》数次纂修，现存有康熙、乾隆、道光、同治四种版本④，未知地名志征引为何本，笔者查对了道光、同治两本《义宁州志》，关于抱子石记录，两者内容一致，与地名志所引相同⑤，实际这部分内容来源更为久远，现存最早的修水地方志嘉靖《宁州志》对该地名即有记录：“抱子石，在州治东二十五里泰乡六都，高七十丈，轮广五十步，上无草木，其下有小石高丈余，屹立水滨，状如人形，俗传名抱子石。”⑥所不同的是，清代志书删除了“高”“轮”二字，同时把“七十

① 进贤县地名志办公室编：《江西省进贤县地名志》（内部资料），1987年，第320页。

② 嘉靖《进贤县志》，收入中国国家图书馆编：《原国立北平图书馆甲库善本丛书》第358册。

③ 江西省修水县地名委员会办公室编印：《江西省修水县地名志》（内部资料），1988年，第623页。

④ 《义宁州志》存佚情况，见江西省社会科学院情报资料研究所编：《江西地方文献索引》（上编），内部资料，1985年，169—170页。

⑤ 道光《义宁州志》卷三《山川》，第13页；同治《义宁州志》卷三《地理志》，第21页。

⑥ 嘉靖《宁州志》卷六，第235页。

丈”改成了“二十丈”。尽管地名得名时间远大于文献记录时间[①]，但在无确切记载的情况下，应尽可能地利用较早的文献，具体到方志则应利用现存最早的版本。

当前，地名普查工作已经进入成果转化阶段，在既定的成果转化中，中华人民共和国标准词典和地名志编纂是其中的重要内容，明代方志记载的别名、曾用名及大量地名渊源解释不仅可以用于成果表填写，也可以直接转化为地名词典和地名志词条的相关内容。除此之外，明代方志中对地名的考证和书写采取的态度也值得借鉴，如正德《东乡县志》对该县二十二都荆公山提出了质疑：“今考上池王氏谱牒，乃公季弟安尚之子旗徙于此里甚明，荆公或居与否未有的据。”[②]正德《袁州府志》则直接否定了十八渡岭俗称十八洞的说法：“十八渡岭，县北四十里，旧路在岭下，循环一水，往来凡十八渡，后辟路岭上，人使之，俗呼为十八洞，非也。”[③]对于一时不能确定的说法，有的方志还采取多说并存的记录方式，如万历《新修南昌府志》记述麦山言“麦或曰墨，远望如墨，然或曰脉，郡城脉来处”[④]。有些地名因为年代久远，志书纂修的年代已经不能确指，为保留地名，也予以记载，如嘉靖《东乡县志》言举军山：“《府志》云，在城东六十里，高四里，周回五六十里，山侧有村，名举军村，其山多产异草、怪石，今未知为何山，姑存其名。”再如陈理山：“《府志》云，在郡城东北一百二十里二十四丈，周回五十里，相传汉豫章太守陈蕃行部至此理讼狱，故名。今未知为何山也。”[⑤]

---

① 周振鹤先生在研究南方地名与古汉语的关系时，有类似的表述，言“载录地名的史籍所代表的时代往往比地名产生的时代晚的多”，详见游汝杰、周振鹤：《偶耕集——文化语言学存稿》，广西师范大学出版社 2014 年版，第 136 页。

② 嘉靖《东乡县志》卷上《山水》，第 44 页。

③ 正德《袁州府志》卷一《山川》，第 76 页。

④ 万历《新修南昌府志》卷三《舆地类 · 山川》，第 57 页。

⑤ 嘉靖《东乡县志》卷上《山水》，第 49 页。

三、明代方志地名史料的整理

从方志中辑录专题资料是学界深化相关领域研究和充分发挥方志价值的重要手段之一，这方面比较突出的案例是方志中农业史料、天文史料、地震史料、佛道教史料和民俗史料的整理。以方志中农业史料的收集和整理为例，早在20世纪50年代，在万国鼎先生领导下，中国农业遗产研究室以南京图书馆、北京图书馆为中心，在全国范围内开始了方志中农史资料的系统摘录工作，数量达到680余册。[①] 这批资料“涉及到农业生产的各个方面，而以动植物品种资源和相关的种植饲养技术为主，系统性很强，具有极高的农业科技、经济史料价值，对生物学史、生态环境史等方面的研究也很有意义，受到国内外学者的高度重视”[②]。近年来，随着数字技术的发展，史料整理一定程度上为研究者所忽视，甚至被轻视，这是一种很不正常的现象。诚然，各种史料的数字化一定程度上方便了研究者获取资料，但就像数据检索永远不能代替文本细读一样，无论数字技术如何发展，对研究者而言，专题资料的整理仍有其不可替代的价值。笔者以为，明代地名史料也应当如上述史料一般进行专题史料辑录。

明代方志地名史料的整理，不仅可以为地名词典编纂、地名志编纂、历史地图绘制、明代政区界线研究提供重要的基础资料支撑，还可以直接服务于正在进行的第二次全国地名普查工作。当前进行的第二次全国地名普查主要由民政系统组织实施，在地名命名、地名标准化和地名规划等实务方面，地名系统有无可替代的优势，但就地名的文献搜集、整理和利用方面，则力量相对薄弱，一定程度上限制了普查质量的提升，也影响了即将开始的普查成果转化。此种情况下，史学界应发挥所长，积极投入到地

① 章楷：《回忆万国鼎先生和四十年多年前的查抄方志工作》，载王思明等主编：《万国鼎文集》，中国农业科学技术出版社2005年版，第401—403页。

② 衡中清：《地方志知识组织及内容挖掘研究——以〈方志物产·广东〉为例》，博士学位论文，南京农业大学2007年，第2页。

名史料的整理和挖掘中去，发挥史学经世致用的功能。

具体到明代方志地名史料的整理，笔者以为最理想的状态是和宋元明清民国方志一起，整理历代方志中的地名史料，或者使之成为更大规模的地名史料整理中的一部分。但大规模的地名史料整理涉及范围广，需要大量的人力、物力投入，操作起来有一定难度，工作周期也相对较长，不利于地名史料的及时利用。在当前地名普查的大背景下，从利用效率和整理便利看，可以以省为单位，整理本地的明代方志地名史料，使之与十七部地理志、历代地理总志一起，为正在开展的地名普查和地名志编纂提供资料支撑。

参考文献

〔1〕隆庆《瑞昌县志》，《天一阁藏明代方志选刊》影印本。

〔2〕正德《南康府志》，《天一阁藏明代方志选刊》影印本。

〔3〕嘉靖《赣州府志》，《天一阁藏明代方志选刊》影印本。

〔4〕正德《袁州府志》，《天一阁藏明代方志选刊》影印本。

〔5〕隆庆《临江府志》，《天一阁藏明代方志选刊》影印本。

〔6〕正德《建昌府志》，《天一阁藏明代方志选刊》影印本。

〔7〕嘉靖《东乡县志》，《天一阁藏明代方志选刊》影印本。

〔8〕正德《饶州府志》，《天一阁藏明代方志选刊续编》影印本。

〔9〕正德《新城县志》，《天一阁藏明代方志选刊续编》影印本。

〔10〕嘉靖《宁州志》，《天一阁藏明代方志选刊续编》影印本。

〔11〕嘉靖《丰乘》，《天一阁藏明代方志选刊续编》影印本。

〔12〕万历《新修南昌府志》，《日本藏中国罕见地方志丛刊》影印本。

〔13〕万历《吉安府志》，《日本藏中国罕见地方志丛刊》影印本。

〔14〕嘉靖《进贤县志》，《原国立北平图书馆甲库善本丛书》影印本。

〔15〕王思明等主编：《万国鼎文集》，中国农业科学技术出版社 2005 年版。

〔16〕江西省社会科学院情报资料研究所编：《江西地方文献索引》（上编），内部资料，1985 年。

〔17〕进贤县地名志办公室编:《江西省进贤县地名志》(内部资料),1987年。

〔18〕江西省修水县地名委员会办公室编:《江西省修水县地名志》(内部资料),1988年。

〔19〕黎传纪、易平:《江西古方志考》,海南出版公司1989年版。

〔20〕中华书局编辑部编:《宋元方志丛刊》,中华书局1990年版。

〔21〕华林甫:《中国地名学源流》,湖南人民出版社2002年版。

〔22〕华林甫:《中国地名学史考论》,社会科学文献出版社2002年版。

〔23〕马蓉等点校:《永乐大典方志辑佚》,中华书局2004年版。

〔24〕华林甫:《中国地名史话》,齐鲁书社2006年版。

〔25〕仓修良:《方志学通论》(增订本),华东师范大学出版社2013年版。

〔26〕游汝杰、周振鹤:《偶耕集——文化语言学存稿》,广西师范大学出版社2014年版。

〔27〕李新峰:《明代卫所政区研究》,北京大学出版社2016年版。

(作者单位:江西省社会科学院)

中国近现代地图的收集、保管与利用刍议

——兼及中国近现代地图之于地名保护的重要价值

贺　彬

摘　要　本文通过地图与地名、行政区划的关系，探讨了中国近现代地图的研究价值、实用价值、历史价值，最后讨论了如何对中国近现代地图进行收集、保管和利用，为加强中国近现代地图保护、服务地名管理工作提供了具有可操作性的方法。

关键词　中国近现代地图　价值　收集　保管　利用

地图，古称“舆图”，从史料记载来看，早在夏禹时期即出现了关于地图的记载。中国近代地图主要是指1840—1949年间绘制出版的各类地图；中国现代地图主要是指1949年至今绘制出版的各类地图。不同的历史时期的地图皆附带着所属时期的疆域、行政区划、地名、地理实体等

信息。

地图与地名和行政区划有着不可分割的关系。地图具有“于方寸之间，看沧桑巨变”的优势，它系统、直观、准确、鲜明地展示了不同历史时期的各类地名及其位置、相互关系、区域分布特点。可以说，地图是地名和行政区划最有效、最客观和最直接的载体。由谭其骧先生主编的八卷本《中国历史地图集》，把地图学方法运用于地名和行政区划研究，是迄今为止历史地名和政区研究的最佳成果。

一、中国近现代地图的重要价值

（一）研究价值

中国近现代地图所反映的历史地理事实与现实联系比古代地图更为紧密。它形象地反映出近现代时期某一区域的地理风貌、人文景观、聚落分布、军事防御、水利设施、交通建设等方面，翔实地概括了此区域内当时的实情，是我们研究历史变迁的重要历史佐证。如河北省地名区划档案资料馆收藏的澄衷学堂石印的《京城内外首善全图》非常详尽地记载了京城十三座城门之内的城区建筑、政府各衙门及附属的各种行政设施、军队营房，四周的城墙还标注了长度。城内各大小街巷胡同、紫禁城的地物和地理风貌，内容详细，绘制精细，所标地名也极为详尽。此图是研究北京城历史变迁、地名文化的重要信息来源。

（二）实用价值

中国近现代地图展现的地形、地貌、行政区域及各类地名及其位置较之其他各类画作更具科学性、客观性，比各类文字史料描述更具形象性、直观性。同时，地图所表示的地理方位精确，可以补充文字史料中所未记录的，也可以纠正文字史料记载的疏误。地图具有明疆示界的重要作用，为解决边界纠纷提供了重要凭证和法理依据。如 1863 年刊印的《大清一统舆图》跋文中特意注明：“名从主人，如属于四裔，要杂用其国家语”，其南七卷东二/三图，图上绘有钓鱼岛和黄尾屿。作为中国领土地图的《大清一统舆图》，充分说明了钓鱼岛和黄尾屿是我国的领土，是我国对钓鱼岛拥有主权的重要依据之一，是中国政府最早将钓鱼岛划入我国版图的铁证。而日本外务省也只能认定钓鱼岛划入其版图是 1895 年。这充分说明了中国近现代地图在维护领土主权方面起到了其他文字史料所不可替代的历史证明作用。

（三）历史价值

"读史者，当左图右史。读史不看图，无用功也"。地图是历史事件的铁证，也是我们还原历史事实的重要依据。如河北省地名区划档案资料馆收集的 1947 年 10 月由民主出版社编绘、华北新华书店发行的晋冀鲁豫边区老地图——《晋冀鲁豫边区分区详解地图》。晋冀鲁豫边区是我党领导的敌后抗日根据地之一，是 1941 年 1 月晋冀豫、冀鲁豫及鲁西根据地合并而成，并且建立了抗日民主政府。抗战期间，晋冀鲁豫边区在行政上划分为四个行署，即太行行署、太岳行署、冀南行署、冀鲁豫行署，二十六个专署，下辖 198 个县政权，3260 多个村。地图按边区总图、行署图、专署图三级，总图按不同颜色区分各行署；行署图按专署界和县界区分各专署、各县；专署图则按县界区分各县。每幅地图清晰标注着所属区域内的县城、村庄、山、河流等等地名。作为带有分省地图册性质的根据地出版的《晋冀鲁豫边区分区详解地图》，是我国艰苦卓绝的革命年代的历史见证，为研究中共革命史、党史以及解放区的行政区划、历史沿革、地名等提供了重要佐证。

二、中国近现代地图的收集、保管和利用

收集、保管和利用中国近现代地图是河北省地名区划档案资料馆的职责之一。随着京津冀协同发展的不断推进，为了更好地围绕中心，服务大局，我们采取多种方式加大了对京津冀近现代地图的收集力度，2016 年共

收集近现代河北省原版地图七幅，京津历代建置沿革等图书资料百余册。同时，对收集的地图作了整理，并根据社会的不同需求予以开发利用，为河北省行政区划和地名文化研究提供了理论依据。在此过程中，笔者对档案馆开展中国近现代地图的收集、保管和利用有了较为系统的思考。

（一）中国近现代地图的收集

由于种种历史原因，中国近现代地图深藏于许多单位，散落于民间的众多收藏爱好者手中，使得收集工作变得异常艰难。从档案馆的角度，可以通过征集、捐赠、购买、交换、复制等方式进行收集。

征集：可以依靠行政部门的支持，面向社会广泛征集中国近现代地图。通过举办座谈会、地图文化展览和地图知识讲座等方式扩大征集工作的影响，让更多的人认识到中国近现代地图的重要性。

捐赠：接受单位和个人的捐赠。利用好宣传方式和方法，让更多的人增强保护珍贵历史遗产的意识，自愿加入到捐赠行列中。

购买：通过从各地古玩市场以及国内外拍卖公司现场购买或拍买，从国内外各种收藏网站如国际的“易趣网”、国内“孔夫子旧书网”上进行网络购买。

交换：通过将馆藏的中国近现代地图的多余复本与其他单位或个人进行交换，获得本馆所需要的中国近现代地图，这样可以达到交换双方“双赢”的效果。

复制：通过复印、扫描、照相和通过网络下载等复制方法来收集。

（二）中国近现代地图的保管

中国近现代地图主要以纸质基① 地图为主。

1. 整理分类、登记造册

可以按照单幅地图和成集地图册分为两大类，单幅地图又可以按照比例尺分幅或出版年代（制图年代）进行二次分类。按照分类制表登记，单幅地图应列出编号、图名、出版（制图）年代、出版单位（制图人）、所

① 卢良志：《中国地图发展史》，星球地图出版社 2010 年版，第 67 页。

示比例尺等；每册图集应列编号、图集名、出版（制图）年代、出版单位（制图人）、所示比例尺等，登记的内容尽可能翔实，以便查询及以后建档所用。

2. 修复原貌，裱糊保护

对部分图有损坏、开裂的中国近现代地图可以聘请专业人员对原图通过消毒、脱酸、修复、裱糊等工序进行高质量的修复。修复过程中要特别注意坚持尊重原貌的原则，以确保中国近现代地图得到有效的保护。

3. 上架入柜，数字存档

（1）大幅地图和小幅地图应以平放为主

纸质的中国近现代地图的材质分为两种：手工纸和机制纸。手工纸酸度低，比较柔软。机制纸比较硬或厚，酸度较高，卷曲都容易产生断裂。无论是手工纸或机制纸的地图，都不同程度的属于酸性纸，如果采取折叠保存，其折叠处的断裂现象会更加严重。所以保存时最好采用平放式，可购置专门的图柜，将中国近现代地图按大小平放其中。油漆存有的有害化学物质对地图会产生不同程度的损害，故河北省地名档案资料馆专门购置了 0 号和 1 号附有樟木内衬的地图柜，以确保地图的安全。目前，基本上能够满足单幅地图的保存。

（2）长幅地图应以卷轴和平放形式保存

长幅地图分横批地图和立轴地图两类。横批地图又分卷装和折装两种。①卷装横批地图和立轴地图应采用卷轴装形式，若卷装地图无卷轴，应加衬樟木轴，既可以防虫，又可以抻平地图。木轴直径可以略粗些，卷图时力度要轻并卷实，捆扎时松紧要适中。卷好后，要将卷轴装地图放置于定做的无酸纸盒，盒上贴好标签，将装具盒平放于档案柜内。横批折装地图上下应粘连硬纸板或木板制作的面板，地图的折叠处应使用韧性强且薄的纸张粘连，放置入定做的无酸纸盒或樟木盒中，盒上贴好标签，平放于档案柜内。

---

① 鲍国强：《中文古旧纸质地图的存放与保护工作》，全国图书馆古籍工作会议论文，2009 年 11 月。

(3) 平装或精装地图册以平放为主

平装地图册通常封面较软，以横式平装本居多，不宜直立放置书架上。精装地图册虽然采用硬封面，若直立放置书架上，如果放置时间过久容易因拉力超过书钉或胶粘的强度造成书芯的脱落。因此，无论是平装还是精装地图册，都应平放在书架上，或可以存放入图柜中。

(4) 对馆藏的中国近现代地图进行数字化处理

在不破坏原图的前提下，利用高清扫描、缩微技术对中国近现代地图进行数字化处理。由于扫描仪对纸张材质和内容的清晰度要求较高，笔者认为采用缩微技术对中国近现代地图的保护和数字化转换是既方便又安全的方式。缩微技术是利用摄像的方法把原始信息原封不动地以缩小影像的形式摄影记录在胶片上。通常可按照原件尺寸的照缩率为 1/7 至 1/48 进行拍摄。这样既可以确保中国近现代地图的原始形态内容原原本本地记录在胶片上，又可以使其在数字化处理过程中不受到二次“伤害”。同时，缩微品是现今唯一被国内外档案部门公认的对纸质档案合法的存储备份方法，这样以缩微品代替中国近现代地图原件提供利用，不仅可以使原件妥善地保存下来，而且可以延长其使用寿命。

（三）中国近现代地图的利用

以图说史，以图为鉴，是我们收集保管中国近现代地图的最终目的。

一是利用数字化技术对中国近现代地图进行数字化，建立专题地图图库。中国近现代地图尤其是一些珍品、孤品，更加珍贵，一旦损坏或丢失，后果不堪设想。要想使这些珍贵档案资料在防止丢失的，减少使用磨损前提下更好地为政府决策服务、为社会服务、为科学研究服务，可以对其进行数字化，建立相关数据库。目前，利用者已经可以通过互联网直接登录国内外数字图书馆、大型博物院、档案馆和图书馆网站进行查询，做到足不出户就能查找所需要的地图资料。

二是编印出版相关的地图集。笔者有幸参与了《河北省沿革图稿增补》图集的编写工作，此图集除全部收入《河北省沿革图稿》一书所收录的 88 幅地图外，还新增补了 25 幅地图，并附《河北省政府驻地变更一览表》。《河北省沿革图稿》所收 88 幅河北疆域沿革图，上自春秋下至民国十七年（1928 年）前，以示意图的形式以不同颜色标出了古今县治名称及疆界。新增补的 25 幅地图分别是，清代地图二幅，一幅是清代中叶嘉庆二十五年（1820 年）直隶省图，一幅是清末宣统二年（1910 年）直隶省图；民国时期地图五幅，这五幅地图各具特色，一幅 20 世纪 30 年代的《河北省图》(含北平、天津)，一幅《晋察冀边区行政区划图》(1944 年)，一幅《晋冀鲁豫边区行政区划图》(1944 年)，一幅 1948 年的《河北及山西省图》，充分反映了民国时期河北省行政区划的历史特点；中华人民共和国成立以后不同年代的河北省政区图 18 幅，其中有 2016 年的《京津冀行政区划图》。该书不仅有利于地方历史研究，促进地方区域史研究、地方志编修和地名文化研究，而且还能够进一步弘扬河北省的优良文化传统，为河北省第二次全国地名普查提供帮助，有益于河北省经济社会发展和京津冀协同发展。

三、结语

总之，中国近现代地图是中国历史文化遗产中的一颗璀璨的明珠。它真实直观地反映出一个国家和地区的发展与变迁，是历史发展的重要见证。同时，也为地名文化保护工作提供了客观的理论依据。我们要加强对中国近现代地图的收集、保管与利用，真正发挥出其在历史沿革、行政区划研究和地名文化保护等方面的作用。

参考文献

〔1〕卢良志：《中国地图发展史》，星球地图出版社 2010 年版。

〔2〕鲍国强：《中文古旧纸质地图的存放与保护工作》，全国图书馆古籍工作会议论文，2009 年 11 月。

（作者单位：河北省地名区划档案资料馆）

浅谈城镇化进程中的地名文化建设

——以山东省为例

陈　芳

摘　要　城镇化进程中，随着城市向大型化、现代化、经济化方向发展，地名文化的载体环境也在发生改变。如何做好地名文化保护与建设既是学术界要研究的重大课题，也是各级政府要解决的现实问题。本文通过分析山东省地名文化特点，取得的现有成果，立足于目前地名文化建设面临的困难，提出今后城镇化进程中开展地名文化保护应当采取的措施。

关键词　城镇化　地名文化

一、引言

地名既是人们工作和生活不可或缺的基本信息，也是重要的社会文化形态和载体，承载着人类文明发展的历史，联合国地名标准化大会决议确认地名为非物质文化遗产，要求各国采取行动加强地名保护。在城市文化成为城市竞争力重要影响因素的当下，打造既有深刻意涵、又具地域特色的城市地名文化，越来越成为各级政府的共识。

近年来，山东省的城镇化发展进入加速阶段。2010 年，山东省的城镇化率为 46.6%，2016 年城镇化率已达 59.02%，随着城镇化进程的加快，代表各地方个性和特色的地名受到冲击，如何做好地名文化保护与建设成了城镇化进程中备受关注的问题，这需要地名工作者根据新形势和新要求作出新的处理。

二、地名文化的内涵及意义

（一）地名文化内涵

刘保全等在《地名文化遗产概论》中对“中国地名文化”作了说明，即：“中国地名文化，是以中华民族为创造主体，以地名为载体，伴随着民族文化的形成发展而形成发展的，具有鲜明特色和丰富内涵的且世代传承的地名语词文化和地名实体文化体系。”从定义上看，它包括两个层面：一是地名语词文化，即地名是由语言词汇组成，是一种语言文化形态，反映地名的语源和命名缘由；二是地名实体文化，即地名体现了其所指代实体的地理、历史和乡土特征等。二者互相依存，名实相应，密不可分，共同构成了地名文化的全貌。

地名文化内涵十分丰富，不仅能反映地貌特征、自然景观等客观因素，还能折射出民族思维、民俗、宗教、历史、心理、政治等文化因素。

结合山东省相关情况，大致有以下五方面：一是自然地理。因山得名，如泰山、崂山、蒙山等；因水得名，如沂水县、泗水县等；因地理位置得名，如济南市、临沂市等；因地貌得名，如平原县、巨野县等；因物产得名，如牡丹区、桑阿镇等。二是历史文化。如因古国得名的莱芜市（莱子国）、聊城市（聊摄国）、莒县（莒国）等，古州得名的青州市、兖州市；因古人得名的商河（许商治水）、鲍山（鲍叔牙）等；因军事历史得名的文登营、乳山寨、海洋所等。三是宗教文化。如地名带寺和塔的基本源于佛教建筑名称（如大佛寺、白塔寺），带观、庵、宫、阁的基本源于道教建筑名称。四是社会伦理。地名也反映出社会心态、价值观念、伦理道德精神等，如嘉祥县、昌乐县等反映人们对幸福生活的向往；以姓氏命名的大小村庄，如李家夼、杨家产等反映了该地血统伦理等。五是城市发展。如淄博市取淄川区和博山区两区首字而得名。

同时，地名文化内涵还呈现一定区域性，地名用字以类相聚，形成一定地名景观带，体现为不同的历史文化区、地理文化区和方言区。在山东省主要体现在三个方面：一是鲜明的齐鲁特色。山东历史上诸侯国林立，很多地名上的“莒”“薛”“郯”“郓”“滕”等都是古国或古城专用字；同时作为儒家文化发源地，山东许多地名与孔子有关，采用“尼”“孔”“陬”（孔子出生地）“韶”（孔子闻韶乐）等字，如尼山镇、息陬乡、闻韶街道、韶院村等；泰山为五岳之首，周边地名多冠“泰”“岱”等字，如新泰市、岱岳区、泰山区等。二是鲜明的地理特色。山东中、东部多丘陵，地名多含“埝”“夼”“坨”等字；鲁中山区多用“峪”“沟”，如朱家峪、黄连峪、上赵峪等；沂蒙山区特有崮形地貌，生出“孟良崮”“抱犊崮”“崮岱”等地名；许多地名还反映出水文对聚落分布的影响，鲁西南地区史上多水灾，地名中多有“泊”“埝”“堰”“圩”等字，北部黄河沿岸水来人走，有数十个村庄以“那里”为通名，当地号称“七十二那里”。三是鲜明的方言特色。山东方言按内部差异分为东西两区，东区又分为东莱片和东潍片，西区分为西鲁片和西齐片。地名也有鲜明体现，东区村庄多用“疃”“家”“泊”“产”等字，西齐片多称“集”“庙”“店”，西鲁片很少用“村”作通名，多含“庄”“楼”“堂”“堆”“垓”等字。

（二）加强地名文化建设的意义

1. 历史意义

谭其骧先生指出，地名对研究历史地理、社会经济等方面具有重要价值，为许多领域的研究提供了难得的史料。地名是重要的历史和文化遗产，加强地名文化建设，通过地名发现当地不同历史时期的自然和人文景观，有助于研究区域政治、经济、军事、民俗文化历史等；在“地名”中理清一个地域、一个城市的历史文化底蕴，有助于更好地传承地名文化，保持鲜明的地域文化特色。

2. 现实意义

首先，有助于打造城市文化品牌。地名文化是城市的灵魂和品格象征，加强地名文化建设，弘扬优秀地名文化，打造城市文化品牌，既能为城市综合实力的提升提供精神动力和智力支持，又能创造城市经济价值、增强城市服务功能和提升城市形象。其次，通过地名文化传播优秀传统文化。冯骥才先生指出：“地名是一种牵动乡土情怀的称谓。”地名作为与日常生活息息相关的文化载体和形式，人们通常能从地名文化中找到自己的文化归宿。特别是随着时代发展，人民群众对地名服务的需求已超越了指向、定位等基本服务，要求地名服务的内容与形式更加丰富多彩。加强地名文化建设，弘扬优秀传统文化，丰富人们的精神生活，让人们记得住乡愁，已成为全社会的共同愿望。

三、山东省在地名文化建设方面的探索

近年来，山东省通过推进地名标准化工作、实施地名公共服务工程和开展第二次全国地名普查工作，稳步推进地名文化建设，取得了一定成效。

（一）实行标准化、规范化管理

山东省自 2008 年底启动《山东省地名管理条例》立法工作，2015 年

列入省人大立法一类项目。全省有91个县、县级市制定了本级《地名管理办法》，促进了地名管理的法制化。依据这些规章，第二次全国地名普查期间，全省清理整治不规范地名、地名标志2485条，有力地提升了地名管理的规范化水平。

（二）不断挖掘、弘扬和传承地名文化

山东是中华文化的重要发源地之一，拥有千年古县75个、千年古镇229个、千年古村落1235个。为更好挖掘、宣扬和保护地名文化资源，省级建立了地名文化遗产资源数据库和《山东地名文化遗产重点保护名录》，并积极组织申报“千年古县”，目前广饶、蓬莱、章丘、文登等11个县市已申报成功。在城市建设中，注重提高新生地名的文化内涵，在命名新生地名时，注重系列化、层次化，切实提升新生地名的文化品位。注重保留体现人文历史风貌的具有文化遗产价值的老街巷地名，鼓励使用老地名，对具有较高历史文化价值的地名，通过设置标志碑（牌）等方式加以保护，如济南为“市民喜爱的老街老巷”评选确定的20条老街巷挂牌，并在已消失的“东流水街”“五三街”遗址上设立文化石，供市民观瞻。

（三）开发地名文化产品，丰富活动形式

近几年，山东省里先后编纂出版了《山东千年古县志》《山东地名故事》《山东古镇古村》等系列丛书；各市县编辑出版了1700余部地名文化图书，如《老烟台街巷》《周村地名故事》《淄川地名故事》《济南老街老巷》《沂水县地名文化考》等。同时丰富地名文化产品，拍摄了《古县神韵》系列电视片，市县有《村名探源》《古村记忆》等多个电视专栏节目；出版了《我们的城市记忆》等地名画册，发布《古城印象》明信片，印制了老地名挂历等。同时积极举办地名文化活动，如济南组织地名楹联有奖征集、老地名评选；滨州、淄博等地开展地名文化知识竞赛；聊城开展“赏花灯，猜地名谜语”活动等，受到了社会的广泛关注和欢迎。

四、城镇化对地名文化建设的影响

随着城镇化进程的不断加速，城市面貌日新月异，地名文化受到很大冲击，主要体现在：

（一）地名底数剧变

在城镇化过程中，各地历经多次重大行政区划调整，城市建设规模迅速扩张，城乡面貌发生了巨大变化，第一次地名普查到第二次地名普查的30年间，山东省乡级政区数量由2254个减少到1826个，行政村数量由10万多个减少到7万多个，地名条数由30余万条变化为近63万条，大量新地名产生的同时，承载着城市厚重文化内涵的老地名随着城区改造集体性地消失或发生变更，这给地名文化建设带来很大挑战。

（二）地名乱象频生

随着城市建设快速发展，商品化思潮对地名传统文化思想形成冲击，很多传统地名遗产被商品化名称代替，新生地名特别是在房地产领域，过分追求“西化”“洋化”，导致许多新地名内涵不深、品位不高，出现“大、洋、怪、重”等地名乱象。

（三）地名服务脱节

一是城市发展过快，出现有城区无地名等本末倒置的现象，如济南西客站片区曾长期处于有路无名的混乱状态；二是地名标志多头管理，导致很多标志不仅不规范还缺乏文化性；三是地名查询不够便捷，由于对地名脉络挖掘不够，目前地名查询浮于表面，不能充分展现地名文化，对于一些年代久远的历史地名查询往往还得大费周章。

究其原因，一是认识不到位。由于对地名的历史价值、文化价值缺乏足够认识，地名文化给GDP让路、给长官意志让路时有发生，随意命名、更名、废名现象屡屡上演，地名文化遗产破坏严重。二是法规不完善。现行《地名管理条例》已颁布30多年，《地名管理条例实施细则》已执行了20多年，存在地名文化保护内容缺乏，建筑物名称和楼门牌管理没有明确规定，罚则没有可操作性等诸多问题，滞后于当前地名管理工作的形势。

五、城镇化进程中加强地名文化建设的措施

（一）提高地名文化建设思想认识

习近平总书记多次强调“要规范地名管理，保护地名文化，传承弘扬中华优秀传统文化”，中共中央办公厅和国务院办公厅《关于实施中华优秀传统文化传承发展工程的意见》明确提出要推进地名文化保护。我们要抓住有利时机，进一步提高思想认识，以高度的文化自觉推动地名文化建设。一是加强组织领导。各级政府应将地名文化建设列入重要议事日程，制定支持地名文化发展的优惠政策和相关配套措施，建立责任体系和考核机制；增加财政投入，并鼓励社会参与，建立多渠道投入机制。二是健全体制机制。民政部门要充分发挥主管部门的主体作用，主动加强沟通协调，加强与住建、文化、国土、旅游等政府有关部门的沟通协调；积极建立专家智库，完善专家咨询机制、决策建议机制等，充分发挥政府部门、高等院校、科研机构、行业协会等的优势和力量，形成“政府领导、民政主管、部门配合、社会参与”的良性工作机制，共同做好地名文化建设工作。

（二）完善地名文化建设规范

一是加快推动立法。进一步完善地名法规，从法律层面对地名文化建设的责任主体、标准规范，保护传承等进行明确，为地名文化建设提供法律依据，推进地名文化健康发展。二是科学编制规划。将地名规划与新一轮城市规划相结合，突出地名文化特色，既反映城市规划意图、功能分类，又尊重历史、照顾习俗、彰显文化，有效避免地名命名的随意性、盲目性。同时提高规划的权威性、严肃性，一旦通过，严禁随意更改。三是完善各项制度。建立完善地名命名更名听证制度、专家论证制度、公示制度，明确重点保护列入地名文化遗产名录的地名、优先启用历史地名等原

则，不断提升新生地名的文化品位。

（三）丰富地名文化建设内容

一是搞好地名普查。以第二次全国地名普查为契机，摸清地名底数，通过核定地名含义由来、历史沿革，考订、补充地名承载的文化信息，进一步丰富地名文化内涵。二是加强地名文化遗产保护。按照价值优先、标准规范、公示审定的原则，建立地名文化遗产保护名录，制定保护规划，积极申报“千年古县”“千年古镇”“千年古村落”，对极具历史价值、文化厚重的历史地名，结合现代科技手段进行保护利用和宣传推广。2017年《山东省地名文化遗产鉴定标准》列为民政标准化单项试点工作正在编制中，这有助于下一步地名文化遗产保护工作的规范化。三是丰富活动载体。积极搭建文化活动平台，举办多层次、多样化的地名活动。如开展地名文化图片展、地名文化征文、地名故事征集、优秀地名评定、历史地名认定等，提高地名文化影响力，增强全社会保护和建设意识，营造良好氛围。四是开发地名文化产品。结合地名普查成果转化积极开展地名图录典志、地名文化丛书、地名影像作品的制作；应用现代信息技术，完善地名数据库，开发二维码地名标志，运行地名网、微信平台、地名热线等，拓宽地名文化展示舞台。山东省启动开发“山东省民政区划地名公共服务系统”，年底将上网运行，将为人民群众提供更便捷的地名文化服务。

（四）促进地名文化融合发展

一是打造地名文化品牌。将地名文化建设与非遗保护、“乡村记忆”工程、文化旅游等有机结合，构建具有地域特色、兼顾城市建设的地名景观。《山东省新型城镇化发展思路与规划》强调要加强地名文化建设，特别要求挖掘提炼区域文化资源，建设齐鲁人文城市；目前山东省着力打造“齐鲁地名乡愁记忆”地名文化品牌，各市结合各自文化，通过建设老地名保护区、古都古城、文化街区、红色地名教育基地等积极充实品牌内容。如济南的泉文化，青岛的古琅琊文化、海洋文化，淄博的齐文化、聊斋文化，泰安的泰山文化、大汶口文化，济宁的孔孟文化，临沂的沂蒙文化等，其中济宁还形成儒家文化（曲阜）、邹鲁文化（邹城）、九州文化

(兖州)、水浒文化(梁山)等多个特有品牌。二是建设产业项目。坚持社会效益与经济效益相统一，重点建设一批地名文化产业项目，开发富有特色专题会展、主题公园、节庆活动、主题旅游产品等地名文化及其衍生产品，逐步壮大地名文化产业规模。目前济南和日照筹备建设的地名文化博物馆和文化馆就是一个很好的尝试。

参考文献

〔1〕刘保全等编著:《地名文化遗产概论》，中国社会出版社 2011 年版。

〔2〕刘保全:《加强地名文化遗产研究与保护势在必行》，《中国地名》2006 年第 4 期。

〔3〕郭晓琳:《齐鲁文化与齐鲁文化品牌的建设》，《中国地名》2010 年第 3 期。

〔4〕单霁翔:《城镇化进程中的文化遗产保护》，《中州建设》2013 年第 7 期。

(作者单位：山东省民政厅区划地名处)

我国地名文化遗产保护名录制度建设之完善路径研究

赵丽丽

摘　要　近年来，伴随着我国地名文化遗产保护工作整体有序推进，我国地名文化遗产保护名录制度建设工作取得了一些成效，但也存在着这样或那样不容忽视的问题，迫切需要开展完善路径研究。基于利益相关者理论和社会治理理论，课题组提出三条完善路径，包括政府责任管治路径，公众广泛参与路径、社会大力介入路径即地名文化遗产保护名录制度完善路径的GPS多方参与协同治理模式，简称GPS模式完善路径。有了此模式，名录制度完善就有了可靠保障。政府、公众、社会三方只有联动互助、协调沟通、鼎力合作，才能形成更大的合力，才能确保和提高中国特色的地名文化遗产保护名录制度建设乃至整个地名文化保护工作取得更大的成绩，才能真正传承、保护和弘扬优秀地名文化，也才能传承发展中华优秀传统文化，落实文化强国战略，建设社会主义文化强国，实现中国梦。

关键词 地名文化遗产保护名录制度建设 完善路径 地名文化管理

一、研究缘由

近年来，伴随着我国地名文化遗产保护工作整体的有序推进，我国地名文化遗产保护名录制度建设工作，取得了一些成效，但是也存在着这样或那样不容忽视的问题。例如我国地名文化遗产保护名录制度建设中，地名保护名录产生、形成、运行、控制、更新、维护诸多流程环节不完整，呈现出碎片化特征。调研发现：在有限的相对较规范的地名保护名录中，大多数地名保护名录仅仅停留在建立阶段以及市区层面，对名录产生之后成果的利用、宣传、运行、控制、更新、维护等认识不足。另外，一些地方政府要么认识不到位、要么文件对文件，没有实质性方案，要么制定了方案，但是缺乏执行力或实践中往往被忽视，有些县级政府至今也没有制定地名文化保护建设专项政策；从深层次看，我国地名文化遗产保护体制尚未理顺、保护机制尚未健全，特别是我国地名文化遗产保护名录建设工作相对滞后，我国地名保护名录四级体系尚未建立、我国名录保护制度虽然已提出近十年，但是至今尚未形成。因此，开展我国地名文化遗产保护名录制度建设之完善路径研究，不仅重要，而且必要，还非常迫切。

毋庸置疑，中国特色的地名文化遗产保护名录制度的逐步建立健全，是由政府主导的；但是，实践已证明：单一靠政府推动弊端已现且难持久。地名是我们的共同的家园。为了加快和推动地名文化遗产名录建设工作，为了建立和健全地名文化遗产保护制度体系建设，也为了确保和提升整个地名文化保护工作的整体绩效，基于利益相关者理论和社会治理理论，课题组提出 GPS 三条完善路径。

二、完善路径

（一）基于政府负责方的完善路径（简称为政府责任管治路径，英文简称 G）

即基于管治政府整体责任方的完善路径。归因理论告诉我们：造成中国地名文化遗产保护危机的原因固然很多，但是，政府缺位、制度缺失或不当及政府监管不力等，难辞其咎，一句话，作为地名保护工作的领导者即各级政府负有不可推卸的责任。当前地名文化遗产保护所面临的严峻形势和地名文化遗产保护名录制度建设总体滞后现实，已折射出政府或多或少要负责的。众所周知，地名文化遗产的极端重要性，决定了地名文化保护工作的极其重要性，决定了其重任无疑是政府。因此，政府是地名保护名录制度建设的主体，理所当然，负有主要责任。但由于政府是一个整体概念，所以，政府整体（包括下属各级各个部门）对于地名保护名录制度建设工作，负有主要责任。这意味着，目前，虽然我国区划与地名工作由民政部总体负责，但是，其他部门例如城市发改部门、城市规划部门、住建部门等都负有不可推卸的责任。因此，政府部门务必高度增强责任意识，高度负责组织好、指导好、督促好、检查好地名保护名录建设工作。为了更有效地强化和督促地名文化遗产保护中的各相关的各级领导和管理者担责尽责，更扎实地推进我国地名文化遗产保护工作，结合现实急需，建议政府建立担当—问责—追责—责任约束管治机制或制度：

1. 任职宣誓制

即主管或负责地名文化遗产保护工作的管理人员任职时，务必在宪法面前，庄严承诺：我宣誓，地名保护很重要，我的岗位很重要，我一定要对党、政府和人民负责！无正当理由或无故不宣誓的，可以考虑另选他人，这是对地名保护工作负责。

2. 在职汇报制

即主管或负责地名文化遗产保护工作的管理人员在职时，务必爱岗敬业，担责尽责，每年定期向上级部门汇报地名保护工作，自觉进行社会公示，自觉接受党和人民的检查。汇报不通过或公众不满意的，务必约谈、限期整改；整改还是不通过或公众不认同，那么，可考虑免职另选他人，这是对地名文化遗产保护工作的负责。

3. 离职审核制

即主管或负责地名文化遗产保护工作的管理人员离职前，务必坚守岗位，守土有责，主动接受上级组织部门或纪检部门针对其任职期间有关地名保护工作的专项审核，自觉接受党和人民的审核！经审核合格的，可以离职；经审核不合格的，就应问责，不仅要问责，更要追责（包括主体责任、监督责任和领导责任）与惩处，以震慑地名文化保护工作领域中那些不作为、慢作为、乱作为的各级领导和管理者。

需要指出的是：上述制度主要适用于地名文化保护中政府各相关部门和机构的各级领导和管理者，例如各级政府主管文化教育宣传的"一把手"（例如副省长、副市长、副县长或副区长、副镇长或副乡长）、各级地名委员会（例如省、市、县、乡四级地名委员会的主任、副主任、委员）、各级地名管理办公室（例如省、市、县、乡四级地名管理办的主任、副主任、科长、科员），适用于基层各街道办事处和乡镇人民政府"一把手"。无疑，在确责担责问责追责的机制倒逼下，政府部门定会有作为、敢作为；而作为地名文化保护工作的各级管理者也定能明责知责、担责尽责，避免问责追责。

（二）基于公众参与方的完善路径（简称为公众广泛参与路径，英文简称 P）

即基于尽量扩大公众参与方的完善路径。历史唯物论告诉我们：人民群众是历史的创造者，他们在历史的长河中不仅创造了先进的物质文化，也创造了丰富的精神文化。作为承载特定地域文化中资源较高的中国地名文化遗产是我们祖先创造的五千年文明成果的历史见证与文化传承，是宝贵的民族文化遗产。联合国第五届地名标准化会议第六号决议提出：地名是民族文化遗产。这决定了每个人（每个中国人及炎黄子孙）即公众有使命、有义务、有责任传承保护和弘扬优秀的传统地名文化。实际上，要实现地名文化遗产的有效保护，必须要有一定的群众基础，要有足够的群众来积极配合。联合国可持续发展《21世纪议程》明确提出："要实现可持续的发展，基本的先决条件之一是公众广泛参与决策。"公众参与将对地名文化遗产保护工作起到强有力的支持作用，这也是政府和社会合作共赢的基础。这样一来，地名遗产所在地公众可以对地名非物质文化遗产（联合国第九届地名标准化会议）有所了解，更重要的是能够在思想和心理层面上带动其参建意愿与保护意识。这对地名文化遗产保护以及地名资源商业开发将起到很大推动。与此同时，公众应努力提升自己的文化素养和修养，积极参加各类地名宣传、教育、展览活动，自觉保护地名文化遗产。公众也应该建立起一种以身作则的责任感，即使不能用实际行动去保护地名非物质文化遗产，也绝不能纵容破坏这些遗产的行为发生。无疑，公众是主角。一方面，地名文化遗产的真正创造者、享用者、传承者、守护者不是别人而是公众；另一方面，从本质上讲，地名文化遗产保护的不仅仅是地名所在地公众的当前利益，也包括非所在地公众的现实利益（比如临时路过的游客，又比如短暂居住的外地人），更是地名遗产所在地公众和区域外公众的长远利益和整体利益。没有公众的关注与关心，没有公众的认同和认可，特别是没有公众的支持与参与，地名文化遗产保护工作就会陷于被动，甚至寸步难行。因此，必须充分发挥公众作用，让公众能参与到地名文化遗产保护活动的各个方面，如参与名录创建活动、地名保护规划、地名监督管理等。当前地名文化遗产保护所面临的严峻形势强烈呼唤尽快建立健全地名文化遗产保护名录制度建设。因此，政府部门（特别是地名办）务必高度增强公众主体参与意识。建议尽快建立公众广泛有效参与名录建设常态机制或制度。

1. 名录编撰—征集推荐制

即名录编撰阶段，应该尽可能征集公众心目中美丽地名，比如千年古城/都、古县、古镇、古村落，可通过书信、传真、电话、电视、邮件、飞信、微信、QQ、博客、在线评论等渠道广泛征集意见，让公众推荐，以补充丰富地名文化遗产名录信息。

2. 名录评审—听证公示制

即名录评审阶段，应该尽可能让公众参与到拟入选名录的地名的专家论证评审中，让公众参与评审会（由村/居委员会推荐1名干部+2名普通居民）；名录公示中要公开评审结果、留下联系方式，自觉接受公众监督，倾听公众呼声，吸纳正确意见。

3. 名录运行—宣传监督制

即名录建立后即进入运行阶段，包括名录成果提取利用、监管维护环节，应该尽可能让公众参与，例如对地名文化遗产保护名录通过传统媒体和新兴媒体等方式向公众进行及时宣传、有效教育；地名保护规划时应及时公布信息，接受公众监督。

（三）基于社会介入方的完善路径（简称为社会大力介入路径，英文简称 S）

即基于加大动员社会介入方的完善路径。地名学理论告诉我们：地名是特定地域的人类在特定的历史阶段中社会发展到一定阶段的产物。① 集体性是地名文化遗产的一个重要特征，因为地名文化遗产往往不是一个人或若干个自然人或者某个团体的创造物，而是一个民族、特定地域众多成员的世代演绎形成的。② 地名作为非物质文化遗产，是特定地域的民族或人民历史上创造的文化的代表，承载着一个民族、地区的价值取向，影响着一个民族、地区的生活方式，聚拢着一个民族、地区自我认同的凝聚力。地名非物质文化遗产通常代表的是整个民族或地域的精神，其产生、传承不是个人就能完成的，是以一定的居住地、社区、民族或国家为单位，并在这样的范围内流传、延续和传播。地名文化遗产保护是一种集体行为、民族责任，其保护不仅是传承者、发源地的责任，也需要整体协助，发挥全社会的作用。社会学理论告诉我们：造成中国地名文化遗产保

① 刘保全：《加强地名文化遗产研究与保护势在必行》，《中国地名》2006年第4期。

② 赵丽丽：《四川非物质文化遗产保护与开发研究》，光明日报出版社2011年版，第86页。

护危机的原因固然很多，但是，社会介入不够、不力，也是重要因素。因此，在当前地名文化遗产保护所面临的严峻形势倒逼各地尽快加强地名文化遗产保护名录制度建设的背景下，政府务必高度重视社会介入力量及作用发挥。建议尽快建立社会力量加大参与名录建设常态机制或制度：

1. 家庭

即重视和发挥作为社会构成的基本细胞的家庭在地名文化遗产保护名录建设中的重要作用，例如家庭对遗产地名所在地地名文化的展示、宣传、传承、保护作用。高考恢复以来，一些状元县、状元乡、状元村纷纷出现，一时形成了地名文化的独特景观。因此，要注重家庭、家教、家风，使家庭成为传播地名文化的重要基点。

2. 学校

即中小学、大学、党校行政学院、社区学校、老年学校，含民政院校等机构。地名普查成果，如图录典志等，是系地名文化遗产保护名录建设的重要参考资料，也是保护名录的重要展示成果，应进教材进课堂，加大学校对名录传播的贡献力度。例如，可以把近现代重要地名文化遗产作为中小学生社会实践基地手册免费发放；可在高校、党校开设地名遗产课程或将地名文化研究成果直接报送党政领导决策。

3. 科研院所

即从事地名科学研究及成果转化利用的科研院所，例如民政部中国地名研究所、中国地名文化遗产研究保护中心、中国科学研究院地理科学与资源研究所、中国社会科学院历史研究所、中国历史地理研究所（即复旦大学历史地理研究中心）及各地高等院校下设地名研究机构等，这些机构专家学者可纳入地名名录建设专家库。

4. 社会组织

即各级地名协会组织、如地名学研究会、地方史志学会、档案学会及文化中介、产业机构等，这不同于传统的单一的社团组织或社会组织，也包括民办营利性经济组织。应继续发挥中国地名文化遗产保护促进会在地名文化挖掘保护、开发建设、宣传弘扬、促进中国地名文化发展、提升世界影响力的作用，拓展其地域分支机构。

5. 国际组织

即主动与联合国地名组织、教科文组织和国外相关组织开展交流与合作，学习借鉴国际地名文化遗产保护的研究成果和经验，开展地名文化理论交流合作，主动展示我国地名文化遗产保护成果，增强中华民族优秀传统文化的影响力、认同感，推动我国和世界地名文化遗产保护工作的融合发展。[①] 因为地名天生开放而非封闭。

三、研究结论

首先，近年来伴随着我国地名文化遗产保护工作整体的有序推进，我国地名文化遗产保护名录制度建设工作取得了一些成效，但是也存在着这样或那样不容忽视的问题。例如地名保护名录产生、形成、运行、控制、更新、维护诸多流程环节不完整，呈现出碎片化特征。调研发现：在有限的相对较规范的地名保护名录中，大多数地名保护名录仅仅停留在建立阶段及市区层面，对名录产生之后成果的利用、宣传、运行、控制、更新、维护等认识不足[②]。因此，开展地名文化遗产保护名录制度建设之完善路径研究，就成为了必然。

其次，政府责任管治路径，要求政府建立担当—问责—追责—责任约束管治机制或制度，这将倒逼政府务必有作为、主动作为、正确作为、不可不为、不可任为、不可乱为；公众广泛参与路径，驱动政府部门务必高度重视增强公众主体意识与重要作用，尽快建立公众广泛有效参与名录建设常态机制或制度；社会大力介入路径，强调在当前地名文化遗产保护所面临的严峻形势倒逼各地尽快加强地名文化遗产保护名录制度建设的背景

① 民政部：《关于印发〈全国地名文化遗产保护工作实施方案〉的通知》，2012 年 7 月 10 日。

② 赵丽丽：《地名文化遗产保护名录建设的十大建议》，《中国地名》2017 年第 4 期。

下，政府务必高度重视社会介入力量及作用发挥，要尽快建立社会力量加大参与名录建设常态机制或制度。上述完善路径中的英文首个字母连起来即 GPS，可以称为地名文化遗产保护名录制度完善路径的 GPS 多方参与协同治理模式，简称 GPS 模式完善路径。有了此模式，名录制度完善就有了可靠保障。

再次，政府、公众、社会三方只有联动互助、协调沟通、鼎力合作，才能形成更大的合力，才能确保和提高中国特色的地名文化遗产保护名录制度建设乃至整个地名文化保护工作取得更大的成绩，才能真正传承、保护和弘扬优秀地名文化。

（作者单位：上海商学院）

浅谈灵渠地名的保护与发展

秦建军　陈艳峰　吴海星

摘　要　灵渠，中国秦代开凿的人工运河，沟通长江水系和珠江水系，灵渠始凿于秦，完工于汉唐，是秦汉唐共建的运河工程。灵渠地名给兴安带来了深厚的历史文化积淀。为了保护灵渠这一地名，历代对灵渠进行过不断的维修，完善和水文化诸方面的开发建设，恢复保护灵渠古迹，即是对灵渠地名的保护。要使灵渠成为世界历史文化遗产，在中国的历史文化中始终灿烂辉煌，我们任重而道远。

关键词　灵渠　保护　发展

一、灵渠地名长期存在，源于科学选址和精当的渠首工程

灵渠，全长37.65千米。凿成于秦始皇三十三年（前214年），是连接湘江和漓江的一条人工运河。原名澪渠、零渠，汉以后称秦凿渠、陡河、湘桂运河。纵观世界古渠，灵巧无如灵渠巧，灵哉巧哉世界称奇，所以唐代桂州刺史鱼孟威在近一千二百年前的宝历元年（825年）将其改名为“灵渠”是有道理的①。

灵渠是秦代三大水利工程之一，也是世界上现存最古老的人工运河。灵渠由于秦监御史禄在凿渠时首创“令北舟逾岭，北水南流注于融”。又在渠南陡门二里处建泄水天平消泄洪水，确保渠内水位始终一致，渠堤不致被洪水冲坏。又由于“渠水绕迤兴安县，民田赖之。（渠）足泛千斛之舟。渠内置斗门三十有六，俟水积而舟以渐进，故能循崖而上，建瓴而下，以通南北之舟楫。万世之下乃赖之。因而得名”②。

灵渠地名给兴安带来了深厚的历史文化积淀。1936年后，灵渠成为灌溉水利工程和风景名胜旅游景区。1988年1月，国务院批准灵渠为全国重点文物保护单位③。

灵渠的选址十分科学。当时属于楚国长沙郡的兴安，位于岭南越城岭与都庞岭之间的一个谷地，谷地中有两条自然河道，即东北流向的湘江和西南流向的漓江。湘江与漓江支流的始安水的最近距离虽然仅1.7千米，但两者水面高低差距却有6米，在此处直接挖渠沟通，在湘江上要筑一条高于6米以上的拦河大坝，以当时的技术水平和条件不太可能。而沿

---

① 鱼孟威：《桂州重修灵渠记》，载张永年主编：《兴安县志》，广西人民出版社2002年版，第707页。

② 周去非：《灵渠》，载王永贵、李铎玉主编：《灵渠志》，广西人民出版社2010年版，第244页。

③ 王永贵、李铎玉主编：《灵渠志》，广西人民出版社2010年版，第108页。

此上溯 2.3 千米，即到今渠首之地的镁潭（现称分水塘），在此地筑一低坝拦海阳河水南流，可有高于始安水 1.5 米的高低差，两水之间只须沿太史庙山、始安岭、排楼岭等小山岭开挖一条 4 千米长的傍山渠道，海阳河水即可顺利流至始安水。秦人利用这一有利地形，选择在分水塘筑坝并挖通太史庙山，综合地实现分水、引水和泄洪等项工程，达到了以一渠沟通湘漓二水的目的。著名水利专家郑连第先生指出："灵渠工程由建在湘江上的渠首工程，引向漓江的南渠和重新连接湘江的北渠三部分组成。"①南渠全长 34.4 千米，其中渠首部分的铧嘴长 90 米，宽 22.5 米，河床以上高度 3.6 米，前锐后钝，形如犁铧，具有分水、排洪、导航等三重作用。大小天平为一道人字形的拦河堤，大天平长 344 米，小天平长 130 米。渠道从渠首部分开始到与始安水汇合处止，长 4.1 千米，是完全由人工开凿的运河。从始安水汇合处至清水河口，是在天然小河上经人工全面拓宽开凿的运河，长 6.7 千米。从清水河口到灵河口段是天然河流加部分整治去滩的河道，长 23.9 千米。北渠长 3.25 千米。南北二渠道共有三处泄水天平，三十六座陡门。在灵渠分水塘大、小天平的交汇处，还出土一件水准方位仪残件，经文物部门鉴定为当初修筑大小天平的时候（约前 219 年左右）所使用的工程测量控制仪实物②。灵渠工程分别为秦监御史禄、汉伏波将军马援、唐桂管观察使李渤、桂州刺史鱼孟威等人开凿完善，其水准方位仪实物和陡门是我国目前发现的年代最早的水利工程建筑实体。用水准器和铅垂线等工具测地面的水平状况，通过水准测量地物的高程情况，说明秦代的渠道工程勘测技术已具有相当高的水平。唐代莫休符对马援挖开障川坝、筑大天平石堤、疏浚已淤塞的南渠、开凿北渠并增建陡门等工程都做了记叙和肯定③。陡门，被称为"世界船闸之父"。灵渠开凿之初即在南渠建有南陡、大湾陡、祖湾陡等陡门。唐宝历元年（825 年），桂管观察

① 郑连第：《灵渠工程史略述》，水利电力出版社 1986 年版，第 17—18 页。

② 张芳：《中国古代灌溉工程技术史》，山西教育出版社 2009 年版。

③ 莫休符：《桂林风土记》，载唐兆民编：《灵渠文献粹编》，中华书局 1982 年版，第 158 页。

使李渤添置陡门以利壅高水位通航。唐咸通九年（868年），桂州刺史鱼孟威改用坚木植立为陡门[①]。元至元二十八年（1291年），水利工程专家郭守敬负责修治元大都至通州的运河时，就曾效法灵渠的陡门，将水位较低的北运河水逐节提升至颐和园昆明湖，完成全部工程[②]。

由于这些水利工程的建设，使灵渠成为一处设计非常科学，建筑非常精当的古代人工运河。二千余年来，灵渠成为中原进入岭南的交通枢纽，为维护中国的统一，巩固边防，发展中原的与岭南地区的经济文化交流作出了重要贡献。灵渠在水利建筑史上的光辉典范作用，使灵渠地名能历二千余年而不衰，完整地保留到现在。

二、灵渠地名得到良好的保护，得益于灵渠水文化的充分开发和对灵渠的不断修缮

为了保护灵渠这一地名，历代对灵渠进行过维修，完善和水文化方面的开发建设，中华文明是独特而深沉的大河文明。一江碧水，流淌着两条河流，一条是自然之河，一条是水文化之河。灵渠在秦汉时代，主要是军事运输，运送军粮。唐代以后，货物的运输量日益增多，既有运送广东、广西的特产到长安的船只，也有运送南来北往的粮食、食盐的船只过往灵渠。将四川的蜀锦和中原内地的出口货物运至海上丝绸之路的口岸合浦、广州。在岭南陆路运输困难，水路运输昌盛的唐代，灵渠成为海上丝绸之路的重要运输渠道[③]。

为了保护灵渠这一地名，历史上有记载的重大维修有36次，小的维修则不可计数。为了保证灵渠畅通，避免渠堤被损坏，早在清代和民国时

---

① 范成大：《铧嘴》，载唐兆民编：《灵渠文献粹编》，中华书局1982年版，第132页。

② 莫休符：《桂林风土记》，载唐兆民编：《灵渠文献粹编》，中华书局1982年版，第158页。

③ 刘仲桂：《灵渠水文化的开发》，《广西地方志》2009年第3期（总第156期）。

期，制定有禁止木排入陡等有关规定。灵渠的灌溉管理主要是按灌溉面积多少设置码口分水。明代以后，灵渠日常运行管理的组织，有渠长 1 人，渠目 1 人，每座陡门设陡夫 1 — 2 人。渠长、渠目由固定人担任，陡夫则从近渠村庄的农民中雇用。从明代起，灵渠建立有正常的维修制度①。

1949 年后，灵渠进行过管理分工、重点维修、新建水利灌溉设施和历史人文景观建设等建设。如成立灵渠管理委员会，主管灵渠的灌溉管理、维修、收取水费等项工作。县文物馆负责灵渠古文物的保护，城市建设部门负责建设交通道路、桥梁、风景亭等旅游设施，园林部门负责渠道两岸的绿化等。首先，对灵渠的大坝、渠道、道路，进行维修、改建和扩建，修建水库以补充灵渠的水源，使灵渠在农田灌溉用水和旅游等方面发挥作用。如为使灵渠成为兴安灌区的骨干灌溉工程，进行渠系工程的配套和渠道防渗工程建设，修复、加固大、小天平石堤条石的砌筑，打了松木桩，并加强下游海漫砌石。对南渠进行全面清淤，加高加固堤岸。为扩大灌溉效益，在南渠开挖一支渠。建严关干渠（三支渠），修建支灵水库（即灵湖），泥堰水库，金沙冲水库，南岔塘、洛塘水库，以补充三支渠水源。其次，对灵渠的文物古迹和景点进行恢复和建设。如重建铧嘴分水亭、南陡阁，改建四贤祠，修建鲤鱼洲。重建马氏桥、万里桥、沧浪桥和 2 座人行拱桥（亦称陶铸桥）。维修大湾陡。重建北陡、竹枝堰。修复“文革”期间损坏的大天平尾部的砌石坝。修建南岸公路，铺筑南渠两岸混凝土路面。建四贤祠路桥一座。修建泄水天平清幽亭、鸟鸣山保安亭各一座。建道士田莲花池和湖心亭、九曲桥等②。2002 年，对灵渠流经县城段的 800 米水街进行大规模改造，并建仿秦古建筑群秦城，2005 年 12 月，动工恢复重建清朝光绪十一年被水冲毁的铧嘴③。

灵渠是一处人文景观和自然风光完美结合的风景名胜。民国时就定名为秦堤风景区。以后设立了灵渠公园，陆续恢复和新增了一大批景点。现

---

① 黄海、蒋若渊：《兴安县志》卷首，乾隆五年刻本。

② 张永年主编：《兴安县志》，广西人民出版社 2002 年版，第 550 页。

③ 王永贵、李铎玉主编：《灵渠志》，广西人民出版社 2010 年版，第 135 页。

在，灵渠公园内有分水塘、大小天平、铧嘴等景点37处，穿越县城一段还有水街等景观。灵渠已成为大桂林旅游圈中一颗璀璨的明珠。

三、灵渠地名的保护和发展中涉及的几个问题

要使灵渠这一地名得到良好的保护和可持续发展，做好长远发展规划，端正对损害灵渠行为的认识，恢复和纠正对灵渠古迹的一些错误做法，即是对灵渠地名的保护。灵渠在发展中也曾涉及一些问题，如20世纪60年代，有关部门为图方便，在南陡和禾家陡上直接架桥通行。其次，近年来曝光的县国土局某些贪官将灵渠保护区内的建设项目改变为房地产开发项目问题。再有，还有人公开拿灵渠的历史问题做文章，如西安的李某就篆文说："灵渠在秦汉时的历史是用层累造史法而创造出来的，是鱼孟威在《桂州重修灵渠记》的记载中自己杜撰出来的"①，等等。

20世纪五六十年代，灵渠管理部门为图方便，在南陡上直接架了一木桥，成为从灵渠南岸进出南陡阁的主要通道。如今，桥已摇摇欲坠，游客们来到铧嘴，亦很难一睹已有二千二百三十余年历史的南陡的风采。建议有关部门将桥拆掉，恢复南陡"天下第一陡"的本来面目，如要通往南陡阁及秦文化广场，可在渠岸南面与鲤鱼洲之间架一座类似的"陶铸桥"。同样，在20世纪60年代，县交通部门为建设兴安至湘漓洲上的公路，直接将公路桥建在北渠的禾家陡上，如今公路已改道，但仍未见拆桥恢复北渠上唯一一座保存完整的清代禾家陡的本来面目。

众所周知，自治区人民政府公布的灵渠保护范围，规定灵渠周边的"建设控制地带，从粟家桥沿鸟媒岭山脊走向西南灵渠饭店后水池高地，往南至兴安灌头厂水平塔高地"。灵渠的保护范围从南陡至灵湘公路口，以灵渠南岸为准，往南30米内为保护区，30—60米内为建设控制地带，

---

① 李玮：《灵渠考略》，《西安社会科学》2010年第4期。

在保护区内，任何单位和个人不得兴建房屋和建设有损灵渠风貌的其他设施[①]。可是近年来，日月湖等小区的开发商在距渠道不足30米的范围内建起了大批居民楼。令灵渠景区周边的环境遭受损害。例如，从宋代起就有的，位于道士田畔的荷花塘，由灵渠饭店在1978年出资扩建了九曲桥、湖心亭，还在塘内遍植荷花，成为飞来石附近供游客休闲的一处景点。如今，它旁边的保护山鸟媒岭已被削去一大半，美丽的鸟媒岭永远地消失了，荷花塘则遭到填埋，九曲桥断了头，老天爷只要随便洒下几滴雨，泥石流便会冲进灵渠内。这就是兴安县某些贪官受贿将灵渠保护区内的建设项目改变为房地产开发项目所带来的恶果[②]。

西安的李某将“层累造史法”强加于灵渠，似有牵强之嫌，因为李先生既然承认汉代淮南王刘安的记载是史实，却又不承认使监禄所凿的渠是灵渠，那他大可找出另外一条渠来加以证明此渠非彼渠。可惜李先生没找，也确实找不出。因为使监禄在岭南开凿的人工渠道，只有一条，就是全世界独一无二的灵渠，除此之外，再无他渠。秦代在岭南开凿的渠，在汉代以前的史籍中没有渠名留下来，后人只知是“秦凿渠”或“漓水”，后随着朝代的更迭，出现不同的称谓，直至称之为“灵渠”[③]。灵渠在不同历史时期起着的不同作用，而在20世纪30年代以前为主要的水运渠道，她的开凿和存在，改变了中国的历史。灵渠始凿于秦，完工于汉唐，是秦汉唐三朝代共同建成的运河工程，是在长达千年的时间内完善而成的[④]，绝非“层累造史”出来的。

灵渠自开凿起至2017年，已有2231年漫长的历史。灵渠是古老而不衰的调水工程，灵渠航运曾是中国南北交往的重要水运要道，对国家的统

---

① 《广西壮族自治区人民政府公布的灵渠保护范围》载《灵渠志》，广西人民出版社2010年版，第112页。

② 桂林明镜网：《正在查处的兴安县区域性腐败案已涉及原县委书记在内的县处级领导干部14人》，2016年12月17日。

③ 伍镇基：《解读古灵渠之谜》，中国水利水电出版社2008年版，第86页。

④ 吴海星：《秦史禄障川凿漕渠，汉伏波开川浚济通馈运》载广西壮族自治区博物馆编《广西博物馆文集》广西人民出版社2009年第六辑，第113页。

一、经济联系和文化交流都发挥过重要的作用。近代因桂黄公路和湘桂铁路通车，它在航运方面的作用被取代，但仍发挥着灌溉和供水的作用。如今，灵渠地名以其悠久的历史、独具特色的水利工程技术和秀丽的风光闻名于世。灵渠已成为桂林市大旅游圈中重点旅游景区之一。

由于灵渠地名有较高的科学价值、丰富的历史文化底蕴、美丽的人文与自然风光，成为广西乃至全国的文物保护单位和世界文化遗产理所当然，但如何保护和开发灵渠地名，却是值得人们深思的问题。如果保护不好，只顾眼前利益，破坏就在旦夕；而要做好保护工作，则需要一些投入，需要许多人为之作出奉献。有关部门应将其列入本身的工作计划，组织有一定业务水平和创作能力并乐于奉献者，努力挖掘、建设，充分发挥其魅力，使这一古老工程能可持续地服务于民众，使其在中国的地名文化中始终保持灿烂辉煌。

参考文献

〔1〕鱼孟威：《桂州重修灵渠记》，载张永年主编：《兴安县志》，广西人民出版社2002年版。

〔2〕周去非：《灵渠》，载王永贵、李铎玉主编：《灵渠志》，广西人民出版社2010年版。

〔3〕王永贵、李铎玉主编：《灵渠志》，广西人民出版社2010年版。

〔4〕郑连第：《灵渠工程史略述》，水利电力出版社1986年版。

〔5〕《中国古代灌溉工程技术史》，山西教育出版社出版2009年版。

〔6〕莫休符：《桂林风土记》，载唐兆民编：《灵渠文献粹编》，中华书局1982年版。

〔7〕范成大：《铧嘴》，载唐兆民编：《灵渠文献粹编》，中华书局1982年版。

〔8〕刘仲桂：《灵渠水文化的开发》，《广西地方志》2009年第3期（总第156期）。

〔9〕黄海、蒋若渊：《兴安县志》卷首，乾隆五年刻本。

〔10〕张永年主编：《兴安县志》，广西人民出版社2002年版。

〔11〕李玮：《灵渠考略》，《西安社会科学》2010年第4期。

〔12〕《广西壮族自治区人民政府公布的灵渠保护范围》，载《灵渠志》，广西人

民出版社 2010 年版。

〔13〕桂林明镜网:《正在查处的兴安县区域性腐败案已涉及原县委书记在内的县处级领导干部 14 人》，2016 年 12 月 17 日。

〔14〕伍镇基:《解读古灵渠之谜》，中国水利水电出版社 2008 年版。

〔15〕吴海星:《秦史禄障川凿漕渠，汉伏波开川浚济通馈运》，载广西壮族自治区博物馆编:《广西博物馆文集》第六辑，广西人民出版社 2009 年版。

（作者单位：广西壮族自治区兴安县民政局）

汉唐临西县与临清市历史沿革的辨正

吕苏生

摘　要　本文划分为三部分，主要针对临西县、临清市各相关新旧志书和《河北政区沿革志》等有关西汉、西晋北朝、隋唐时期两县市历史沿革的种种错误说法，一一给予辨析校正。

关键词　汉唐　临西县　临清市　历史沿革

河北省临西县与山东省临清市，原本同属山东省临清县。在历史上，今两县市所在区域的建置沿革，有一个长时期的错综复杂的演变过程。限于种种原因，无论是清代的临清旧志，新出版的《临清市志》《临西县志》，还是《河北政区沿革志》等这样一些专门研究地方建置沿革的著作，对于今两县市历史沿革的记述虽然尚属详尽，但同时也确实存在不少失实、错乱甚或荒谬之处。本文拟针对两市县各相关新旧志书和《河北政区沿革志》等有关西汉、西晋北朝、隋唐两县市历史沿革的种种错误说法，尽可能地一一给予辨析校正。

一

汉代，各有关新旧志书一致记述为，今两市县区域属清渊县，隶属魏郡。这并不完全符合实际。按清渊县，确为汉置县，治清渊城（今馆陶县北清阳城村）。但是，根据《中国历史地图集》西汉冀州部郡国疆界的划分，临西县仅是西部地属清渊县，临清市也仅是西南部地属清渊县。东汉至魏晋，仍属这种情况。

在各有关新旧志书等书的具体记述中，还有这样一些错误或不确之处：

康熙十二年《临清州志》："汉废秦制，改巨鹿郡为魏郡，始以州地为清渊县，隶魏。"[①] 民国二十四年《临清县志》："高帝十二年丙午改巨鹿郡为魏郡，领县十八，清渊县属之。"[②] 按清渊县所在地域，秦时属邯郸郡。西汉之魏郡，亦系由故邯郸郡所析置，并不是由巨鹿郡所改置。康熙十二年《临清州志》、民国二十四年《临清县志》所谓"改巨鹿郡为魏郡"，是没有依据的。

《临西县志》："西汉初，建清渊县，属巨鹿郡。高祖十二年（前195年），改属魏郡。"[③] 这种说法，是否系由康熙十二年《临清州志》所谓"汉废秦制，改巨鹿郡为魏郡"而来，尚不得而知。根据《中国历史地图集》秦代幅图所示，今两县市大部分区域，秦时确属巨鹿郡；而今两市县的西南部地区，则应属邯郸郡。这就是说，汉初在故秦邯郸郡地域新置县，是不可能隶属巨鹿郡的。据《汉书·地理志》，魏郡系高帝时由邯郸

① 于睿明修，胡悉宁纂：康熙十二年《临清州志》卷一《建置沿革》。

② 张自清、徐子尚修，张树梅、王贵笙纂：民国二十四年《临清县志》五《大事记》。

③ 《临西县志》第二章《建置》，中国书籍出版社 1996 年版，第 75 页。

郡析置。清渊县置于何年，并不见有具体记载。如果清渊已置县而魏郡尚未析置，则当仍属故邯郸郡。如果清渊县与魏郡同时析置或稍晚于魏郡析置，则清渊县应即时直接隶属魏郡。《临西县志》所谓清渊县先属巨鹿郡，再改属魏郡，这种说法也是没有任何依据的。

《临清市志》："西汉高帝年间（公元前206—前193年）置清渊县，属冀州部魏郡。"① 这种说法，为新修方志中所习见之错误，出现频率极高。众所周知，西汉设置十三州刺史部，事在汉武帝元封五年（前106年）。因此，西汉高、惠、文、景时期及汉武帝元封五年之前时期，国家最高一级的政区即是郡国，在郡国之上还没有州的划分。那么，清渊县又怎么能提前一百年隶属冀州部呢？

《河北政区沿革志》："西汉时设清渊县，故城在今山东省冠县东北部的清水。"② 西汉清渊县治在今馆陶县北部之清阳城村，向无疑义。只是到北魏时，才由清阳城徙至今冠县东北部的清水。此种说法，明显是将二者混为一谈了。

还有几部相关志书，都写到所谓的榆阳侯国。民国二十四年《临清县志》和《临西县志》甚至认为所谓的榆阳侯国就在原来的临清县境内亦即现在的临西县境内。乾隆十四年《临清州志》："榆阳城在清渊县北，《水经注》云淇水东北迳榆阳城北，昭帝封江德为榆阳侯。文颖曰：邑在魏郡清渊。"③ 乾隆五十年《临清州志》，只是将"榆阳城在清渊县北"写作"榆阳城在故清渊县北"④，其余文字完全相同。民国二十四年《临清县志》在照录前志文字之后，更进一步强调说："按故清渊城在卫河西四十里。榆阳既在清渊北，今当在吕寨一带，惜故址已不可辨识。"⑤《临西县志》则直接将榆阳侯国正式写入《建置》一章："始元至元凤间（前86—前75

① 《临清市志》第一编《行政区域建置沿革》，齐鲁书社1997年版，第2页。

② 《河北政区沿革志·邢台地区·临西县》，河北科学技术出版社1985年版，第145页。

③ 王俊修，李森纂：乾隆十四年《临清州志》卷十《古迹志》。

④ 张度、邓希曾纂：乾隆五十年《临清州志》卷一《疆域志》六《古迹》。

⑤ 张自清、徐子尚修，张树梅、王贵笙纂：民国二十四年《临清县志》六《疆域》八《古迹》。

年），汉昭帝封太常江德为榆阳侯（国），治在吕寨一带。”① 如果说旧志只不过是开了一个头的话，民国《临清县志》和《临西县志》所言却的确造成极其严重的错乱。第一，江德封侯，乃汉武帝所封，并非昭帝所封。据《史记・建元以来侯者年表》之褚少孙《补表》称：“江德，以园厩啬夫共捕淮阳反者公孙勇侯。”《汉书・武帝功臣表》：江喜，“以圂啬夫捕反者故城父令公孙勇侯。”江喜，即江德，因喜字古写与德字形近致误。据此，江德封侯是汉武帝时事，殆无疑义。另外，前引《水经注》文字“汉昭帝封江德”云云，当为明朱谋玮作《水经注笺》讹误所致。对此，杨守敬的《水经注疏》，已更正为“汉武帝封江德”云云。民国二十四年《临清县志》和《临西县志》不问出处，只管照抄旧志，也就只能是以讹传讹了。第二，所谓榆阳侯国实为轑阳侯国之误。《史记》褚表作“潦阳侯江德”，《汉书・武帝功臣表》作“轑阳侯江喜”，《汉书・昭帝纪》作“轑阳侯江德”。“潦”“榆”，当与“轑”字形近而误。《汉书・百官公卿表》亦称始元六年“轑阳侯江德为太常，四年坐庙夜郎（郎夜）饮失火免”。这里也是说江德曾被封为轑阳侯，而不是榆阳侯。《水经注》作榆阳，当为传抄之误。第三，根据《水经注》的记述，轑阳侯国在清渊县故城北，也就是在今天馆陶县的清阳城村以北地区，明显与临西无涉。何况，轑阳侯国初封时只有一千一百二十户，最大也不过区区二三乡之地。民国二十四年《临清县志》和《临西县志》以古临清县城误作清渊县城，然后再将所谓的榆阳侯国强定在今临西县的吕寨一带，显然是很荒谬的。

王莽新朝时期的沿革，《临西县志》还写入这样一段文字：“新朝立，郡县置尽废，更易无定规，本域所属，莫知所从。”② 王莽滥改地名不假，但并未达到所谓“本域所属，莫知所从”的地步。即如魏郡，改名的有六个县，未改名的有十二个县。清渊仍名清渊。这些，在《汉书・地理志》是有详细记载的。

---

① 《临西县志》第二章《建置》，中国书籍出版社 1996 年版，第 75 页。

② 《临西县志》第二章《建置》，中国书籍出版社 1996 年版。

二

西晋南北朝，今两县市的历史沿革，主要是清渊有没有改名清泉，以及古临清县反复置废的问题。

今两县市各相关新旧志书一致认为，西晋咸宁间清渊县曾改名为清泉县。《河北政区沿革志》亦称："西晋时清渊县改名清泉县。"[①]《中国古今地名大辞典典》等甚至认为清泉县是清渊县之外另立的一个县："北齐置，治所在今山东冠县东北清水镇。隋以后废。"其实，清渊县从未改名清泉县，所谓西晋清渊改名清泉云云，乃是出自唐朝人的手笔。我们知道，《晋书》的作者房玄龄等，《北齐书》的作者李百药，《周书》作者令狐德棻等，《隋书》的作者魏征等，皆为唐人。他们在撰修这几部史书时，因为避唐高祖李渊的名讳，将清渊写作清泉，这是不难理解的。对此，后世有不少地理学家、历史学家曾多次进行校正。顾祖禹撰方志名著《读史方舆纪要》中说："临清州，西汉设清渊县，唐并入临清县，渊，晋志、隋志具作泉，唐人为高祖讳也。"[②]叶圭绶著《续山东考古录》卷五《东昌府沿革》下《冠县》："考《元和志》隋析馆陶置冠氏，非析清渊。《隋志》'渊'作'泉'，乃唐避讳，隋县未改名。又唐省清泉并误。"[③]《晋书·地理志》司州阳平郡清泉，中华书局本《校勘记》曰："清泉，《考异》本'清渊'，避唐讳改。"[④]这些，足以证明，清渊县从未改名为清泉县，只因唐人"避讳"，才将清渊县写成清泉县。在历史上，所谓的清泉县根本不存在。

后赵建平元年，始置临清县，向无疑义。在这里需要强调指出，最初

---

① 《河北政区沿革志·邢台地区·临西县》，河北科学技术出版社1985年版，第145页。

② 顾祖禹：《读史方舆纪要》卷三十四《山东》五《东昌府》。

③ 叶圭绶：《续山东考古录》卷五《东昌府沿革》下《冠县》，《续修四库全书》，上海古籍出版社2002年版，第733册第94页。

④ 《晋书》卷十四《地理志》上校勘记，中华书局1974年版，第443页。

的临清县不大，并不包括今临西县所在的全部区域，尤其不能包括今临清市所在的大部分区域。这种局面又延续了几百年。各有关新旧志书等，对于后赵以及整个北朝时期今两市县沿革的记述，仍然有不少值得辨正的问题：

临清县从何而来？康熙十二年《临清州志》称："后赵建平元年，改清泉县为临清，隶建兴郡，州名始此。"① 乾隆十四年《临清州志》、乾隆五十年《临清州志》、民国二十四年《临清县志》及《临清市志》等亦皆称"改清泉县为临清县"云云。《临西县志》则称："十六国后赵，建平元年（330年），改清泉县为临清县（临清之名始此），治仓集镇东附近一带。"② 这里所说的清泉县，应为清渊县，已如上述。按照这几种志书的说法，就是将原来的清渊县改变成为临清县，清渊县已不再存在。这显然是不符合实际情况的。据《水经注·淇水注》："淇水，又东迳清渊县故城西，又历县之西北为清渊，故县有清渊之名也。""淇水又东北迳榆（輈）阳城北。""又东北过广宗县东，为清河。清河，东北迳广宗故城南。……田融言，赵立建兴郡于城内，置临清县于水东，自石赵始也。"③ 由此可见，石赵临清县所在位置，适在清渊城、榆（輈）阳城以北与广宗城（在今威县东）以南这一段清河的东面，亦即原清渊县所辖的北部地区。这就是说，最初的临清县是由清渊县析置而成的。在析出临清县后，清渊县仍然存在。前者隶属新建的建兴郡，后者仍属原来的阳平郡。后来，临清县与清渊县之间还发生过多次省并，一直到唐初清渊县的消失。

十六国时期，除了后赵以外，相继占据河北地区的还有冉魏、前燕、前秦、后燕。后赵由清渊县析置临清县后，前燕省，前秦又复置，后燕又省。从后来北魏再次由清渊县析置临清县的情况来看，这几次置并应该说都是在临清县与清渊县之间进行的。不知为什么，今两市县的各相关新旧志书对前燕、前秦、后燕的置废尽付阙如。这就造成两市县历史沿革连接

① 于睿明修，胡悉宁纂：康熙十二年《临清州志》卷一《建置沿革》。

② 《临西县志》第二章《建置》，中国书籍出版社1996年版，第75页。

③ 《水经注疏》卷九《淇水》，江苏古籍出版社1989年版，第869—870页。

的断档，不能说不是一个缺陷。

北魏，康熙十二年《临清州志》："元魏复置清渊县。孝文初又析县西地置临清县，并在阳平郡，隶司州。"① 乾隆十四年《临清州志》："北魏复置清渊县，又析西地置临清县，并属阳平郡，隶司州。"② 乾隆五十年《临清州志》："即晋之清渊域，别置清渊县。临清县，太和二十一年置，仍属司州部。"③ 民国二十四年《临清县志》同上。《临清市志》："北魏太和二十一年（497 年）又将临清县改为清渊县，治所在今山东省冠县清水。另于县西四十里置临清县，县治所在今临西仓上村。"④《临西县志》："北魏太和二十一年（497 年）复置清渊县，治迁清水，隶相州阳平郡。临清县与其并置，治徙仓集镇，属相州清河郡。"⑤《河北政区沿革志》："北魏时，于太和二十一年临清县复名清渊县，并在西地另设临清县，治在今临西县城（童村）西南之仓上村（当时称仓集镇）。"⑥ 这些记述所共有的一个错误，就是否认后赵以后清渊县的存在。据《魏书·地形志》上司州阳平郡："清渊，二汉属魏郡，晋属。有清渊城。""临清，太和二十一年置。"可见，清渊原本存在，临清县才属于是重新复置。北魏太和二十一年对清渊县所作的调整，一是析清渊县北部地重置临清县，二是徙治清水（今山东省冠县清水东）。另外，清渊、临清二县时属阳平郡。据《魏书·地形志》上司州魏尹下注曰"天兴中属相州"⑦，是知康熙十二年《临清州志》等所谓清渊、临清二县"并在阳平郡，隶司州"，实应为隶属相州。《临西县志》称临清县"属相州清河郡"，则应为隶属相州阳平郡。还有，《临西县志》前文已经说过后赵临清县"治仓集镇东附近一带"，这里再说"临清县与其（指清渊县）并置，治徙仓集镇"，旧治与新治同在一地，又

① 于睿明修，胡悉宁纂：康熙十二年《临清州志》卷一《建置沿革》。

② 王俊修，李森纂：乾隆十四年《临清州志》卷二《建置志》。

③ 张度、邓希曾纂：乾隆五十年《临清州志》卷一《沿革表》。

④ 《临清市志》第一编《行政区域建置沿革》，齐鲁书社 1997 年版，第 2 页。

⑤ 《临西县志》第二章《建置》，中国书籍出版社 1996 年版，第 75 页。

⑥ 《河北政区沿革志·邢台地区·临西县》，河北科学技术出版社 1985 年版，第 145 页。

⑦ 《魏书》卷一百六《地形志》上，中华书局 1974 年版，第 2456 页。

何徙之有？

北齐，临清县又废入清渊县。是时，清渊仍名清渊，隶司州阳平郡。《临西县志》《临清市志》等沿用旧说，又谓当时曾改清渊为清泉，仍然是错误的。

三

隋唐时期，今两市县的沿革，主要是清渊与临清、清渊与清水，以及临清与沙丘、永济关系的问题。

隋初，今两市县所在区域的最大变革，仍然是复置临清县。《隋书·地理志》清河郡下："临清，后齐废，开皇六年复。"这里虽然没有明说，但临清县仍然是由清渊县所析置，则是没有任何问题的。在《隋书·地理志》中，清渊写作清泉，实为唐人避讳之所为，已如上述。但是，各相关新旧志书，除了乾隆十四年《临清州志》称清渊为清渊外，乾隆五十年《临清州志》、民国二十四年《临清县志》等仍误称清渊为清泉。《临西县志》："隋初，袭清泉县旧称"①，实际上是仍在沿袭所谓西晋清渊改名清泉之误读。《河北政区沿革志》："隋代，于开皇六年（公元586年）清泉县又改称临清县。"②这里，不仅是误称清渊为清泉，更重要的是把析置说成是改名，实属大误。在析置临清县后，清渊县仍然存在。清渊的消失，那还是唐朝初年的事。

据《隋书·地理志》清河郡临清下："（开皇）十六年置沙丘县，大业初废入焉。"沙丘县在何处，各相关新旧志书多语焉不详。乾隆五十年《临清州志》仅称："隋沙丘废县在州西。"③《河北政区沿革志》则明确写道："到开皇十六年（公元596年）析临清县西境（今临西县地）置沙丘

---

① 《临西县志》第二章《建置》，中国书籍出版社1996年版，第75页。

② 《河北政区沿革志·邢台地区·临西县》，河北科学技术出版社1985年版，第146页。

③ 张度、邓希曾纂：乾隆五十年《临清州志》卷一《疆域志》六《古迹》。

县。”[①]这种解释，恐怕并不符合实际。我们知道，当时的临清县城在今临西镇南仓上村，由此往西只二十余里即出今临西县境。在如此狭窄的区域之内再增设一个县，这是很难说得通的。揆之情理，隋初重新复置的临清县，应该是将清渊县西部、北部地区一并划入临清县的。这就是说，沙丘县很有可能设在原清渊县的西部，也就是在开皇六年新置的临清县比后赵以来的临清县所扩增的西南部地区。

《临清市志》："隋大业二年（666年），省沙丘入临清，属清河郡。此时，临清属河北清河郡。”[②]其实。隋朝先是改郡为州，后又罢州为郡。在此，但称临清县属清河郡即可。至于清河郡属河北，那还是多少年以后的事。

唐初，清渊县是如何消失的？长期以来，一直是个谜。康熙十二年《临清州志》：唐武德九年，“废清泉，复置沙丘县。”[③]乾隆十四年《临清州志》：唐武德中，“省清渊入临清，复析沙丘县。”[④]二说皆误。第一，沙丘是由临清县析置的。第二，“省清渊入临清”并不见诸记载。其余各相关志书等，对清渊县的消失，均未置词。《临清市志》虽然仍在坚持“清泉”的误称，却也力图有个交代：“沙丘县或置或废共17年，清泉县或置或省，或因避唐高祖李渊的‘渊’字等原因。总之，沙丘县与清泉县的建置从此不复存在。”[⑤]总之，还是没说清楚。其实，答案就在《新唐书·地理志》魏州魏郡馆陶县下的一段记述中：“武德五年，以馆陶、冠氏及博州之堂邑，贝州之临清、清水置毛州，并析临清县置沙丘县。贞观元年州废，省清水入冠氏，省沙丘入临清。馀县皆还故属。”[⑥]这里所说的清水县，就是隋清河郡的清渊县。可见，至迟在武德四年，清渊已改名清水；至贞观元年，清水县这一份古清渊县的遗产，最后还是划入了冠氏县。

---

① 《河北政区沿革志·邢台地区·临西县》，河北科学技术出版社1985年版，第146页。

② 《临清市志》第一编《行政区域建置沿革》，齐鲁书社1997年版，第3页。

③ 于睿明修，胡悉宁纂：康熙十二年《临清州志》卷一《建置沿革》。

④ 王俊修，李森纂：乾隆十四年《临清州志》卷二《建置志》。

⑤ 《临清市志》第一编《行政区域建置沿革》，齐鲁书社1997年版，第3页。

⑥ 《新唐书》卷三十九《地理志》三，中华书局1975年版，第1011页。

还有，《河北政区沿革志》："大历七年（公元772年）析临清县西境（今临西县地）设永济县（唐末即废）。"[①]《临西县志》："大历七年（772年）析临清县南境别置永济县，唐末废。"[②]二说亦皆有误。第一，永济县治在今冠县的北馆陶。因此，永济县域大部分在今冠县西北部和今临清市西南部地区。第二，唐末并没有废省永济的举措。据《新唐书·地理志》魏州魏郡永济下："本隶贝州，大历七年，田承嗣析魏州之临清置。天祐三年来属。"[③]可见，唐末永济并未省废。一直到北宋熙宁五年，永济最终才省入临清县。

最后，需要说明的是，本文旨在纠错，有许多问题只能点到为止。清渊的始末，临清市另一方面的历史沿革，当另文说明。再者，由于水平所限，疏漏之处也在所难免。如有误说误判，望大家批评指正。

（作者单位：河北人民出版社）

① 《河北政区沿革志·邢台地区·临西县》，河北科学技术出版社1985年版，第146页。

② 《临西县志》第二章《建置》，中国书籍出版社1996年版，第75页。

③ 《新唐书》卷三十九《地理志》三，中华书局1975年版，第1011页。

说“陕”

韩健畅

摘　要　本文论述了“陕”的字源，和“陕”与“陕”的区别，并且探讨了现在使用的简体字“陕”字的出处，说明早在周人时代，“陕”地就开始了源远流长的历史文化。同时，文章也对历史上学者们对“陕”和“陕”的争论和辨难描述。

关键词　陕　陕原　《趞鼎》《张迁碑》

许慎《说文》释“陕”谓：“弘农陕也，古虢国王季之子所封也。从𨸏，夾声，失冉切。”清桂馥《说文解字义证》卷四十七释“陕”更详尽：“陜，弘农陕也，古虢国，王季之子所封也，从𨸏，夾声。失冉切。《汉书·杜邺传》：‘分职于陕。’颜注：‘陕，即今陕州县也。’《括地志》：‘陕原在陕州陕县西南二十五里，分陕从原为界。’《集古录》：‘陕，分陕所立，以别地理。’”[1]接着，桂馥从历史时期的地理谈“陕”的不同状况：“弘农陕也者，隐五年，《公羊传》：‘自陕而东者，周公主之；自陕而西者，召公主之。’注云：陕者，盖今弘农陕县是也，古虢国王季之子所封也者。颜注《急就篇》：虢叔，周王季之子也，受封于虢，其地今陕州陕县是也。《汉书·地理志》弘农郡陕县，古虢国，北虢在大阳，东虢在荥阳，西虢在雍州。《续汉书·郡国志》：弘农郡陕，本虢仲国。注云：杜预曰：虢都上阳，在县东有虢城。隐元年，《左传》：郑人以王师、虢师伐卫南鄙。杜注：虢，西虢国也，弘农郡陕县东南有虢城。《十道志》陕州陕郡，《禹贡》豫州之域，周为二伯分陕之地，即古虢国也。战国时属韩，秦并天下，属三川郡。”[2]桂馥把“陕”由九州时代所属豫州，至西周封建制时为周召分陕之地，一直到战国属于韩国所有，秦始皇统一天下，实行郡县制，陕属三川郡。这里的“颜注”是颜师古的注释的省称。卫在今山西太原一带，南鄙是卫国南部最边缘的地带。

这是作为历史地理时期的“陕”字的本义。按照左阜右邑的原则，“陕”字“从𨸏从夾，失冉切”。地理位置就是今天的陕西，用现代汉语拼音就是发 shǎn 音。

但是另有一个字为“陜”，读音 jiā，字形的书写极为相似。《说文》谓：“陜，隘也，从𨸏，夾声。”

1983 年商务印书馆《辞源》释“陕”道：shǎn，失冉切。上，五炎韵，审。地名，即今河南陕县。周初为周召二公分治处。《公羊传·隐五年》：“自陕而东者，周公处之；自陕而西者，召公主之。”[3]《释文》也说：“弘农陕县也。一云当作郏，古洽反。王城郏鄏。唐《张说之集》三《奉和御制途之陕州》诗：‘周邵尝分陕，诗书空复传。’俗误作陜。”之后解释“陕西”谓：一，地区名。泛指陕陌（今河南陕县西南）以西地区。《晋书·宣帝纪》：“今君受陕西之任，有白鹿献。”此指长安，时司马懿屯长

① 桂馥：《说文解字义证》，齐鲁书社 1987 年版，第 1275 页。

② 桂馥：《说文解字义证》，齐鲁书社 1987 年版，第 1275 页。

③ 《辞源》，商务印书馆 1979 年版，第 3270 页。

安以备蜀。"……二，晋南渡以后，江左以荆、扬二州为最重，比周之二伯分陝，故以扬州为东陝，荆州为西陝。……三，路名。宋置陝西路，以在陝原以西而名，陝西之名始此。元置陝西行中书省，明改陝西布政使司，自清以来称陝西省。陝原又名陝陌，在河南陝县西南，周召二公分陝而治，以原为界。"末了还专门强调："与'陜'异。"

然而"陜"字，《辞源》解释："xiá，侯夾切，入，洽韵，匣，狭隘。狭、陿的本字。《晏子·亲士》：'是因溪陜者迷涸。'《尔雅·释宫》：'四方而高曰台，陜而修曲曰楼。'释文：'陜，俗作狭，或作狎。'"并且专门提醒、声明："与'陝'异。"①但是，到了《辞海》1979年版就只有"陕"字，把所有对"陝"字的解释一窝蜂地安在"陕"字里，而对"陝"只说"'陕'的繁体字"。说"陜"字，只笼统地说"'狭'的古字"了事。而于"陝""陜"二字的本来面目，则完全的失去了。

难怪，现在很多人弄不清"陝"和"陜"的区别。

其实早在宋代，就有学者留神到了这两个字。宋人王观国《学林》卷十就说："又如'陝'音闪，从𠂤，内二入也。陜音洽，从夾，内二人也。陝州在弘农，本陝县，后魏改为州。陜亦作狭，亦作陿，其意则隘也。"②一点就亮，原来两个字的区别在"入"和"人"上。"陝"字是"二入"，"陜"字是"二人"。前代学者还是高明，一点都不纠缠。

就在王观国辨别"陝""陜"之前，在北宋朝廷还有过一次关于"陝"与"陜"的争议。宋人周必大《二老堂杂志》卷四《记陆务观二说》："又曰元丰中何洵直请改归陜之陜从山，以别陝西之陝。朝廷从之，下少府监，改铸峡州印。监丞欧阳棐言，陜从两人，陝从两入，不当改。然卒用洵直言改之。"③为什么会发生这样一场"陝""陜"之争？从周必大的记载中看出是因为北宋神宗赵顼元丰间铸造印鉴引发的，但是笔者以为还有另外的原因。神宗之后，紧接着就是哲宗赵煦，哲宗改元元祐，铸造"元

① 《辞源》，商务印书馆1979年版，第3270页。

② 王观国：《学林》卷十，商务印书馆1939年版，第290页。

③ 周必大：《二老堂杂志》卷四，商务印书馆民国二十五年初版，第58—59页。

祐通宝”对钱的小铁钱，版别分篆、行两种，行书钱为苏轼书法[①]背“陕”字，这个“陕”字却似乎“陕”字。这也许就是王观国、周必大后来又把“陕”“陕”二字又拿出来辩说一番的原因之一。因为苏轼到了南宋，是被极其推崇敬爱的，所以不便提说，只能又把元丰间的争论再说一回。

到清代，俞樾《茶香室丛钞·三钞》卷十六还把这件事钩稽出来：“明李日华《六研斋二笔》云：荆门之上有硖州。在唐改为峡山，印文则为陕州。元丰中，郎官何洵直建言与陕相乱，请改铸印文从山。事下少府监，而监丞欧阳发言湖北之陕州从阜从㚒，原注：从两入。陕西之陕州从阜从夹。原注：从两人。偏旁不同，本不相乱。当时朝议是发，而卒从洵直之言易印，盖谓大吏操柄者皆伏猎侍郎也。”[②]这里把“陕”“陕”二字搞颠倒了，或者是李日华搞错了，或者就是何洵直、欧阳发他们中的一人搞错了。所以俞樾说：“按：湖北之陕州从夹，当从两人；陕西之陕州从㚒，当从两入。原注似互误。又按，㚒字从亦，有所持，亦不得谓之从二入。”俞樾说得是。

但是，“陕”字也不是一个在现在才有的简体字，它也是一个古字。《汉故毂城长荡阴令张君表颂》，即著名的《张迁碑》就有“邵伯分陕。”这个“陕”就是如今的“陕”字。是真书出现后的隶体，现在作为隶书的经典汉碑被明之后的一代代的人临摹学习。根据《张迁碑》的碑阴题名，知道此碑刻于东汉灵帝刘宏中平三年，即公元186年。也就是说，今天所用的这个“陕”字，距今也已经有了1800多年。但是“陕”字却更早，西周《[illegible]鼎》就有“[illegible]”的文字[③]，此即“陕”字。

其实，对“陕”发生兴趣的人一直是有的。1942年4月，蒋经国西北之行，从灵宝老城向洛阳进发，进入陕县时，蒋经国问，陕县应该在陕西啊，怎么跑到河南来啦？熊向晖就告诉蒋经国西周成王时周召分陕而

① 高汉铭：《简明古钱辞典》，江苏古籍出版社1990年版，第278页。

② 俞樾：《茶香室丛钞·三钞》卷十六，中华书局1995年版，第1224页。

③ 《殷周金文字帖》，四川美术出版社1988年版，第49—50页。

治，以陕原为界，陕原以东归周公，陕原以西归召公，陕西即由此而来。蒋经国听了不禁哈哈大笑。

陕原即陕陌。臧励龢等编《中国古金地名大词典》释“陕陌”曰：“在河南陕县西南，亦名陕原。《后汉书·郡国志》：‘弘农郡陕有陕陌。’《博物记》：‘陕陌二伯所分。’《括地志》：‘陕原在陕县西南，分陕从原为界。’欧阳修《集古录》：‘陕州石柱，相传以为周召分陕所立，以别地理。’”① 又据说，前数年有一位从北京来的大人在丈八沟写字。到了陕西，字幅里就要用到这个“陕”字，一落笔就写成“陜”字。在场的人都不出声，有的是看不出这个字不对，有的是噤声不语，只有眼看着写错了这个字的赵熊先生忍不住喃喃：“错了错了。”这就是文字改革和简化字带来的坏处。其实许多古地名、古人名是不适宜改变的。事实也证明，陕西历史地理时期的古地名、古人名，在 1964 年 9 月变成所谓的简体字，是很失败的。

参考文献

〔1〕（清）桂馥：《说文解字义证》，齐鲁书社 1987 年版，第 1275 页。

〔2〕《辞源》，商务印书馆 1979 年版，第 3270 页。

〔3〕（宋）王观国：《学林》卷十，商务印书馆 1939 年，第 290 页。

〔4〕（宋）周必大：《二老堂杂志》卷四，商务印书馆民国二十五年初版，第 58—59 页。

〔5〕高汉铭：《简明古钱辞典》，江苏古籍出版社 1990 年版，第 278 页。

〔6〕（清）俞樾：《茶香室丛钞·三钞》卷十六，中华书局 1995 年版，第 1224 页。

〔7〕《殷周金文字帖》，四川美术出版社 1988 年版，第 49—50 页。

〔8〕臧励龢等编：《中国古金地名大辞典》，1931 年版，第 759 页。

（作者单位：陕西省西安市碑林区地名普查办公室）

① 臧励龢等编：《中国古金地名大辞典》，1931 年版，第 759 页。

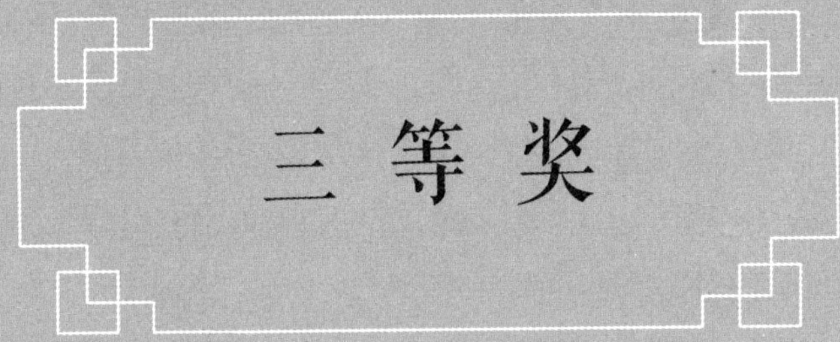

三等奖

浅议银川地名的文化记忆及建议

佘瑞东　李　波　李　敏

摘　要　地名文化是非物质文化的重要组成部分。面对银川市的高速发展，地名文化建设面临新的机遇和挑战。为使地名文化引领地名事业的发展，笔者从地名使用年代、历史文化意义、感知度等方面，对地名进行分析，以确定地名的文化记忆价值，并提出银川市地名文化建设的发展方向。

关键词　银川地名　文化记忆　地名文化建设

一、银川市地名的地域历史文化特点

地名是一个地域历史文化的载体，也是彰显地域文化最有效的方式之一。从银川现有地名的类型、组成、层次结构等方面的综合考察看，可发现其在一定程度上体现了地域历史文化的特点，主要有以下几个方面。

（一）充分体现现代都市文化

20世纪80年代中期，银川市的总人口仅为25万人左右；到了2003年已接近78万人；在2008年末达到了165.4万人，其中非农业人口109.5万人，城镇化率上升到67.0%。2008年，全市人口自然增长率为6.08‰，其中，外迁入的人口对银川人口的增长贡献率为24.1%，这显示了银川市具有极强的人口吸纳能力。至2013年底，全市常住人口已达208.27万人，已经是名副其实的区域性中心城市。

在市区的现代地名体系中，通名种类越来越多样，表征含义越来越新颖和现代。如桥梁类地名通名，30年前只有“桥”，但后来出现了“大桥”“立交桥”，再后来有了“天桥”“特大桥”；道路通名，原来只有“路”“街”“巷”，现今有了“大街”“高速”等；住宅区通名也早已打破“小区”“园”“院”“苑”等的局限，出现了“花园”“公寓”“别墅”，还有“庭”“宅”“万家”等新型通名。在专名的选取上，具有全国、省际乃至国际含义的地名越来越多，宏大主题、深邃意境、连锁地名，是目前银川城区新兴地名的特色，这是一种与国际国内大都市接轨的地名风格，充分体现了现代都市文化。而都市文化，恰是银川市新兴的文化类型。

（二）以吉祥文化为地名核心

吉祥文化是人类共有的文化，只是表达方式不同。在中国，吉祥文化源远流长，博大精深，它凝结着中国人的伦理情感、生命意识、美好企盼、审美趣味、宗教情怀等。语言文字是表达吉祥文化的重要途径，地名恰是吉祥文化重要的出口之一。从银川地名的专名词意看，住宅区地名出现的高频字“富”“怡”“福”“裕”“馨”“康”“荣”“锦”“祥”“兴”“欣”“颐”等，无一不体现了祥瑞的含义；道路地名出现的高频字“兴”“安”“福”“富”“新”“崇”“惠”“育”等亦然。这使得吉祥文化已经成为银川地名文化中具有标志意义的文化类型。

（三）地名的时代层次性突出

银川市的现今地名体系，是由不同时代地名组集成的。不同时代，形成的地名自然而然地渗透着那个时代的主题文化。虽说许多老地名消融在时间的长河中，但毕竟还有一些保存了下来，使得后人们能从中剥离出多个地名层。新中国成立以前形成的地名中，旧城的标志性地物和重要自然景物是重要采词来源，如“北关”“南门”“寺”“南塘”“西湖”等；民族街与民生巷的地名来源，是孙中山的三民主义，它体现了那个时代的政治导向。新中国成立初的地名层具有浓郁的红色文化特色，如“解放”“新华”“前进”“胜利”“富宁”等街巷名和社区名。“文革”时期出现的政治色彩的地名，在改革开放以后迅速被抹去，存留下来的还有以三线企业命名的点、线、面状地名。改革开放以来，先是涌现出一批以标志性地物、老地名或安置单位名加上通名“街”“路”“巷”“村”“小区”等的地名；其后以祥瑞词加上通名“街”“路”“巷”“园”“苑”“花园”“家园”等通名的地名相继出现；再其后更多的面状、点状地名通名涌现，专名也越来越个性化，充满了诗情画意。

（四）西夏文化在地名中的表现

银川市是著名的西夏古都，也是明清重镇。1038 年，西夏建都于此，始称兴庆府，后改称中兴府，并对原有城池进行了大规模的扩建和营造。曾经有坚实的城池，雄伟的宫殿，壮观的王陵和美不胜收的皇家园林，为后世的城市发展奠定了基本的格局。以西夏王陵为代表，涵盖文学艺术、语言文字、文献典籍、宗教信仰、风俗习惯、文物遗存等内容的西夏文化，是银川市品位最高的文化类型。蒙古人灭西夏后，兴庆府被焚烧殆尽，旧城内的建筑所剩无几，城墙多被拆毁。其后的 500 多年中，西夏文化成为地地道道的“死文化”。直至 19 世纪初，武威西夏碑的发现和 20 世纪以来越来越多的西夏文物考古发现，才激活了西夏文化。自 20 世纪 90 年代，银川市将西夏古都作为其旅游文化方向定位以来，西夏文化在银川的地名文化中展现无遗。西夏区、兴庆区均为具有西夏文化色彩的地名。另有西夏公园、西夏广场、昊天大院、昊都酒店等各类地名的出现。

（五）清真寺地名为回族文化的标志

作为宁夏回族自治区的首府，银川市是全国回族人口最多的城市之一。在与汉族和其他民族长期交往融合的过程中，回族人民形成了自己独特的建筑风格和民族文化。以清真寺和拱北为代表的民族建筑为核心，涵盖表演艺术、社会风俗、餐饮医疗、传统工艺等内容的回族文化，是银川市最活跃的文化类型。地名库中录入的银川市区及周边清真寺近百所，通常以所在地的政区名或实体地物名加清真寺通名构成。如在西湖农场就有西湖农场清真寺、西湖勉家清真寺、西湖清真南寺、西湖东寺、西湖高渠清真寺等 5 个清真寺地名。多数清真寺都有一定的地标性作用，如南关清真寺、清真中寺等，已经成为街巷和站点地名的源头。

（六）塞上江南文化在湖泊水系地名中的表现

银川平原，具有两千多年的引黄灌溉历史，历经多代劳动人民的垦殖开发，形成了沟渠纵横，土地肥沃，“不是江南，胜似江南”的自然风貌和人文景观。银川市地处银川平原腹地，有汉延渠、唐徕渠、惠农渠等灌溉干渠，还有良田渠、红花渠等众多支渠，二排、四排、四二干沟、桑园沟、高家闸沟等排水沟，阅海、鸣翠湖、宝湖、七子连湖等湖泊湿地，形成了典型的“塞上江南”文化景观，兼具北国风光和水乡秀色。塞上江南文化的准确定位，应为银川的绿洲文化，在银川市区是以湖泊水系地名为代表的。重要湖泊有南湖、章子湖、孔雀湖、燕鸽湖、锅底湖、丽景湖、北塔湖、阅海、银湖、疙瘩湖、关湖、七子连湖、大雁湖、小雁湖、宝湖、罗家湖、李家湖、周家湖，金波湖、文昌双湖等 20 余处湖泊，还有成片的鱼湖数百处。除湖泊实体地名外，湖泊成为方位代表，也延伸出临湖、湖滨等地名。水系在银川市区为各级沟渠组成的排灌体系，主要的干渠、干沟和部分的支渠、支沟除原地名得以保存外，还被原样或转音转义后应用在住区或街巷地名中，如“唐徕渠——唐徕小区——唐槐巷——唐槐园”等。将来，塞上江南绿洲文化也会体现在滩、湖、岗等地貌单元的地名中，体现在闸、桥、坝、堤、涵洞等水利设施的地名中。

（七）地名对历史文化记忆的表现

明初，在银川设银川卫，为明代长城沿线的九边重镇之一。至万历年间，银川府城的主城和南北两关厢的格局基本形成。清乾隆三年（1738年）大地震后，府城遭到极大破坏，修复后城垣规模比明代有所缩小。其后，直至民国，城市格局基本沿袭下来，未再有大的变迁。以明清的银川府城遗留建筑为核心，涵盖的历史事件、周边众多的堡寨遗址及文物遗存、体现历史地物与地名的边塞文化等，均承载着银川市作为边关重地的文化类型——边地文化。

银川市有一定数量的明清地名传承下来，从而记录了城市的历史脉络。如明代地名，有承天寺塔、海宝塔、鼓楼、南薰、清和、宁朔、崇义等几处。其中，后三个地名是被作为街巷名重新采用的。清代，银川府城有六个门，分别是东侧的清和门、西侧的镇远门、南侧的光华门和南薰门、北侧的德胜门和振武门。除振武门外，其他几个门的名称原样或转音、转意后，在地名中保留了下来。民国时期的地名，在街巷中也有所体现，如民族街、民生巷、居安巷、中山公园等。历史地名有记载的，还有当时的地标式建筑名，如衙署寺观、街坊牌楼、堡寨墩台等，如民国银川政府旧址、将军楼、地藏寺等建筑物或建筑遗存。此外，银川市长期以来一直是历朝历代政府经营西北的战略要地，如堡、寨、营、墩台等也是其地名的历史文化特色。

二、几点建议

近年来，银川市拓宽地名工作思路清晰，开拓进取、扎实工作，地名文化建设取得了显著成效，为传承和发展银川市地名文化作出了积极贡献。但是，在创新工作思路、适应社会发展等方面有待于进一步加强和完善。为此，笔者提出以下建议。

（一）做好地名研究，深入挖掘地名文化

首先，要完善工作机制，推动地名文化发展。习近平总书记强调，“要规范地名管理，传承、保护和弘扬优秀的传统地名文化”。李克强总理要求，“搞好地名普查，加强地名管理”。为推动地名文化建设快速发展，要依托成立的地名学会，组织开展地名文化研究、地名文化知识普及工作；依托建立的“银川地名网”，开设地名文化专栏，宣传地名文化，在全区逐步形成以地名学会和地名网站为依托、地名专家组为智囊、地名工作者为骨干、社会各界积极参与的氛围和工作机制，共同推进地名文化工作。

其次，要开展“千年古县”申报活动，塑造银川新形象。根据民政部工作部署，为深入挖掘地名文化，银川应积极响应，组织开展“千年古县”申报工作，达到宣传银川之目的。

再次，要加强地名综合研究，追寻银川的历史变迁。许多老地名积淀了深厚的历史文化元素，蕴涵着悠久历史的印记和传统文化的精髓。银川应通过开展地名综合研究，对银川的历史文化进行考证，通过编纂出版地名志、地名大词典、地名故事等，宣传银川地名文化。

（二）抓好地名规范，广泛宣传地名文化

首先，要完善地名法规，为地名文化的宣传提供法律保障。应根据《宁夏回族自治区地名条例》积极制定《银川市地名条例实施办法》，以便从法律层面明确地名文化保护和弘扬的责任主体，确立保护宣传的具体办法。同时，要结合银川实际，依法开展对不规范地名的清理整顿，有效推进地名事业的健康发展。

其次，要拓宽宣传渠道，营造地名文化的良好氛围。积极拓宽宣传渠道，在运用报纸、电视等媒体的传统模式开展宣传外，还可以利用群众喜闻乐见的形式，宣传地名文化，从而增强全社会对地名文化遗产的保护意识。同时，还要依托现有的地名数据库，运用地名网、声讯（短信）、触摸屏、问路热线等建成地名信息服务体系，拓展地名管理与服务的手段，为保护、宣传、弘扬优秀地名文化构建发展平台。

再次，要完善地名命名更名制度，提升新生地名的文化内涵。银川要依托地名有关法规，建立好地名命名更名听证制度、专家论证制度、公示制度，有效提升新生地名的文化品位，促进地名标准化、规范化。

（三）拓宽地名发展平台，发挥地名文化市场效益

首先，要以地名文化建设推动旅游经济发展。银川应把地名文化建设作为地方文化的窗口，通过借鉴学习外省经验，有效推动银川旅游经济的发展。通过定位、挖掘和宣传银川的西夏文化、伊斯兰文化、边塞文化和丝绸之路文化，打造“美丽银川”新面貌。

其次，要以地名文化建设推动企业品牌打造。地名文化作为独特的公共资源，具备很强的社会服务功能，有着很大的服务需求空间。对于企业而言，良好的地名文化对于企业品牌的打造具有积极的作用。将点状人文地理实体的命名与扩大企业知名度、品牌效应相结合，在吸纳社会资金的基础上，扩大地名工作的社会影响力，让人民群众得到实惠。

再次，要以地名文化建设为契机，提升城市“软环境”。银川应把地名文化建设作为提高“软环境”的重要内容来抓，使地名工作有效地服务经济社会发展。银川县域地名规划编制应与城乡总体规划紧密结合，突出当地文化特色，提升城乡文化品位。银川各地在地名标志设置中，应充分结合实际，可在地名标志牌上标识地理实体名称、含义等，既方便了人们出行，又能够了解当地的地名文化，从而有力提升银川的发展“软环境”。

（作者单位：宁夏回族自治区民政厅）

加强地名标准化　弘扬地名文化

梁玉梅　王明颖

摘　要　本文从地名标准化工作的内容、存在的问题、“大洋怪重”等不规范地名的具体表现形式、不规范地名产生的原因、做好地名标准化工作的措施及建议等五方面，就加强地名标准化、弘扬地名文化加以阐述。

关键词　第二次全国地名普查　地名标准化　措施及建议　地名文化

地名是人们对具有特定方位、范围的地理实体赋予的专有名称，是一个地方的首要标志。2007 年第九届世界地名标准化会议作出决议，确定“地名为非物质文化遗产”。地名是信息传播不可或缺的载体，有着使用面广、使用频率高的特殊性质，是人们从事社会交往和经济活动广泛使用的媒介。随着地名的使用频率越来越高，社会各界对地名规范化、标准化和信息化服务的要求也越来越高，越来越迫切。

正在全国范围内开展的第二次全国地名普查把地名标准化处理作为普查的重要任务之一，笔者在地名普查监理和验收过程中，发现这项工作仍然存在很多问题，迫切需要加大工作力度。

一、地名标准化工作的内容

对地名进行标准化处理是规范地名命名更名、推动使用标准地名的重要手段。第二次全国地名普查中，地名标准化处理主要有三方面工作：一是对有地无名的有地名作用的地理实体进行命名，对私自命名或使用洋地名、怪地名等非标准地名的，依法履行命名程序或进行更名；二是对地名的用字和读音进行审定；三是对不使用标准地名的情况进行纠正。

二、地名标准化工作存在的问题

在地名普查监理和验收过程中发现普遍存在的问题有：各地进行标准化处理的地名很少，部分县级政区还反映没有此项工作；一些县级政区只录入几条标准化处理的地名，其中多数地名更名和用字读音审定还不属于此次地名普查中需要进行标准化处理的范畴。事实果真如此吗？我们的地名当真都符合《地名管理条例》及《地名管理条例实施细则》的要求，够规范够标准吗？

事实远远没有这么乐观，如何得出这样的结论呢？一是通过查看各地的地名普查目录，不难发现需要进行标准化处理的不规范地名不在少数，普遍存在着随意起名和地名“洋化”“怪化”的现象。走在街上也很容易就能发现“大洋怪重”等不规范地名，即“刻意夸大、崇洋媚外、怪异难懂、重名同音”等地名。这些不规范地名主要存在于城镇居民区、大型建筑物、街巷、道路、桥梁等地名中，严重损害了所在城市的地名文化。二是各地即使发现了这些需要标准化处理的地名，但因更名的难度较大、力度不够而选择保持现状。三是还发现存在随意更名现象，如有的地方将大量没有明显通名的农村居民点统一加“屯”作为通名，如 ×× 窝棚屯，完全没有必要，无异于画蛇添足，并且大部分更名没有经过审批，没有评估论证材料，没有填写地名标准化处理统计表。如此更名，造成地名标志登记表中的标准地名与标志照片上的地名不一致，或者地名标志登记表的标准地名与对应的成果表的标准地名不一致，而且标注后的 1∶50000 工作图中，大部分地名都被更了名。

三、“大洋怪重”等不规范地名的具体表现形式

1. 不规范地名中的“大”地名

这类地名主要指违反《地名管理条例实施细则》中关于地名要“反映当地人文或自然地理特征”的规定，在含义、类型和规模方面刻意夸大，地名的专名或通名超出其所指代地理实体范围、功能的现象。专名刻意夸大的主要表现是过分夸大住宅区、建筑物等地理实体的使用功能，如“中海寰宇天下”“外滩首府”等城镇居民点；通名刻意夸大的主要表现是地名通名层级混乱、名实不符等现象，如“招商贝肯山”“华润中央公园”等城镇居民点类地名，以及“凯德广场”等建筑物类地名。

2. 不规范地名中的“洋”地名

这类地名一是指违反《地名管理条例》关于“凡有损我国领土主权和民族尊严的，带有民族歧视性质和妨碍民族团结的，带有侮辱劳动人民性质和极端庸俗的，以及其他违背国家方针政策的地名，必须更名”的规定，如“傻子屯”等，就属于这类情况。二是指违反《地名管理条例》第八条“中国地名的罗马字母拼写，以国家公布的‘汉语拼音方案’作为统

一规范”的要求，这类情况大多存在于边境城市，其他少数城市也有此现象，主要是在地名标志上用汉语拼音和外文拼写地名。这些城市也知道此举不符合《地名管理条例》及《地名管理条例实施细则》，但为了吸引外商投资，所以在地名标志副牌中标注了英文、俄文。三是指违反《地名管理条例实施细则》关于“不以外国人名、地名命名我国地名”的规定，盲目使用外语词及其汉字音译形式命名。这类地名多存在于城镇居民点、街路、公园和建筑物类地名中，如“凡尔赛诗城”“红星威尼斯庄园”“果戈里大街”“埃德蒙顿路”“斯大林公园”“曼哈顿商厦”。

3. 不规范地名中的“怪”地名

这类地名主要指违反《地名管理条例》及《地名管理条例实施细则》中地名要“反映当地人文或自然地理特征”“使用规范的汉字或少数民族语文字”“避免使用生僻字”等规定，盲目追求怪诞离奇、地名含义不清、逻辑混乱、低级庸俗、繁简混搭、中西混用或带有浓重封建色彩等现象。这类地名多存在于城镇新建住宅区地名中，如“赫时”“HBP 总部基地”等城镇居民点地名，“中交香颂”等建筑物类地名。

4. 不规范地名中的“重”地名

这类地名主要指违反《地名管理条例》及《地名管理条例实施细则》关于“一个县（市、区）内的乡、镇、街道办事处名称，一个乡镇内的自然村名称，一个城镇内的街、巷、居民区名称，不应重名”等规定，一定区域范围内存在多个地名重名或同音等现象。地名普查监理、验收过程中发现有的乡镇三个农村居民点地名重名，并且都不愿意更名。城镇街路也有重名现象，如旭升街、建兴街等，其他还有水库等地名重名现象。

四、不规范地名产生的原因

1. 商业化炒作加剧不规范地名的产生

伴随着我国城镇化进程的加快，各级城市中新的居民区、街巷、桥梁和自然景观不断涌现，新地名与日俱增，不规范地名也日渐增多。这些地名主要集中在城镇，尤以新的建筑物和商业住宅名称居多。开发商为了商业利益，盲目追求楼盘名字的“高、大、上”，忽视楼盘名称的文化内涵，导致地名“洋化”“怪化”的趋势愈演愈烈，因此出现了不少崇洋媚外、求异求怪的不规范地名，导致一些城镇居民点、建筑物名称千奇百怪、晦涩难懂，甚至不知所云，影响了城市的整体形象。

2. 多头管理、各自为政，制约了地名依法管理

不规范地名的产生和存在，没有理顺的地名管理体制难辞其咎。虽然《地名管理条例实施细则》明确了民政部是全国地名管理的主管部门，负责审核地名的命名和更名，但在实际工作中，除了民政部门，规划、交通、住建、国土、水利等部门都在地名的命名、更名中起着重要作用，并且没有形成向民政部门上报审核地名的制度。一个新的建筑物，在规划或建设立项时就已经命名了，但是没有上报地名管理部门审核批准或备案，名称是否标准、规范也没人把关。地名管理部门缺乏应有的权力和监管手段，无法干预其他行政管理部门和专业部门对地名的命名，往往只能被动认可既成事实，这也是导致目前地名管理混乱局面的一个重要原因。

3. 不规范地名更名成本高、难度大

有些地方虽然意识到存在地名不规范现象，也想进行标准化处理，但因地名更名成本高，望而却步。农村和城镇居民点、街路类地名的更名，首先遇到的困难是当地居民对这些老地名很有感情，不愿意更改自己所在村屯、小区及路段的地名。其次，不规范地名的更名涉及房屋所有权证、土地使用权证、户口、身份证、营业执照等证件的更换，经济成本和时间成本都很大，致使不规范地名的更名工作举步维艰。

五、做好地名标准化工作的措施及建议

鉴于不规范地名治理的难度较大，目前的地名标准化工作，要整治存

量，严格控制增量，加快整治现存不规范地名的步伐，杜绝新增不规范地名的产生；尽快完善地名管理法规，严格进行地名申报审批；做好地名规划，加强标准地名的使用监管，逐步提升地名法治化、科学化、标准化水平。在开展地名标准化工作过程中，要注重发挥地名文化的引领作用，以此达到标本兼治的目标，营造规范有序的地名环境，使地名更好地彰显社会主义核心价值观。

1.结合地名普查，联合普查成员单位，积极推进不规范地名的标准化处理工作

各地可以通过此次地名普查，准确掌握不规范地名的数量及详情，按类别列全不规范地名清单，并组织地名、文化等部门的专家开展评估论证，对照《地名管理条例》及《地名管理条例实施细则》，将那些确实需要更名的不规范地名筛选出来。利用地名普查这一契机，积极联合地名普查成员单位，继续发挥他们的作用，共同开展不规范地名的标准化处理工作。将精准分类的“大洋怪重”地名，根据管理权限下发给相应行政管理部门、专业部门或产权人，督促、指导他们依照有关法规和标准进行标准化处理：对“大洋怪”地名，尽快解决更名问题；对有地无名的，及时进行命名；对一地多名的，确定一个标准地名；对未按规定履行审批手续擅自命名、更名的，按规定程序和要求补办命名更名审批手续。

对于现实存在的多地重名问题，要在进行科学的评估论证后妥善处理：可以更换他名，也可以采取添加方位限制词等办法解决重名问题。后者既传承了历史文脉，又明确了地名指位性。解决重名问题，要严格遵守相应的程序、权限和论证制度，经过调查研究，多方论证，不能盲目进行。

2.进一步完善地名管理法规，建立地名命名、更名、注销的审批和使用管理的长效机制，促进地名工作在法治化轨道上健康发展

目前，地名管理中普遍存在缺乏统一归口管理、监管困难等问题。要以地名普查和清理整治不规范地名为契机，大力推进地名法治化建设，进一步健全地名法规标准。建议尽快修改《地名管理条例》，理顺地名的管理体制，明确各部门职责及权限，规范审批程序及管理措施，规范标准地

名信息发布，加强标准地名使用监管，对社会监督和相关奖惩制度进行明确规定。特别建议要修改关于重名的有关条款，限定一个县（市、区）的各类地名都不能重名，中国汉字浩如烟海，排列组合起来，这一点完全可以做到，这是从源头杜绝地名重名的关键；不然以后遇有政区合并，就会带来更多的重名。只有这样的硬性规定才可能避免日后过多的更名，以及更名带来的巨大成本。

各地要结合本地实际，制订和完善便于操作、切实可行、科学合理的《地名管理办法》，通过制定办法，将地名命名更名的原则及管理部门等进行明确规定，进一步规范地名命名、更名、发布和使用，把地名的汉字、罗马字母拼写、来历、含义作为审批新生地名的重点，注重地名的文化底蕴，提升地名的文化品位，以便遏制新增不规范地名的产生。地名命名更名后，要及时向社会公布，并跟踪、督促社会各界使用标准地名，加强对地名使用情况的监督检查，及时纠正在公共场合使用不规范地名的行为，重点清理整治地名标志、交通标志等公共标志，新闻、广告、广播等公共媒体，地图、工具书等公开出版物，公文、证件、车船机票等各类文书票证中使用非标准地名、使用不规范汉字书写地名、使用外文拼写地名等违反法规标准的现象。

3. 做好地名规划，注重地名的文化内涵，从源头上杜绝不规范地名的产生

做好地名规划，是做好城市地名管理的基础。编制地名规划是完善区域标识系统，保障公共利益，方便公众使用，维护地名秩序，促进地名科学化、标准化、规范化的重要手段，也是深化地名管理，变被动为主动、变事后管理为预先管理的关键。建议由民政区划地名管理部门牵头，联合其他行政管理部门及各专业部门共同开展地名规划。地名文化是地名规划成败的关键，地名规划要体现地名的文化内涵。民政部门和规划部门要加强沟通，在城市总体规划的基础上，按照城市建设整体布局，力求城镇规划与地名命名同步进行，并将地名规划纳入城市规划体系，从源头上把好地名命名关。通过地名规划，改变过去草率命名或先有建设、后有名称的

现象，能够有效地杜绝“零敲碎打”式命名，规避地名命名工作中存在的随意性、盲目性和体现长官意志等问题，使地名的命名有章可循，实现地名命名法制化、规范化、科学化的目标，从源头上杜绝不规范地名的产生。

4. 建立省、地、县级地名管理系统，全面监控地名的增减及不规范地名的状况

建议依据普查形成的地名数据库，建立省、地、县级地名管理系统，各级地名管理部门安排专人按时监管，可以全面掌握本行政区域范围内地名的数量、新增地名及历史地名的状况，对新增的不规范地名及时叫停，督促相关部门及时纠正，避免不规范地名的产生及流入社会。另外，对随意更名现象及时干预、及时制止，防止有深厚文化底蕴的地名随意消逝，保护地名的历史文化记忆。

5. 成立地名顾问咨询及审核机构，挖掘当地地名的文化内涵

省级政区可以尝试成立一个由地名、规划、历史、地理、民俗、文化等方面的专家组成的地名顾问咨询及审核机构，对老地名进行充分调研，挖掘地名的文化内涵，并对新生的地名进行规范命名、论证与审查。要深入分析城市的人文历史和现状，摸透城市地名信息资料，掌握城市地名和城市建设的状况，确保新生地名饱含文化内涵。为防止闭门造车和主观臆断，除从有关史料典籍中选择和联想外，还可采用召开社会各界座谈会和公开征名的方法，征集各类地名。对各方汇集而来的地名要进行可行性研究，逐条分析，反复甄别，择优录用，为地名规划储备大量兼具文化性、科学性和可行性的地名。

地名是一个地方的名片，是一座城市的底蕴，承载着悠悠历史，安放着乡思乡愁。规范标准地名，保护传统地名，弘扬地名文化，让生活在一方土地上的人们深入了解家乡地名的文化内涵，增强其归属感和自豪感及使命感；也只有将地名标准化和规范化真正落到实处，才能让百姓真正享受到心中向往的“诗意和远方”。

（作者单位：黑龙江省地名档案资料馆）

解读山东地名，品味运河文化

刘晓玲

摘　要　闻名世界的京杭大运河不仅哺育了沿河经济繁荣的城镇带，还形成了独特的、宝贵的运河文化。运河沿岸的城镇中许多街巷的名称因运河而生，打上了深深的运河文化的烙印。梳理山东运河地区的地名，每一个地名都镌刻着运河文化的符号，解读这些地名从中品味漕运官署文化、繁荣的工商业文化和多彩的城镇文化的内涵。

关键词　运河　地名　文化

京杭大运河是中国也是世界上最长的古代运河，始凿于春秋战国，历隋、元二代全线贯成。北起北京，南至杭州，流经天津、河北、山东、江苏和浙江四省一市，沟通海河、黄河、淮河、长江和钱塘江五大水系，全长 1794 公里。大运河的开凿与贯通，营造了新的自然环境、生态环境、生产环境，极大地促进了整个运河区域社会经济的发展。她带来了无限的生机和活力，将沿途的州县紧紧地连为一体，形成了以运河为轴线的经济繁荣、分布密集的城镇带，在漫长的历史过程中，逐渐形成了独特的运河文化。运河文化是运河流经及其所辐射地区的区域文化，是运河区域人们在长期社会实践中创造的物质和精神财富的总和，是中华民族的宝贵财富。

京杭运河自台儿庄流入山东境内，依次流过峄县（今属枣庄市）、滕县（今滕州市）、邹县（今邹城市）、鱼台、济宁、嘉祥、汶上、东平、东阿、寿张（今属阳谷县）、阳谷、聊城、堂邑（今聊城市东昌府区堂邑镇）、博平（今属茌平县），临清、夏津、武城、恩县（今属德州市）、德州，至桑园镇进入直隶境。大运河不仅带来了繁华与荣耀，也使运河沿岸产生了城市、码头、集市，很多街道、村庄的名称也由此而来，深深地打上了运河文化的烙印。

冯骥才先生指出，“地名是一个地域文化的载体，一种特定文化的象征，一种牵动乡土情怀的称谓”。地名是人们赋予某一特定空间位置上自然或人文地理实体的专有名称，它是人类历史和社会活动的产物，是社会和时代的一种标志。从文化角度来看，地名既是人类文化不可分割的一部分，又是社会历史文化信息的载体。梳理山东运河地区的地名，每一个地名都镌刻着运河文化的符号，解读这些地名就是展示山东的运河文化资源。

一、从地名中解读漕运官署文化

秦汉时期，政府每年通过黄河等河道由山东、河南转运大批粮食供应京师，于是有了漕运制度。明清两代，会通河畅通，每年数百万担粮食均由此运往京城。专制王朝将漕运看作“国家命脉攸关”，在山东建立征收、运输、储存漕粮的机构，即由国家直接管理的大型粮仓，这些粮仓全都建在运河岸边，又被称为水次仓。明朝洪武到永乐年间，临清、德州、济宁相继建立了这样的大型水次仓。为保证漕运安全，明清王朝在济宁设置了河道总督卫门及河道都察院之类管理机构，专事运河堤防、督催漕运事务。据查，明代任侍郎提督御史，巡漕御史等官司者达240余人。他们以河督驻地济宁为据点，活动在南北漕运线上，协助河道总督巡视、管理运河。运河城镇街巷地名的一个显著特征就是以漕运官署衙门名称命名，比如济宁的察院街、厅西街等，反映了当时官衙遍布的状况，也印证了济宁在漕运事务中的重要地位。

作为大运河的中枢要地，元、明、清三个朝代均在济宁设督理运河河务的高官和最高漕河管理机构"运河总督河院署"，济宁城中的院门口街、院前街、院后街，都是以清代总督河院署得名。

监司设运河兵备道，即运河道。明初，济宁设有两个道，即济宁道、沂州道。道门口街就是以运河道署（俗称道卫门）得名。

济宁两个兵备道下设布政司、按察司，又称二司衙门，各设官一员，敕行事代管河道，所属府州县官皆受其节制。察院街，据《济宁县志》记载，明洪武七年"抚按察院"驻本街路北，故名察院街。南察院街，旧有南北二街，北街系明代察院街，南察院街系清代河道都察院驻地。

分司又称运河厅，为山东运河道分署机构之一，宣德元年（1426年），设济宁管闸主事。位于济宁城区中部的厅门口街、厅西街就是以运河厅官署而得名。

有官署就有兵卫，济宁城中有一条街名为鼓手营街，也因漕运官署而得名。因清代运河院、河道两署设立官用乐队，乐队驻地得名鼓手营街。

"军国大事，漕运为先"，大运河每年运送着万担漕粮，济宁在运粮线上承担着关键作用。"济宁翻船，京都翻天"，封建王朝视运河为生命线，在济宁设置了众多管理运河河道、漕运堤防的官署机构，"公署机构多于他郡"，有72衙门之称。以官署机关命名的街巷大都分布在老城区的中心地带，由此可见当年衙门林立、冠盖云集的情形和作为政治中心的气势，同时也足以证明济宁是名副其实的运河之都。

二、从地名中解读繁荣的工商业文化

京杭大运河开通后，出现了以运河沿线大小城市为枢纽和中心的不同层次的商业网络。南北各地的商人商帮纷纷到山东运河区域从事商业经营活动，从而形成了山东运河区域的商业文化。济宁和临清是山东运河最早兴起的商业城市。

（一）济宁街巷地名解读

古运河的畅通，带来了济宁商业的繁荣，使济宁成为“百货萃聚”“万户往来”的商都大市。京都驰名的玉堂酱园，著名的皮毛业、竹器业、陶瓷业、北果业、茶叶业、粮食代理业、国药业、绸布业等都是随着运河航运的兴旺而发展起来的。商业的繁荣，使济宁城区不断发展，清康熙年间，城内有街衢 45 条，城外 43 条，至道光年间，城内新增街衢 62 条，城外新增 140 条。由于一些行业市场集中在一条街上，以行业市场命名地名是济宁街巷地名的又一显著特征。

最有名的是以编织出售竹器、竹货而得名的竹竿巷。竹竿巷在济宁市区老运河的南岸，总长约两华里，是当年山东最大的竹器市场。济宁并不出产毛竹，为何竹器业如此兴盛？因为漕运皇船为防止船过闸口相互碰撞和增加船只浮力，将毛竹绑在船上，到济宁后大批毛竹卸在运河岸边，堆积如山，渐渐形成竹业加工一条街，得名竹竿巷。竹竿巷巷道两旁多为两层楼阁式的铺面建筑，古朴雅致，小巧玲珑，其前店后坊的建制，既有江南水乡灵巧清秀的风格又有北方稳固厚重的感觉，因而又被人们誉为“江北小苏州”。

其他有特色的街巷还有，姜店街，以黄姜商贩货店得名；馓子胡同，以油炸馓子而得名；果子巷，以售干鲜果品山货而得名；鸡市口街，以鸡鸭市场而得名，后雅化为吉市口街；驴市口街，以牲畜交易市场而得名；

菜市口街，以出售蔬菜而得名；柴禾市街，以买卖烧柴市场而得名；瓷器胡同，以售瓷器而得名；炉房街，以铁炉、银炉作坊而得名；纸坊街，以造土纸作坊而得名；糖坊街，以制糖作坊得名；皮坊街，以熟皮制革、皮货加工作坊而得名；打绳巷，以绳经作坊得名；打铜巷，以铜锡加工作坊而得名；大油篓巷，以制作不同类型的油篓而得名；等等。

（二）临清街巷地名解读

“南有苏杭，北有临张”，这是当年人们对京杭大运河沿岸四处著名商埠的表述，其中的“临”即为山东临清。“临清傍运河，富庶甲齐郡”，大运河造就了古代临清的富庶繁华。鸟瞰临清城，“人”字形的运河像脊梁一样穿城而过，两岸生长出无数街市，或两面靠河，或四面临运，一些货物和商贩聚集在一处，形成专门经营某类商品的街巷或市场。明代临清城内有 81 条街巷，其中以手工业命名的就有 34 条，如钉子巷、果子巷、白布巷、白纸巷、银锭巷、琵琶巷、箍桶巷、纸马巷、手帕巷、弓巷、窖冶巷、鞍子巷、碾子巷、马尾巷、竹竿巷、油篓巷、蜡烛巷、皮巷、香巷、羊毛胡同、糖坊胡同等。这些街巷久经沧桑之变，现已面目全非，但在其名称里仍然能够感受到浓郁的商业气息。

临清白布巷，因制作、出售布匹而得名，这条街很长，有好几里地，是当年北方最大的白布交易市场。随着漕运的兴盛，明万历年间（1573—1620 年）临清纺织手工业迅速发展，家家纺车转，户户机声隆。明成化元年（1465 年）在白布巷始建手工操作的土布作坊，时有织布机 30 余张，成化二年苏州会馆、南翔会馆、信义会馆联合成立“左元号”白布收庄，《临清直隶州志》载：“岁进布百万有奇”，白布巷逐渐形成、壮大。

无论是济宁还是临清，城镇街巷的地名都与大运河有着密切的关联，街巷名称的由来积淀着丰厚的运河文化，无论时代如何变迁，这些地名所蕴含着的运河信息将永远流传下去。

三、从地名中解读多彩的城镇文化

水流到哪里，哪里就有了绿意；运河走到哪里，哪里就有了文化的亮色。黄河哺育的农业文明和运河滋养的商业文明在运河城镇交汇，孕育出了丰富多彩的运河城镇文化。

（一）水文化特点突出

水是万物之灵，城市依水而生，滨水而兴，运河边的城镇具有河港密布的水乡特点，自从有了连接南北的大运河，就有了一座座大大小小，大运河上漂来的城镇。

1. 桥多，桥名多

有水就得有桥，有桥就得有名，以济宁为例，城内老运河、越河、府河、洸河穿越交织，水面上长桥卧波，形态各异。当地有一首《桥歌》写道："……粉莲桥，济阳桥，环翠桥，汇翠桥，绿树成荫叠翠桥，岁月沧桑太和桥，车水马龙建设桥，熙熙攘攘南门桥，解放路口解放桥，清平巷北胜利桥，护卫济宁的济安桥，调节水量的堰水桥，说书听戏马驿桥，洗浴美发龙行桥，两桥横卧双龙桥，朝阳拂照晨光桥……"这首歌谣里汇集了五十多座桥梁的名称，但济宁的桥梁总数远不止此。有的桥虽然消失了，比如汉石桥、南汉石桥，据说都埋在了地下，还有原府河支流上的阜桥、兴隆桥和红桥，虽然桥早已不见踪迹，但桥名都作为地名保留了下来。

2. 带"口"字的地名多

"口"字作为通名，可用作港口、码头的进出口通道，也可用作河口、水道、港湾的名称，主要分布于沿海或水乡城镇。济宁濒临运河，具有水乡的特点，地名中带"口"字的地名很多，作为出入运河的关口，"口"字引申出了广泛的意义，因此，作为地名通名固定了下来。比如：草桥口、阜桥口、坝口、二坝口、学门口、柳巷口、南门口、龙门口、卫门口、申家口、戴家口等。

3. 以运河河道或闸坝命名的街巷地名多

济宁城内有许多地名直接采用运河或闸坝的名称命名的街巷，如：坝口街、河湾街、大闸口、小闸口、顺河门外街、大闸口河南街、越河街、南岸街等。

（二）注重教育，名人辈出，教化特点突出

聊城号称“江北水城”，烟波浩渺的湖泊，流光溢彩的河流，让这座运河城市充满了水的灵气。大运河不仅带来了商业繁荣，还带来了文化的交融，鸿儒卿相、文人骚客在这里驻足，文化的繁盛盛极一时。明清两代运河繁盛之时，聊城考中状元 3 人，进士 99 人，举人 439 人。“计出清乾定”的清朝开科状元傅以渐最为人知晓，“仁义胡同”也因此名声远扬。

相传，傅以渐为官之后，家里人和邻居因一墙之宽的宅基发生了纠纷，后经官动府打开了官司。家人告到傅以渐那里，傅以渐挥笔写了四句诗，让人火速传送到东昌家中。诗云：“千里来书皆为墙，让他几尺有何妨？万里长城今尚在，不见当年秦始皇。”讲明官宦人家应以仁义为重，不能以势压人。家人见他说得有理，就撤回状子，主动将宅基界线退让三尺。邻居见状，感动之余也主动退让三尺，空出了一条六尺宽的胡同。周围民众称赏此事，遂将这六尺胡同称为“仁义胡同”。

济宁历来兴师重教，历史上出过多名状元、进士和翰林，玉堂孙家就出了孙如瑾、孙毓桂两位状元，可谓人才辈出。济宁城中有条霍家街，虽然是个不起眼的小街，但清顺治年间武状元霍维鼐家在这里，此街因此得名。济宁一中北边有个翰林街，这是一条宽不过 10 米的小街，1778 年的《济宁直隶州志》记载这里名为杨翰林街，因清初翰林杨士聪居住在此而得名，1928 年改为翰林街。济宁城内以科举士家命名的街道就有二十多条，如左家胡同，因明崇祯武举左大任曾居住此地而得名；赵家胡同，因清初进士赵蕃之后居此而得名；等等，其他还有林家湾、文家园街、孟家坑涯、邵家街、熊家街、郭家街、高家胡同、井家胡同等。

（三）帝王文化特点

曾几何时，大运河是古代诸多帝王将相水路南巡的交通要道，尤其是清代帝王多次南巡，目的多为游山玩水、减免税赋、巡视河工、礼仕和科举人才等。康熙六下江南，三次御驾济宁；乾隆六次下江南，每次都驻跸济宁，留下了皇棚湾街、龙行胡同、迎龙桥、接驾桥、皇营等地名遗迹和传说，至今民间百姓津津乐道。

数百年滔滔运河水，流出了运河城镇的繁荣，也流出了运河文化的发达。纵观运河城镇的地名，其由来与演变与大运河息息相关，品味这些地名，可以解读出其中蕴含着的永不枯竭的运河文化资源，同时也展现了一幅大运河哺育运河城镇的风情画。

参考文献

〔1〕山东省黄河文化研究院：《山东地域文化》。

〔2〕张培安编著：《图说老济宁》，山东省地图出版社 2009 年版。

（作者单位：山东省地名研究所）

命名与改名：宋代乡名初探
——以江南西路为中心

王　旭

摘　要　乡是介于政府管理与“基层自治”之间的中间层级，其名称融入了统治阶级与被统治阶级两个群体的意识和诉求。文章以江南西路为中心，探讨宋代乡名的命名与改名特点，认为宋代乡名的更改存在雅化、宣扬文教以及“去前代化”的趋势。乡的改名既是统治阶级教化乡里、维护基层统治的手段，又是基层民众使家乡得到官方认可的方式。宋代乡名具有较强的传承性，这与其性质变化及自身的文化内涵息息相关。

关键词　宋代　江南西路　乡名　基层统治

地名是人类与自然相处及人类交往之间的产物，与不同时代自然、社会、人文现象有着十分密切的关系。目前关于地名的研究虽多，但主要关注县及县以上的政区名称，县以下基层单位名称则关注较少。县以下基层单位种类繁多，选择“乡”为探讨对象主要是因为它长期以来是县以下最为稳定的基层单位之一，同时又是中国古代金字塔式集权体制下重要的基层区划，它上承府、州、县，下系里、都、保等基层单位，是介于政府管理与“基层自治”之间的中间层级。文章选择宋代开发比较深入的江南西路为空间范围，对其乡的命名和改名进行初步探讨。不当之处，尚祈方家指正。

一、乡的改名及其时代特征

北宋中后期，江南西路的政区较为稳定，包括洪、抚、吉、筠、虔、袁六州及建昌、南安、兴国、临江四军。现收集改乡名之例如表1所示：

表1　宋代江南西路改乡名表

县名	原名	改名	改名原因	出处
南丰	从周	世贤	不详	王铁：《中国东南的宗族与族谱》，汉语大词典出版社2002年版，第143页
永丰	云盖	五桂	董氏一门五人同时中举	《文忠集》卷72《参议董君昌裔墓志铭》
永兴	不详	崇儒	吴中复兄弟几人同时登科	《舆地纪胜》卷33《兴国军》
吉水	永昌	文昌	其乡多文士	《槎翁文集》卷16《元故秘书萧芳洲先生行状》
永新	不详	思贤	仁宗御篆思贤之碑	雍正《江西通志》卷121《艺文・思贤阡碑》
	思贤	大儒	若贾昌朝墓碑御篆曰大儒，元老因之改	同上
泰和	信实	万岁	不详	许怀林：《江西通史・北宋卷》，江西人民出版社2008年版，第67页

续表

县名	原名	改名	改名原因	出处
新昌	太平	同安	金兵入汴，里人张从湮守卫宣化门，力战而死，追封同安郡公	崔乃夫主编：《中华人民共和国地名大词典》，商务印书馆 1999 年版，第 2330 页
永新	不详	义感	受旌诏	《宋史》卷 456《徐承珪传》
建城	康乐	欧桂	欧阳修伯祖仪进士及第，里间荣之	同治《万载县志》卷 4《都图》
新喻	敦教	崇教	不详	《全元文》第 49 册，第 654—655 页
崇仁	不详	青云	乐公父子兄弟接踵擢科	《吴文正集》卷 46《上方观记》
庐陵	文霸	儒林	周必大中举	《文忠集》卷 71《欧阳氏图谱序》
兴国	衣锦	儒学	不详	《文山集》卷 12《赣州兴国县安湖书院记》
兴国	太平	孝感	朝廷表彰杨懋卿纯孝	《后村先生大全集》卷 91《孝思堂记》
庐陵	顺化	淳化	不详	道光《庐陵县志》卷 2《坊都》

乡名的更改，表现出如下时代特征：

（一）雅化的趋势

地名的雅化是指由“鄙野”之名演化为“文雅”之名，这个过程并不唯宋代所特有，而是一个漫长的历史过程，但两宋时代无疑是重要的时期。这可从从周、文霸两乡的改名中得到较为直观的认识。南丰县“从周乡”之得名应该是因为“后周太祖皇帝广顺元年葬其祖吴宣于南丰县”①，被改之后的“世贤”无疑要比“从周”文雅得多。庐陵县的“文霸乡”虽然体现出当地民众希望文士辈出、文风昌盛的愿望，但其文雅程度显然不及“儒林乡”。

（二）宣扬文教的色彩

表 1 所列十六乡中提到改名原因的有十一乡，而与科举相关的多达五

① 转引自王铁：《中国东南的宗族与族谱》，汉语大词典出版社 2002 年版，第 143 页。

乡，还有一乡是因当地文风昌盛。宋代是一个极重科举文教的朝代，在“士农工商”的封建等级社会里，入仕做官被看作是最为荣耀的事情。然而，魏晋以来门阀世族长期把持仕途，寒族士人难以晋升。入宋后，政府推行较为公平的教育政策，完善科举制度，增加录取人数。袁甫谓：“国朝承唐旧，以进士为重，人不荣世阀，而荣儒科，风俗流传有年矣。”①这种重视科举的社会风气和重文的统治思想深入到社会的各个角落，其中也包括乡名的更改。

（三）体现出“去前代化”特征

最为典型的例子是前述“从周乡”改为“世贤乡”，疑是为了消除后周的影响。对于带“唐”字的地名也尽量更改，开宝四年（968 年）三月，“改岭南思唐州为司明州，雄州为南雄州，天下县以‘唐’为名者，皆改之。”②乡名当然也在更改之列，绍兴十八年（1148 年）八月二十五日：“诏永州零陵县唐兴乡改为宋兴乡，祁阳县唐昌乡改为宋昌乡。永隆乡唐兴里改为宋兴里。”③广德军广德县的“唐通乡”也有类似的命运。绍兴二年（1132 年）的官员奏疏中载广德县辖唐通乡，后割入建平县。④但在时代稍晚的《昌谷集》中却记乡为“宋通”，⑤说明南宋时乡名已由“唐”变为“宋”。

二、乡名更改、基层统治与民众表达

文化现象背后往往蕴含着某些历史事实，统治阶级为了有序管理基层社会，除了运用军队、监狱、法律等专政工具外，还非常重视教化的作

① 袁甫：《蒙斋集》卷十四《袭桂堂记》，文津阁四库全书本。

② 李焘：《续资治通鉴长编》卷十二“开宝四年三月丁巳”条，中华书局 2008 年版，第 262 页。

③ 徐松辑：《宋会要辑稿》方域六之二九，中华书局 1957 年影印本。

④ 《宋会要辑稿》食货九之二四。

⑤ 曹彦约：《昌谷集》卷九《条具赈济申提举司状》，文津阁四库全书本。

用。乡名更改作为一种文化现象，融入了统治者管理和教化基层社会的思想。十六乡中有五乡与旌诏忠孝有关，体现出统治者在基层社会宣扬忠孝思想的目的。可通过如下几则材料进行说明。

材料一：

杨君纯孝也，未尝自言，乡邻言于县，县言于州，太学生王刚等言于学官。既而州以其事上尚书，司业、祭酒亦诵言于朝，有诏旌表其门间。君家于吉之太和而馆于赣之兴国，迎母就养，母卒葬焉。兴国之人曰：君馆吾里，母窆吾里，吾县之孝子也。太和之人曰：君占籍吾里，生长吾里，吾县之孝子也。尝欲奉柩归祔于先茔，赣人遮止，改其太平乡为孝感乡。太和尹师侯应极扁君所居为孝感堂，又表其坊，能言之士已记之矣。[①]

材料二：

铅山县民王小十取肝以愈母病，盖陛下躬行孝德风化之所致。乞诏有司旌其门间，易其乡号，仍宣付史官。[②]

材料三：

今皇帝嘉先生夫妇齐年八十有四，敕饶守旌其乡曰“荣禄”。里曰“具庆”。延祐四年，饶守王都中既奉敕，乃建里门。呜呼！德盖一里而荣一里，行孚一乡而荣一乡，先生有焉。忠效于君而尊于国，孝竭于亲而周于家，嗣师有焉。里名具庆，乡号荣禄，里人为之变俗，乡人为之迁善，州人、邑人亦为之勤，是则王君守饶而建具庆里门之意也。某雅与嗣师游，知先生为独深，摭其实以为门记，使刻诸间左[③]。

材料二和材料三虽不在本文所框定的时空范围内，但其案例仍有借鉴意义。在材料一中，太和与赣县为争夺杨姓孝子而各列证据，赣县甚至为

① 刘克庄：《后村先生大全集》卷九一《孝思堂记》，《全宋文》第330册，上海辞书出版社、安徽教育出版社2006年版，第290—291页。

② 李心传：《建炎以来系年要录》卷一四八《请旌表孝子王小十奏》，中华书局2013年版，第2384页。

③ 元明善：《荣禄乡具庆里门记》，摘自《全元文》第24册，凤凰出版社、江苏古籍出版社2005年版，第310页。

此而改易乡名。上到官员，下到底层民众，社会各阶层为何都不遗余力的争夺孝子呢？材料三很好地回答了这个问题，即“文化名人”有利于地方教化，可以起到“里人为之变俗，乡人为之迁善，州人、邑人亦为之勤”的效果。改易乡名既是赣县争孝子的一种手段，又是宣传教化的特殊方式，地方民众因改易乡名而荣耀，起到“追慕忠孝”的效果。在材料二中，奏疏把王小十取肝救母的原因归为皇帝躬行孝德风化，说明政府的教化确实已经深入到社会的各个角落，地方官员在吹捧皇帝德行的同时也是在暗示自己施政的成功。

像这种以宣扬教化为目的而改乡名的例子还有很多。如莱州掖县人徐承珪，自幼父母双亡，与兄弟三人及同族三十口人“同甘藜藿，衣服相让，历四十年不改其操。所居崇善乡缉俗里，木连理，瓜瓠异蔓同实，州以闻。乾德元年，诏改乡名义感，里名和顺”[①]。又如婺州兰溪县金景文，南宋初期“以孝行著称，其父母疾，斋祷于天，而灵应随至。事闻于朝，为改所居乡曰‘纯孝’”[②]。统治阶层改易乡名实际上是在树立“光辉”典型，确立行为表范。欧阳修在《举进士张立之状奏》中称榜样的作用，“族一士之行”，可以“劝一乡之人”。[③]那么其实际效果如何呢？嘉靖《淳安县志》卷十四《义役记》载：“淳熙六年，诏州县举行义役。淳安县青溪乡千刃里项训等欣然割田为倡。令尹嘉叹，更其乡曰和义，里曰归善，所以旌之也，法非人不行，义役行于括苍而婺女继之。”后来该县十四乡共计出田一千七百八十七余亩以助役。可见“改乡名”的嘉奖方式很有效。无独有偶，范成大在处州松阳县推行义役时也采用了改乡名方法。《文献通考》卷十三《职役考二》载：“（乾道）五年，处州松阳县首倡义役，众出田谷，助役户轮充，守臣范成大嘉其风义，为易乡名，自是所在推行浸广。而当时浮议胥动，多有伺其隙而败其谋者。”当时推行助役法困难重重，而范成大采用的策略是“嘉其风义，为易乡名”，其结果是推行“浸广”。

---

① 脱脱等：《宋史》卷四五六《孝义》，中华书局1986年版，第13387页。

② 宋濂等：《元史》卷一八九《金履祥传》，中华书局1976年版，第4316页。

③ 《全宋文》第16册，第953—954页。

根据主导者不同，可将改易乡名的情况分为两类：第一类是皇帝直接下诏。如汀州长汀县人罗彧，“上嘉其劳，特除诸路提点使，赐锦衣金带旗二，云‘明时折桂’、‘衣锦还乡’，以示褒赏，仍知本州事。未至家而卒。郡有衣锦乡、仙桂里，本此。”① 再如丞相王曾，“诏特改乡名、院榜皆曰旌贤”。② 第二类是地方官员。如姚宗明的旌表，“河中尹浑瑊上其事，诏加优赐，表其门，其结果就是改其乡曰孝悌，社曰节义，里曰敬爱。”③ 再如温州金华县在汪姓官员的治理下，三十余年“役讼不至于公门”，郡守吴芾“嘉君之为，号其乡曰循理，里曰信义”④。

前述两种方式虽主导者不同，但都可归为统治阶层，这似乎说明乡名的更改仅仅体现统治阶层的意志。实则不然，基层民众才是接触乡的直接群体，乡名的更改在很大程度上也体现了他们的思想。从赣县争孝子的案例来看，基层民众对地方的“文化资源”非常看重，这种心态就像我们今天也会因为本乡出了大人物而感到骄傲一样。前述永新县宋代时两次改易乡名，第二次改名“大儒乡”明确提到是“元老因之改”，所谓“元老”是指较有声望的地方“士人”或“乡老”，这说明地方民众对于乡名更改拥有一定的自主权。

总之，乡名的更改融合了统治阶级与被统治阶级两个群体的诉求与思想。对于高层统治者来说，通过改易乡名可以建构起与官方主流文化（重文抑武、忠君爱国、忠孝节义等）意识相一致的基层文化，达到“一道德，同风俗”的效果。对于地方官员来说，改易乡名不仅是教化乡里的工具，有利于基层管理，还是一项“政绩工程”。而对于基层民众来说，改易乡名不仅可以增加对家乡的自豪感，也能通过这一途径得到官方层面的认可和重视，从而提升本乡在区域内的政治地位。

---

① 宋志英选编：《宋元方志人物传记资料丛刊》第 5 册《临汀志》，国家图书馆出版社 2011 年版，第 704 页。

② 《全宋文》第 29 册，第 133 页。

③ 《宋史》卷四五六《孝义》，第 13402—13403 页。

④ 吕祖谦：《东莱集》卷十一《金华汪君将仕墓志铭》，文津阁四库全书本。

三、宋代乡名的传承及其文化内涵

宋代乡里制度对后世影响深远已成学界共识，[①] 但所述仅涉及制度层面，其实影响还体现在乡名上。以残本《元一统志》所存江南西路六县为参照，对比宋、明、清这六县所辖之乡，可作下表：

表 2　宋至清江南西路六县乡名对比表

<table>
<tr><th>县名</th><th>宋代乡名</th><th>《元一统志》所载乡名</th><th>宋元相似率</th><th>明代乡名</th><th>宋明相似率</th><th>清代乡名</th><th>宋清相似率</th></tr>
<tr><td>新昌</td><td>天德、太和、义钧、天宝、太平、宣风、广贤</td><td>天德、太和、义钧、天宝、太平、宣风、广贤、新安</td><td>0.86</td><td>天德、太和、义钧、天宝、太平、宣风、广贤、新安</td><td>0.86</td><td>天德、太和、义钧、天宝、太平、宣风、广贤、新安</td><td>0.86</td></tr>
<tr><td>临川</td><td rowspan="2">临汝、长寿、长宁、广西、灵台、广东、延寿、尽安、崇德、明贤、安宁、积善、长乐、长安、新丰</td><td rowspan="2">临汝、长寿、长宁、广西、灵台、广东、招贤、延寿、尽安、崇德、明贤、安宁、积善、长乐、长安、新丰</td><td rowspan="2">0.94</td><td rowspan="2">临汝、长宁、灵台、招贤、尽安、明贤、长乐、安宁、长寿、移风、遵化、延寿、崇德、积善、长安、新丰</td><td rowspan="2">0.87</td><td>临汝、长宁、灵台、招贤、尽安、明贤、长乐、安宁、延寿、崇德、积善、长安、新丰</td><td rowspan="2">0.87</td></tr>
<tr><td>东乡</td><td>安宁、长寿、移风、遵化</td></tr>
<tr><td>崇仁</td><td>青云、崇仁、长安、仙盖、礼贤、惠安、颖秀</td><td>长安、礼贤、青云、崇仁、惠安、颖秀</td><td>0.86</td><td>长安、青云、崇仁、礼贤、惠安、颖秀</td><td>0.86</td><td>长安、青云、崇仁、礼贤、惠安、颖秀</td><td>0.86</td></tr>
<tr><td>金溪</td><td>白马、延福、永和、归政、归德、顺政、顺德</td><td>归政、归德、顺政、延福、顺德、永和</td><td>0.86</td><td>归政、归德、顺政、顺德、延昌、白马、永和</td><td>0.7</td><td>归政、归德、顺德、顺政、延福、白马、永和</td><td>0.86</td></tr>
</table>

① 段琳：《宋代乡村基层组织演变释疑》，《西安社会科学》2009 年第 3 期。

续表

县名	宋代乡名	《元一统志》所载乡名	宋元相似率	明代乡名	宋明相似率	清代乡名	宋清相似率
宜黄	崇贤、迁桂、待贤	崇贤、迁桂、待贤	1	崇贤、仙桂、待贤	0.67	崇贤、仙桂、待贤	0.67
乐安	忠义、乐安、云盖、天授	忠义、乐安、云盖、天授	1	忠义、乐安、云盖、天授	1	忠义、乐安、云盖、天授	1

分析表 2，可知宋元明清乡名的相似度颇大，这说明宋代的乡名具有较强的稳定性和传承性。需要说明的是所列宋名仅是今天可以在宋代史料中见到的乡名，没有在史料上出现的乡并不代表不存在，如果考虑到这一因素，则变化率还会大大下降。宋元之际，乡名虽存在微小的变化，如临川县的广东乡、广西乡改为移风乡和遵化乡，宜黄县的迁桂乡改为仙桂乡，但这并不足以动摇整体结论。

笔者认为，造成这种传承性的原因有二：其一是熙丰变法之后，乡制虽然发生了较大的变化，但新出现的基层区划都是在乡这样一个地域单元里编排和运作，“税不出乡”“政不跨乡”使乡依然保留着地域的完整性。地方民众也无意去改变这些已经被长期认可的乡名，正如《朝阳县志》所载：“盖自斯团名遂废，四乡之号亦寝不行，然父老至今相谓犹多称曰乡，都盖本诸此也。”① 这就是典型的“路径依赖”。其二是乡名本身拥有丰富的文化内涵，是历史文化沉淀的结果。它们当中，有的与当地风俗习惯有关，如吉水县的文昌乡。有的与地方名人有关，如新喻县擢秀乡，因墨庄刘氏而名。② 有的与历史事件或神话传说有关，如大庾县的游仙乡、建昌县的控鹤乡。这使得这些乡名已经成为了地方特色文化的有机组成部分，拥有较强的生命力。今天，政府在进行政区调整和社区化、城镇化建设时，需要修改很多的乡镇名称，但不少地区存在不顾历史渊源，随意修改

① 隆庆《朝阳县志・乡都》，上海书店出版社 1981 年影印本。

② 康熙《新喻县志》卷三《乡都》，《稀见中国地方志汇刊》第 28 册，中国书店出版社 1992 年版。

的现象，这对文化的传承和地方特色文化的宣传是不利的。怎么保持这些地名的历史延续性及开发保护历史地名文化是我们需要关注的问题。

参考文献

〔1〕崔乃夫主编：《中华人民共和国地名大词典》，商务印书馆1999年版。

〔2〕王铁：《中国东南的宗族与族谱》，汉语大词典出版社2002年版。

〔3〕许怀林：《江西通史·北宋卷》，江西人民出版社2008年版。

〔4〕华林甫：《中国地名学源流》，湖南人民出版社、人民出版社2010年版。

〔5〕段琳：《宋代乡村基层组织演变释疑》，《西安社会科学》2009年第3期。

〔6〕包伟民：《宋代乡制再议》，《文史》2012年第4辑。

〔7〕王象之撰，李勇先点校：《舆地纪胜》，四川大学出版社2005年版。

〔8〕袁甫：《蒙斋集》，文津阁四库全书本。

〔9〕吴澄：《吴文正集》，文津阁四库全书本。

〔10〕吕祖谦：《东莱集》，文津阁四库全书本。

〔11〕张耒：《柯山集》，文津阁四库全书本。

〔12〕王安石：《临川先生文集》，中华书局1959年版。

〔13〕刘克庄：《后村先生大全集》，《全宋文》本。

〔14〕李心传：《建炎以来系年要录》，中华书局2013年版。

〔15〕李焘：《续资治通鉴长编》，中华书局2008年版。

〔16〕脱脱等：《宋史》，中华书局1986年版。

〔17〕宋濂等：《元史》，中华书局1976年版。

〔18〕徐松辑：《宋会要辑稿》，中华书局1957年版。

〔19〕隆庆《朝阳县志》，上海书店出版社1981年版。

〔20〕康熙《新喻县志》，《稀见中国地方志汇刊》第28册，中国书店出版社1992年版。

〔21〕雍正《江西通志》，清光绪七年刻本。

（作者单位：扬州大学社会发展学院）

从地名故事看运河地名文化
——以鲁桥镇和马坡镇为例

程宗宇

摘　要　运河地名是运河区域内民众根据本地域的风土民情所产生的特定名称，其中蕴涵着当地民众强烈的地域认同感和归属感，既是地域自我识别的标记，亦是地域文化的结晶，呈现出很强的运河特点，即“对话”型。本文通过对山东运河区域鲁桥镇和马坡镇的地方民俗传说的考察，讨论“对内”型和“对外”型及地名文化载体开发与保护的问题。

关键词　山东运河　鲁桥镇　马坡镇　地名文化

地名既是特定地理实体的指称，也是当地自然地理和人文地理的反映。运河区域的地名文化既有民众“赋予”的社会性，亦有鲜明的运河“区域性”，承载着丰富的文化信息。山东运河区域在运河中的地位突出，该段建有诸多水利设施，如桥、闸等，这些设施的修建对附近的村落命名产生较大影响。据统计，“山东运河段村落总计约570个，与运河有直接联系的村名130余个。”①村名如戴闸村、土桥村等。运河畅通，增强了不同区域和不同类型文化的交流，这种交流也对地名产生了很大影响，形成了运河区域地名的特点。具体表现为两种类型：一种是“对内”型，即原有地名在运河开通后内容更丰富，且被赋予新的内涵，传播范围变广；另一种是“对外”型，即原有地名与新文化相互融合，地名意义被扩充，形成新的内容。接下来，笔者将以鲁桥镇、马坡镇为例说明。

一

鲁桥镇位于山东济宁南阳湖东西两岸，微山县的北部，西与任城、鱼台等三区四乡镇接壤，是古泗水入运河之处，大运河与白马河交汇处，故鲁桥镇与运河有着千丝万缕的联系，那么鲁桥镇名的由来是否与运河有着直接的关系？

据《资治通鉴》记载：“唐咸通十年，徐州叛卒庞勋等作乱。曹翔之退屯兖州也。留沧州卒四千人戍鲁桥，即此。古泗水经此，有桥。故有鲁桥之名。”②这说明鲁桥之名在唐代即已出现，并且鲁桥镇已为泗水运道上的重镇，但鲁桥镇名是否与运河有直接关系，现已无从考证。除此，另据《明史》记载：“鲁桥镇巡检司，东距府六十里，领县三。”③巡检司一般设于关津要地，隶属于地州县管辖，负责稽查往来行人、打击走私、缉捕盗贼，这可佐证鲁桥镇地理位置交通便利、私贸频繁，交通、经济和军事职能突显。又据《元史》记载：“至元二十年（1283年）冬十月壬寅，迁济

① 闫雪怡编著：《运河岸边的村落》，中国社会出版社2016年版，第133页。

② 转引自吴欣：《大运河商业市镇地名》，中国社会出版社2016年版，第40页。

③ 张廷玉等：《明史》，吉林人民出版社2005年版，第620页。

州潭口驿于新河鲁桥镇。”[①]这说明会通河开通后，鲁桥镇既有船闸，亦有驿站。由此可见，运河的航运给鲁桥镇带来了优利，反之运河开凿时，选择此地是否也考虑到鲁桥镇的优越地位？

关于地名的由来，当地则流行这样的传说，这一传说源自一个人——鲁班。鲁班为中国春秋时期的工匠，他不仅发明了工具刨、墨斗、曲尺、钻和铁锯，而且能建筑房屋和桥梁，制造各种器械，后世土木匠皆尊奉他为祖师。[②]之后鲁班被神化，成为道教神仙。据传，泗水贯村南流，两岸通行不易，故乡里众老倡议筑桥。士绅乡老奔走相告，需众人助之，乃广寻良匠，孰知月余，桥身渐成，但其不合拢。忽有一日，一老者至，观桥之上下，笑而不语，取其一石，放置道旁乃去，匠用之，桥至合拢，遂成。众人悟，翁乃鲁班是也，故名鲁桥以记之。此传说其真伪暂且不究，但其中蕴涵的地域文化信息，值得我们发掘探究。

这里的“鲁桥镇”之“鲁”与工匠之圣鲁班是否有关？在历史文献中并无记载，且无法溯源鲁桥镇地名的确切由来。但鲁桥镇位于运河东岸边，镇中民众生活与水息息相关，桥梁成为河流两岸民众交流、交往的重要渠道，修建桥梁就成为与民便利的大事。鲁班造桥的传说虽不可信，但造桥之事必然有之。技艺高超的工匠，造出高质量的桥梁，造福于镇中民众，工匠、桥梁成为镇中民众生活中的一种符号，故而以鲁班造桥的传说命名，形成集体记忆，被当地民众传颂。

但是，为何以鲁班造桥的传说命名广为流传？值得思考。据文献可以看出运河开通后，鲁桥镇成为了重镇，贸易繁盛，交流频繁。在交通不发达的古代，运河已成为交通、运输、经商的重要通道，更是各地文化传播的直接渠道。由此可见，以鲁班造桥的传说命名广为流传，运河起到了重要的作用。

---

① 转引自刘玉平主编：《运河文化与济宁》下册，中国社会出版社 2012 年版，第 635 页。

② 陆步亭主编：《中国通史》，中国华侨出版社 2015 年版，第 76 页。

二

科学实证的历史研究通常把传说与历史二元对立起来，而后现代史学认为："无论是口头传说还是历史文献，都是历史记忆的不同表达方式，而可以通过这一共同的特征，将两者对接起来，以期深化和丰富历史研究"。[①]笔者认为的"本土文化"是基于本地的风土人情、饮食习惯、年节习俗、语言习俗和宗教信仰等因素，满足本地居民需求的民间文化，地名文化是"本土文化"的组成部分。而"对外"型地名文化是"本土文化"经运河传播，沿岸民众根据本区域生活需求，融合其他区域文化所形成的"再生"文化，口头传说是其主要的表现形式，彼此以运河为媒介，互相关联。笔者将以浙东版"梁祝传说"、微山县马坡镇的"梁祝传说"来探究一下地名"运河"特点。

微山县马坡镇，其位于微山县的最北端，东临邹城，西邻太白湖新区，白马河、泗河从东至西流过，水陆交通便利。此地不仅是运河沿岸的重要城镇，还是民间四大传说之一"梁祝传说"的辐射源。据《济宁直属州志》记载："汉更始元年仲子十七世孙为避赤眉乱，自泗水卞邑流寓济宁，建庙横坊村，今仲家浅也。"[②]就是说，仲由因避乱定寓济宁，师从孔子之道，广传孝儒。故此区域受孔孟之道影响颇深。

1952年，在山东邹城修浚白马河工程中，发现一块梁祝墓碑，碑首篆刻"梁山伯祝英台墓记"。据记载："明正德十一年（1516年），南京工部右侍郎崔文奎为'推之可以为忠，可以为孝，可以表俗，有关世教之大不可泯也'而立。"[③]此墓碑主要分为三部分：一是讲述当时当地传颂的"梁祝传说"，二是记录重修此碑的起因、过程，三是阐明重修的意义。

---

① 赵世瑜：《传说·历史·历史记忆——从20世纪的新史学到后现代学》，中国社会科学出版社2003年版，第175—176页。

② 转引自朱亦主编：《山东寺庙塔窟》，齐鲁书社2002年版，第235页。

③ 转引自张从军主编：《山东运河》，山东美术出版社2013年版，第93页。

在碑文中尽显济宁马坡版的“梁祝传说”的本土特色：“上白于亲，毕竟读书，可振门风，以谢亲忧”，可见祝英台为光耀门风，扮男学习，此“行孝”为迎合孔孟之道；“更适他姓，是易初心也。与其忘初而爱二，孰若舍生而取义”，祝英台虽心仪梁山伯，但仍无法突破“父母之命，媒妁之言”的束缚，离经叛道之举遂不告而终；“乡党士夫谓其全节，从葬山伯之墓，以遂其愿”，其意在表彰英台的贞节。可见，深受孔孟之道影响。

关于浙东版“梁祝传说”，据宋大观年间李茂诚于《义忠王庙记》中载：“梁山伯是东晋会稽人，幼时志向高远，求学过钱煳讨，道逢上虞祝贞，二人很谈得来，就同去读书。三年后，祝思亲而基。山伯到上虞寻访，方知祝是女子，已许哪城马氏了。后来，因举贤，山伯被荐为哪令。因病不治，临终嘱咐：‘死后葬于哪西清道原九龙墟。’次年，祝出嫁，经过此处，忽然波涛大，英台听说有山伯墓。即登岸祭奠，哀恸之下，地裂而埋，马氏告到官府，官府报到朝廷，亟相谢安请封为‘义妇冢’”。[①]可见，浙东版“梁祝传说”歌颂浪漫的爱情，与深受孔孟之道的齐鲁之地“梁祝传说”有所差异。

相比之下，马坡镇“梁祝传说”虽没有突破孔孟之道，但有欲冲破世俗之举。微妙的变化，足以见得区域间文化的碰撞。据碑文可以了解：“祝英台家济宁九曲村位于今微山县马坡乡泗河南岸，因泗河从兖州至此有九个弯而名；梁山伯家的邹邑西居，则在马坡东南；马郎家的西庄，在今马坡北；峄山在邹县东南20余里处，山上有梁祝读书洞、梁祝泉、万寿宫梁祝像等遗址、遗迹；梁山伯祝英台墓在吴桥之东，而吴桥在邹城西六十里。”[②]出土的文物迹象表明马坡镇必定是“梁祝传说”的一个辐射源。

孰为源头，暂且不论，但据不完全统计，“全国梁祝遗址有13处，大多处都存在运河沿线上辐射渠道。”[③]这说明运河必定是其传播渠道。所以，无论“梁祝传说”源于江浙，还是源于马坡，运河作为“梁祝传说”

① 转引自路晓农：《“梁祝”的超源与流变》，东南大学出版社2014年版，第269页。
② 转引自路晓农：《“梁祝”的超源与流变》，东南大学出版社2014年版，第269页。
③ 张从军主编：《山东运河》，山东美术出版社2013年版，第94页。

的辐射渠道应是不争的事实。对此，樊存常先生也曾提出“梁祝运河传播说”看法。①

三

在历史变迁的过程中，尽管地名文化是人们对运河区域自然与人文环境在语言上独到的认识，但真正能体现运河区域的社会文化发展脉络的是“本地文化”与“运河文化”的“交叉现世”意义，“交叉现世”需地名文化的载体才能实现。“载体”主要指地名及地名背后的故事。现如今，“载体”面临着一系列挑战，如“消失的地名”，因处于要冲之上，运河改道，故迁移，随镇而消失；“新建的地名”，因经济与文化发展的需要，弃其旧名，取新名；“遗忘的地名”，因村史悠久，进城务工，传承被破坏，地名背后的故事渐渐被人淡忘；等等。“载体”不断遭到破坏，而怎样对待这些“载体”成为值得思考的问题？

事实上，与其他旅游资源具备特有的生命周期一样，地名文化的“载体”属于历史文化资源，历经“成长—成熟—衰退”三个阶段。为了使“载体”焕发生机，根本措施是基于保护好“历史现场”的前提下，不断实施创新开发、更新和再生其“魅力”。

（一）重现“历史现场”

历史文化资源开发的质量在很大程度上取决于其独特性，即历史文化资源自身的特征。“鲁班造桥”和“梁祝传说”是鲁桥镇、马坡镇最具有独特性的自身资源，加上与运河相生相伴，构成独特的“地名文化”，形成本土化的风土人情。要重现“历史现场”，首先做好实地考察，进行地名统计，保护即将“消失的地名”；其次做好地名故事、传说的宣传；最后结合本地的风土人情，搭建“文化舞台”，鼓励当地居民自主创业，创

① 路晓农：《“梁祝”的超源与流变》，东南大学出版社2014年版，第330页。

造旅游市场，减少进城务工人员。除此之外，实行“联动”制，结合微山县开发的历史名人文化、运河文化、民俗文化等资源，像伏羲陵、古留城、仲子庙、关帝庙等，实现区域发展。

（二）建设“专业设施”

历史文化旅游资源开发的持久性在于是否具备有吸引力的旅游接待空间，即旅游的“专业设施”。其主要包括：旅游服务设施、游客中心、旅游咨询服务中心、旅游消费场所等。地名“载体”属于文化资源，其培养“专业设施”主要指“专业导游”“互联网＋”技术等。虽然重现“历史现场”可以显出“历史感”，但因诸多因素（知识架构）未必让每个人重归“历史现场”，故需“专业导游”引导。但如今旅游市场受经济的影响，导游队伍的建设方向出现了偏差。所以培养“专业导游”是关键一环，不容忽视。旅游主管部门应成立地名载体教育培训中心，以培训地名背后的故事为主体，岗位培训为主要手段，建立地名载体专业导游人才培养层级体系，培养其文化传承者。

（三）创造“二次文化”

旅游资源开发的活力在于资源的“二次文化”，即根据客观历史为主体，以市场趋势为导向，进行的二次文化创造。《中华人民共和国文物保护法》规定：“文物工作要坚持保护为主，抢救第一，加强管理，合理利用十六字方针。”创造“二次文化”就是坚持合理利用的规定方针，制作“鲁班造桥”“梁祝传说”特色地名邮票等纪念物。不仅带来了经济效益，而且有利于形成“鲁班造桥”“梁祝传说”等地名品牌效应，弘扬运河特色地名文化，更可以重塑当地民众的认同感，形成二次地域标志。

重现“历史现场”、建设“专业设施”、创造“二次文化”，是对地名文化的载体的开发与保护，同时赋予载体新活力，发挥着“交叉现世”的意义。但现实的“破坏”让这些载体面临挑战，如何更好地保护值得深入探究。

（作者单位：聊城大学运河学研究院）

“州”的地名文化背景及其空间分布规律

宣　普　包雄峰

摘　要　地名反映了不同时期和区域的社会文化，在中国传统文化中具有重要作用，同时也是人类历史文化遗产。“州”作为一种特殊的地名，不仅能反映地域自然和文化现象，也能折射出不同历史时期地名的政治和行政功能演变。本文从“州”在古代行政区划沿革的历史演变，州文化与地名演变和“州”的空间分布规律三部分来研究“州”的行政区划历史演变，“州”与河流的依存关系以及“州”在全国空间分布概况和现象，并通过“州”的不同空间分布示意图展示并解释这种现象，这对挖掘和弘扬历史上现存的州名以及州文化具有重要参考价值，同时也对后世学者研究地名提供了重要借鉴意义，同时全国现存的州特别是西北地区和东南沿海一带州的分布与国家倡导的“一带一路”建设密不可分，通过发扬沿线一带州的文化习俗，挖掘其悠久历史底蕴，不仅可以带动沿线一带州的经济发展，而且能够更好地发挥“一带一路”倡议的主旋律，对推动“一带一路”建设具有重大意义。

关键词 地名 州 行政区划 一带一路 州名

“地名”是人们在社会实践中所产生，它不仅是指代某一地域的功能性符号，同时也反映了区域政治经济、文化习俗、地理历史以及居民心理和生活习惯等方面的内在变化①。地名由专名和通名构成②，专名具有反映某个区域自然和文化等方面特色的作用，通名则具有识别区域类别的作用，例如“州”就是数量比较多的通名。古代行政区划中的“州”具有双重作用，既具有行政作用，又具有地名的通名作用。州在古代作为地方行政区划虽然一直随着朝代更替而发生变化，但是州的通名属性作用却随着时间推移不断强化，直到民国成立后废除州级行政区划后，州的地名属性才真正确立。全国带“州”的县级以上地名在全国县级以上地名当中还是占据较大部分，通过州名可以反映一个城市的历史兴衰，也能反映当地的自然环境与人文习俗等。州名作为中国地名的重要组成部分，在中国历史上有着特殊而深刻的历史地位，对当代学者探究地名文化非常具有借鉴意义，同时也对地名文化的研究和保护起到了重要作用。本文通过探析古代设置州的行政区划沿革与地名的关系，详细分析带“州”的地名命名规律，通过空间示意图来探究全国带“州”地名的空间分布规律以及现象。

一、中国古代行政区划沿革中“州”的历史发展演变

州在先秦时期更多体现的是地理意义，政治意义出现很明显的是在汉朝。秦始皇为了加强中央集权，实行郡县制，至此中国的行政区划政治意

① 李煌、刘子申：《河南地名命名规则及文化内涵探析》，《黑龙江史志》2011 年第 3 期。

② 李琛：《西安地名的构成方式及命名探究》，《陕西教育（高教）》2017 年第 2 期。

义开始强化，行政区划的政治单元也开始正式形成并对历朝历代意义影响深远。刘邦建立西汉王朝后，实行郡国并行制。汉武帝时期，在吸取“吴楚七国之乱”的深刻教训后，开始在全国建立“州”作为监察区，监察区设刺史，这也是州第一次作为行政区划雏形出现，但是此时的州不是真正意义上的行政区划，真正与中央直接联系的仍然是郡。直到东汉末年，州才从监察区摇身一变行政区，第一次正式成为中国历史上行政区划单元，由此东汉成为州郡县三级行政区划模式。隋朝统一中国后，隋文帝鉴于南北朝分裂时期，州、郡的行政区划设立混乱不堪，故“罢天下诸郡，以州统县”，实行州县两级制，但到隋炀帝即位后，又将州改为郡，以郡辖县，恢复到秦朝郡县制。从历史上看中国行政区划变化，隋朝除了是从州制转变为道制的过渡时期，还成为中国行政区划历史上重要但相对不成熟的一个过渡时期。唐朝建立后，改郡为州，恢复州县制并在全国设立道作为监察区。唐玄宗时期，首次将府作为行政区划，地位和州同级，值得注意的是，唐朝将比较重要的州命名为府，以表示与普通州的区别，因此唐朝行政区划实行道、州(府)、县三级制。两宋时期，行政区划承袭唐朝，并将唐朝的道改为路，实行路、州(府)、县三级制。元朝开始设立更高一级的行政区划，称为“行中书省”，简称“行省”，省下设路、州(府)、县，形成行省四级制，其中，省统辖各路，有些府和州归路管，有些由省直辖，部分州归府辖。明朝将元朝一级行政区划的“行中书省”改为“承宣布政使司”，简称“布政司”或“布政使司”，其名称取自“朝廷有德泽、禁令、承流宣播，以下于有司”。明朝政府将元朝的路改为府，同时州开始出现分化和新设，州分为直隶州和属州，直隶州级别等同于府，隶属于布政使司。府以下管辖属州和县，直隶州也辖属各县，因此，明朝行政区划出现了省府州县四级制和省州县三级制混用并存的行政区划体制。清朝沿用明朝行政区划体系。康熙即位后，将布政使司正式更名为“省”，但清朝将明朝三级和四级行政体系并用的局面调整为三级制，即省、府、县和省、直隶州、县。省直辖府和直隶州，府辖的属州不再领县，由府直接领县，而直隶州可以直辖各县[①]。民国建立后，废除清朝的府和州，仅保留县和省。民国时期废除的州不再作为行政区划，但是一些具有历史文化底蕴或者影响力较大的州却依旧作为地名永久性保存下来，沿用至今。

二、州文化与地名命名

（一）州文化与河流的渊源

《说文解字》上说“水中可居曰州”，一说州字从“川”，从“、”，川即河流，“、”相当于“主”的简写，为“入住、进驻”的意思，故“州”字原本意居住于水上高地。一说“州”字，从“重川”，也就是“州”字可拆成两个“川”字，字形像河水环绕小岛。传说尧舜时代，遭遇罕见大洪水，当时百姓逃到水中高地暂住，所以也就有人将这些高地称为“九州”，这就是九州名字最初由来。州最初就是人们安居于河流高地的场所，因此最初州的设立都是依河而置。不难看出无论北方还是南方，目前大多带州的城市都是靠近河流地区，特别是在长江沿岸更加明显。在长江沿岸从上游往下游依次分布的州有泸州、万州、荆州、黄州、鄂州、池州、润州、扬州、泰州、常州、苏州、通州，其中苏南地区占据长江沿岸一半的州，这主要得益于苏南地区处在长江下游地区，地势平坦，沃野千里，经济发达。长江流域的州与河流紧密相依，州的设立更加依赖于当地的河流。例如，湖南永州处在潇水和湘水交合处；江西吉州位于赣江中游；湖北随州位于涢水附近；安徽徽州位于新安江附近。

（二）州的地名命名类型

目前全国114个州名大多数除了直接体现与河流的关系外，还有体现与山的关系，与泉水或湖塘的关系，甚至有些与人名、国名有关等。下面介绍几个常见的州名命名分类。

---

① 朱亮：《我国古代地方行政区划制度的变迁》，《合肥师范学院学报》2015年第5期。

1. 因河命名

以河流直接命名的州占据大多数，特别在中国东部河流集中地区更为明显。例如江苏润州是因城东有古润浦河而得名；江西袁州是因袁河得名；江西信州因境内信江而命名；江西赣州因赣江贯穿其中而得名；安徽滁州因滁河而得名；浙江湖州因位于太湖南岸而得名；浙江衢州因境内衢河而命名；杭州因夏朝大禹乘舟航行钱塘江路过此地，谓"余航行此地"，古越人简称为"禹杭"，后人称"余杭"[①]，隋朝正式置杭州；四川彭州因"以岷江导江，江出山处，两山相对，古谓之天彭门，因取以名"。

2. 因山命名

许多州除了依赖河外，还依赖于山。城市的建设初衷除了便于取水饮用，经济文化航运，加强与外界州府行政往来外，依山傍水的地形，可以防洪避旱，古人选择有山有水的独特地势，也考虑风水和自然环境。同时，政治上这种有利的地势布局起到保卫城池的重要作用，城市被山水围绕构成相对封闭的环境，这样有利于军事防守和外界入侵。例如，甘肃兰州就是明显的这种依山傍水布局，黄河贯穿兰州主城区，同时兰州城南倚靠皋兰山，因其山而得名兰州；湖北荆州临长江，倚荆山，因其山而得名；温州因温峤山而得名；江苏苏州因靠姑苏山而得名；福建福州因福山而得名；四川巴州因北部有大巴山而冠名。

3. 因湖命名

湖泊命名的州一般集中在江南地区，例如，浙江湖州因位于太湖南岸而得名；安徽池州因境内池塘湖泊众多而得名；河北深州因城西故深池为名。

4. 因泉命名

泉水命名的州分布较少，一般多见于北方。例如，山东滕州因境内"泉水腾涌"而得名[②]；甘肃甘州因其古城内泉水甘甜而得名；福建泉州因

① 宋秀秀：《余杭地名文化初探》，《汉字文化》2009 年第 3 期。

② 钱正英等：《人与河流的和谐发展》，《中国三峡建设》2006 年第 5 期。

清源山有乳白的泉水流出而得名。

5. 因海命名

沿海一带的州名主要与海关系密切，例如，河北沧州因东临渤海，取“沧海之州”；山东滨州因位于渤海之滨而得名；江苏海州因位于黄海岸边而得名；广东潮州因濒临大海，潮水在此涨落而得名。

6. 因人命名

君王在某一区域分封王侯和土地，该地便因王侯的封爵而命名，例如黑龙江肇州因金国肇基王绩于此得名；四川崇州因宋高宗潜藩于此乃升崇庆府而得名；安徽徽州因北宋皇帝宋徽宗而得名；广东梅州因追随刘邦有功封于此地的重臣梅绢而命名。

7. 因国命名

古代分封诸侯国或王侯封地而得名的州也较多，主要分布在中原地区。例如，河南郑州因春秋时期郑国而得名；河南邓州因春秋时期邓国而得名；河南孟州因孟涂国而得名；湖北随州因随国而得名；湖北鄂州因鄂国而得名①。

8. 因讳命名

有些州名因避讳君王的姓氏而命名，这种地名讳改方式在中国地名演变过程中是一种特殊现象②。例如，广东惠州因避宋真宗赵祯讳，将祯州改为惠州；河南禹州因避明神宗朱翊钧讳将钧州改为禹州；河南林州因避东汉殇帝刘隆讳将隆虑县改为林虑县，后金朝置林州。

---

① 周晖：《鄂州地名漫谈》，《黄冈师范学院学报》1987 年第 1 期。

② 张力仁：《中国城市地名命名方式及其区域差异》，《中国地名》1997 年第 5 期。

三、全国州的空间分布规律

（一）全国州的空间分布概况

从图 1 中可以看出，全国 114 个州的分布呈现东部密集，西部稀疏特点，其中云南、西藏、青海、吉林、内蒙古、台湾无任何州出现。从自然方面分析，主要东部地区地势低平，人口比较密集，而西部地区海拔高，人口稀少，不便中央政府管辖。从人文方面分析，政治上，中国历朝中央政府的政治都集中于中东部，设立更多的州级行政区划可以有效控制和管辖该区域以巩固其统治，而西部地区，地域广阔，人口稀疏，因管辖地域庞大，更多的是用其他的行政区划代替州来管辖西部地区特别是边疆地区，例如唐朝在边疆地区设立安西、安南、安北、安东、北庭、单于六大

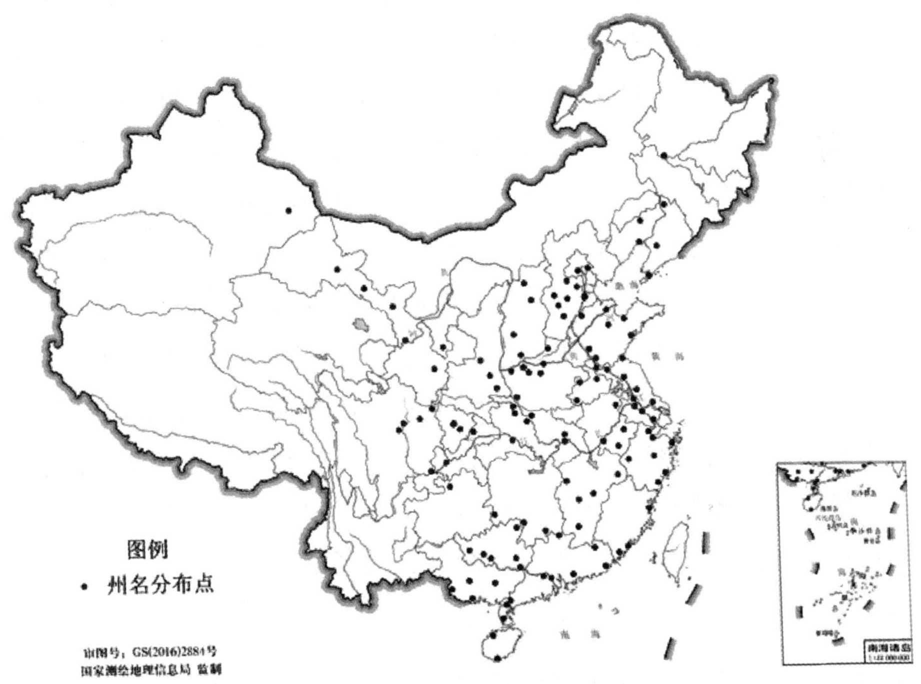

图 1　全国州的空间分布概况

都护府。经济上，东部地区经济比西部地区发达，特别是两宋时期，江南成为全国的经济重心。交通上，东部地区北部平原广阔，陆运便捷，东部地区南方河湖众多加上京杭大运河开通后，水运更加发达，便利南北方往来。文化上，西部地区历来少数民族众多，鉴于少数民族的文化习俗，中央政府并未将中原文化的州级行政区划纳入边疆地区。例如，清朝对蒙古诸部采取“分而治之”的政策，并尊重蒙古文化习俗，实行所谓的“蒙旗制度”，内蒙古地区县级区划大部分都叫旗，而州级行政区划用盟替代。

（二）东部地区州的空间分布

通过某个区域州的密集程度可以判断该区域所受政府的重视程度。从图 1 中可以看出，东部地区州的分布有三大密集区，分别是华北，江南和华南地区，这证明了各朝代对该区域重视的程度优于其他地区。从历史演变的空间过程中可以看出，三大密集区分布重心不断南移，主要体现中国经济中心在不断南移。华北地区包括山西、河北、北京、天津、山东、河南、苏北、皖北地区，该区域的州是三大密集区州分布最多的区域。华北地区主要地处黄淮海平原，人口众多，交通便利，同时长期是中国各主要朝代的政治中心，州的设立与分布自然要维护其政治统治需要。江南地区主要包括皖南、苏中、苏南、鄂东、赣北、浙北，该区域州的分布是三大区域分布最密集的区域，特别是长江三角洲地区州的密集程度相当高。该区域在两宋以来成为全国经济发达区域，水运便捷。同时江南地区赋税在全国所占比重最大①，因而州的密集程度的设置体现政府对江南地区的高度重视和发挥其强大的经济功能。华南地区主要指广东、广西、海南、湘南、赣南、福建地区，该区域州的分布特点是沿河流中下游和沿海港分布。自明代以来，该区域成为中国经济最前沿地带，同时郑和下西洋后，东南沿海的州地位越来越明显，海港的州成为中国与南洋各地经济文化交流的重要海上枢纽。不仅州的三大密集区分布重心不断南移，州的设置也

① 李伯重：《明清江南与外地经济联系的加强及其对江南经济发展的影响》，《中国经济史研究》1986 年第 2 期。

由北向南变多，同样体现出中国经济中心在不断南移。

（三）边疆地区州的空间分布

图 1 中显示，东北地区的州分布比较少，黑龙江只有肇州，分布较集中的是在辽宁，分别有银州、海州、盖州、锦州、金州。东北地区开发较晚，受中原文化影响时间不长。同时两宋时期，辽金两国入关统治东北后，开始汲取汉文化，行政区划也承袭两宋，因辽宁与当时京城较近，所以州设置比东北其他地区多。

从图 1 中可以看出，西北地区只有甘肃设置州较多且密集于河西走廊，河西走廊分布着三个州，分别是凉州、甘州、肃州，同时在河西走廊西缘新疆境内伊州分布正好与其三州方向一致，不难看出河西走廊是中国自西汉以来历朝历代通往西域甚至中亚的主要交通要道，是陆上丝绸之路与西域、西亚文化经济交流与融合的必经途径，也是中央政府控制西域的军事通道。图 1 中显示，陕西境内的州只有 3 个，这主要是西安作为十三朝古都，许多王朝和地方政权控制陕西时间较长，如西汉、隋朝、唐朝等。同时关中地区处于近畿地带和政治中心，该区域由中央直接管辖。

（四）州与河流的空间分布规律

从图 1 中可以看出，中国大多数州都分布在大型河流（如长江、黄河、珠江、海河等）中下游流域，而且其分布比较密集，仅长江中下游流域州的分布就非常集中。黄河和海河中下游地区，长江中下游地区以及珠江中下游地区成为全国州的分布最多的三大密集区域。例如，郑州处在黄河下游，武汉处在长江中游。大江大河中下游不断有泥沙堆积形成冲积平原，广阔的冲积平原和丰富的河流淡水资源使得人类有条件大规模发展社会经济和建立城镇①。

在图 1 中可以看出京杭大运河沿线州的分布较多，而且江浙一带分布的州更加密集，江苏到浙江由北向南依次有徐州、邳州、楚州、扬州、泰

---

① 王其科：《城市发展中的地名变迁研究——以山东省滕州市为例》，《美与时代（城市版）》2016 年第 4 期。

州、润州、常州、苏州、湖州、杭州。隋炀帝即位后，为防止魏晋南北朝残余门阀世族在江南死灰复燃，于是通过修建运河对南方实施有效管辖。同时修建运河还有经济动机，隋炀帝鉴于南北朝时期，北方多年战乱导致经济倒退，而南方经济却日益繁荣局面，加上定都洛阳，政治中心无法与经济中心重叠，便修建大运河将长江三角洲丰富的物资通过运河漕运至都城，同时促进南北方文化经济交流。政治上，该区域分布较多的州可以拥有对下辖的各县更多的管辖权，也使南北运河漕运更加高效便捷，有效加强中央与地方的联系。京杭大运河沿线举出两个重要的州，扬州历史悠久，早在东汉设立州县制之前，先秦已有九州中扬州一说。扬州之所以得到各朝代重视，不仅仅历史悠久，文化底蕴深厚，而且更是水运交通的重要枢纽，加强南北方政治经济文化交流的关键桥梁。苏州地处江浙富庶地带，水运发达，自魏晋南北朝以来，江南经济逐渐优于北方，苏州地位开始广受历朝重视。隋朝之前，苏州属于扬州辖地，隋朝建立时，重新划分全国州县才有苏州始称。明朝将苏州升格为苏州府，它成为明清时期江南地区重要的漕运中转站①。在京杭大运河附近左侧附近也有州分布，这是由于当时隋朝大运河从苏北转向西北直抵东都洛阳，而未开通至北京的北方运河。

纵观全国州的分布，不难看出，绝大多数州临河而傍，特别是中东部地区的州与河流密不可分，主要分布于大小河流的中下游，例如江西吉州位于赣江中游，陕西华州位于渭河下游。当然从图 1 中也可以看出有一小部分州分布在河流上游，例如四川泸州位于长江上游，甘肃兰州位于黄河上游，江西赣州位于赣江上游。图 1 中还可以看出沿海一带州的分布具有一定特点，沿海一带的州主要沿海岸线分布且位于河流入海口。以长江入海口为分界线，分界线以南的州比其以北的州分布多且密，这主要是南方海岸线具有曲折建港优势外，其河流分布也比北方多。例如，杭州位于钱塘江入海口，浙江温州位于瓯江入海口，福州位于闽江入海口，广州位于

① 叶美兰、张可辉：《清代漕运兴废与江苏运河城镇经济的发展》，《南京社会科学》2012 年第 9 期。

珠江入海口，辽宁锦州位于辽河入海口。全国的州与河流分布规律，高度体现了州与河流密不可分的关系，河流除了具有护城的军事作用①、水利灌溉、人畜饮用外，还通过水运便利了各地州府之间的往来。

四、结语

地名由专名和通名组成，“州”是一种常见的通名。州名最初体现自然地理意义，后来才具有政治意义。州名具有地名和行政区划双重作用，作为行政区划，州在古代行政沿革中不断发展演变。州文化与河流有密切关系，“州”源于河流，州名命名分类规律除了与河流有关外，还与山、湖等其他等有关。

通过州的全国空间分布概况，发现州分布特点呈现东部稠密、西部稀疏特点。其中州在东部地区存在华北、江南、华南三大密集区，从历史演变中发现，三大密集区的经济重心在南移。边疆地区的州分布较少，东北地区的州仅在辽宁分布程度高些，西北地区仅在甘肃的州分布较密集，而陕西的州分布较少。

大多数州都位于大型河流中下游地区，特别在长江流域分布明显。京杭大运河沿线的州分布也比较密集，特别是京杭大运河江浙段更加显著。全国的州与河流关系密不可分，但主要分布在大小河流中下游，此外海岸线一带州分布也较多。

参考文献

〔1〕李煌、刘子申：《河南地名命名规则及文化内涵探析》，《黑龙江史志》2011年第3期。

① 成一农：《中国古代城市选址研究方法的反思》，《中国历史地理论丛》2012年第1期。

〔2〕李琛：《西安地名的构成方式及命名探究》，《陕西教育(高教)》2017 年第 2 期。

〔3〕朱亮：《我国古代地方行政区划制度的变迁》，《合肥师范学院学报》2015 年第 5 期。

〔4〕宋秀秀：《余杭地名文化初探》，《汉字文化》2009 年第 3 期。

〔5〕钱正英等：《人与河流的和谐发展》，《中国三峡建设》2006 年第 5 期。

〔6〕周晖：《鄂州地名漫谈》，《黄冈师范学院学报》1987 年第 1 期。

〔7〕张力仁：《中国城市地名命名方式及其区域差异》，《中国地名》1997 年第 5 期。

〔8〕李伯重：《明清江南与外地经济联系的加强及其对江南经济发展的影响》，《中国经济史研究》1986 年第 2 期。

〔9〕王其科：《城市发展中的地名变迁研究——以山东省滕州市为例》，《美与时代(城市版)》2016 年第 4 期。

〔10〕叶美兰、张可辉：《清代漕运兴废与江苏运河城镇经济的发展》，《南京社会科学》2012 年第 9 期。

〔11〕成一农：《中国古代城市选址研究方法的反思》，《中国历史地理论丛》2012 年第 1 期。

（作者单位：宣普，安徽农业大学；包雄峰，东北石油大学）

历史影像视野下的地名辨真

高振碧

摘　要　本文围绕鼓浪屿申报世界文化遗产中，对个别核心历史地名的争议，以历史影像为依据结合文献资料，直观且多维度地举证，辨伪存真，为申遗文本提供科学佐证。

关键词　历史影像　鼓浪屿　地名　辨真

进入21世纪，随着历史影像的集藏、解读在我国日见趋热，曾被视为文字脚注或版面补缺的百年影像越发显示它的人文魅力。

日前，习近平总书记就厦门鼓浪屿申遗成功和保护文化遗产作出重要指示：把老祖宗留下来的文化遗产精心守护好，让历史文脉更好地传承下去。

鼓浪屿地名的研究辨真是“让历史文脉更好地传承下去”的文化工程。

笔者近几年在阅读数以千计的历史影像（包括俗称的老照片、老明信片、老地图等）原作的过程中，发现纪实影像是不会撒谎的历史，它与文字史料同等重要，是地方史研究不可或缺的部分。

本文以鼓浪屿申报世界文化遗产过程中，两个历史地名本真含义及存在，着重以多张不同年代的历史影像所组成的信息链，重构历史地名的“完整性和真实性”。

[标本一]:“鼓浪石”与鼓浪屿

这个地名的出现与它的天然地貌和人文景观有关。

唐、宋时期，位于厦门岛西南方的鼓浪屿，因小岛呈椭圆形状，沙滩、碧浪环绕，被称为“圆沙洲”或“圆洲仔”。那时，岛上巨石满坡，礁盘漫滩，人烟稀少。

查清道光十九年（1839 年）《厦门志》“文艺略”中，名士池显方《鼓浪屿》诗词有“不是鬼神刓，如何巧剞劂？一日凿一卷，十日成一窟”的描述。人们在圆洲仔的早期开发中，发现小岛西南海滩上屹立着一堆数人高的海蚀岩，中间长年被海水冲蚀成天然穿洞，每当大潮波涌，风浪拍击岩洞便发出擂鼓般隆隆响声，尤其是刮西南风的夜晚，鼓浪之声能够传遍半个岛屿，“鼓浪石”之名逐渐传开。“鼓浪石”无疑是这座小岛渔耕早期最重要的景观之一。“鼓浪石”的岛屿，给“鼓浪屿”这个地名的来历，注入声形可鉴、简单好记的人文色彩。符合人类早期以地貌特征或地物命名习惯。

自然景观及地貌难免受风浪侵蚀而改变，浪击鼓声近些年甚少出现。以至于有人为这堆礁石的真伪争论不休，甚至绘声绘色地说，岩洞是 20 世纪 50 年代海防前哨民兵挖掘哨位所致，是人工赝品，不能作为鼓浪屿申遗的核心景区云云。

笔者研读自己收藏的一张 20 世纪初英资鼓浪屿美璋照相馆（Mee

Cheung，Amoy）拍摄印售的照相明信片。发现因无情时光的磨砺，长年海浪的冲刷，“鼓浪石”已处于礁岩风化的“濒危”状态。清末，已经有人不忍心看它消失，在它的基础部位用石灰加固。百年照片明信片和英文原注“The Drum Wave-Rock on Kulangsoo South Bench，after which the lsland ls called.”（鼓浪屿南部海岸浪击鼓声的岩石）相得益彰，我们不要怀疑“鼓浪石”的真实性。（见插图：20 世纪初“鼓浪屿南部海岸浪击鼓声的岩石”）

20 世纪初“鼓浪屿南部海岸浪击鼓声的岩石” Mee Cheung（**美璋**）**摄影　高振碧收藏**

更有意思的事发生在 1908 年 10 月。当时，清政府选择厦门作为接待 7000 人之众的美国大白舰队访问中国的唯一港口。为美国水兵旅游方便，由旅居厦门的美国牧师毕腓力精心选编，厦门美国基督教归正会印制了一本厦门旅游导览 *Amoy 1908*（《1908 年，厦门》），向美国大兵推介的许多厦门旅游景点中，就有这块奇特的礁岩“DRUM WAVE POCK”（鼓浪石），并把美璋照相馆的摄影作品作为插图编入册页。可见，至少在 1908 年以前，“鼓浪石”作为鼓浪屿地标性自然景观和有纪念意义的地名，不但存在而且还适合“到此一游”拍照留念。（见插图：厦门旅游导览封面、插图内页）

KOLONGSU.

This small island of irregular oval form, about a mile and a half long by half a mile wide, lies within easy rowing distance of Amoy city. It has consequently been the residential quarters of the merchantile and missionary community in this part of the Far East. For situation and natural attractions, with its beautiful harbor and grand hills about it, it is unsurpassed anywhere along this entire coast. From two hundred to two hundred and fifty foreigners reside here in very comfortable homes; and since the inauguration of the Municipal Council's regulations these homes have been placed under vastly improved conditions.

The name Ku-long-su is made up of three Chinese ideographs or symbols, viz: Ku—a drum; Long—a rushing sound, e.g., a wave; and Su—an island. The whole therefore meaning Drum Wave Island, and so called because of a peculiar wave-like sound produced by the sea rushing thro the hollow of a rock that reposes on the beach back of the German Consul's residence.

Kolongsu became an International Foreign Settlement in 1903. It has the unique distinction of being governed by representatives of at least six different nations. Everything thus far has been most happily conducted, and with very little friction. This is worth noticing under a new regime like this. Improvements

1908 年厦门旅游导览内页“Drum Wave rock”（鼓浪石） 高振碧提供

另一张 20 世纪初《在鼓浪石上玩耍的中外儿童》老照片，定格了两个外国小孩在鼓浪石洞旁快乐的神情。此时，在鼓浪石上玩耍的两位留着清代长辫子的鼓浪屿男孩，被拍摄入画成了有趣的背景。有图有真相，这地理环境和年代特征显著，充满童真和谐的一幕，说明早在清末，“鼓浪石”是鼓浪屿岛上人们喜爱消闲的所在。（见插图：20 世纪初，在鼓浪石上玩耍的中外儿童）

20 世纪初，在鼓浪石上玩耍的中外儿童 Bill Brown 收藏

四年前，笔者拿着老照片到“鼓浪石”前做田野勘察，把百年影像和现场实物比对，同框拍摄下来的影像说明鼓浪屿的人文要素依然存在，它与“战备”“民兵”无关，它是大自然赐予鼓浪屿难得的人文遗产。

（见插图：鼓浪屿西南海岸的鼓浪石、历史影像与现实景观的考证）

鼓浪屿西南海岸的鼓浪石　高振碧摄影

历史影像与现实景观的考证　高振碧摄影

［标本二］："洋人球埔旧址"辨真

鼓浪屿申报世界文化遗产的51处核心遗产地，其中就有“洋人球埔旧址”。这个地名源自闽南话“番仔球埔”，说明是洋人的运动场地。但运动场上玩的到底是什么“球”？这关乎鼓浪屿申遗文本对这处核心遗产地的定位。

1898年初，英国人在鼓浪屿创办英华书院，不久后组建了英华足球队，首先自然把“番仔球埔”往“中国最早的足球场”的方向论证。但体育专家认为场地规格大小与足球运动场不符，即便勉强凑数，也没有可容纳观看比赛的观众席位。

“番仔球埔”这个与功能有关的文化遗迹给地名考证留下一个谜。

笔者仍试图从历史影像中寻找答案。

笔者经多方考证，发现几幅一贯被视为“足球场”的鼓浪屿老照片，发现其中一幅原始说明竟是“Tennis court Kulangsoo，Amoy”，即“厦门鼓浪屿网球场”，时间定格在1880年。草坪上没有足球场的边线和球门，却有两个用白灰画出的网球竞赛场地，这说明1880年之前，现代网球运动已经传入鼓浪屿。更令人兴奋的是另一幅拍摄于1888年的《俯瞰鼓浪屿运动场》大画幅老照片，从当时外国人称为“骆驼岩”，即现在日光岩寺的位置，俯拍整个球埔、海关俱乐部和田尾一带。近景的绿茵场上，规整的划满了至少六个网球场地，处于中景的海关俱乐部围墙内，还有一片独立的网球场。可见一百多年前，鼓浪屿草地网球运动的规模已经很大。

如果说上述两幅早期蛋白老照片尚属见物不见人，那又一幅年代稍晚的《19世纪80年代，厦门网球混合双打》（“Mixed doubles，tennis，Amoy-1880s”），瞬间定格的是曾一度排斥女性参与的网球运动，在鼓浪屿竟然出现混合双打，在绅士淑女们身后边线外还有华人球童。从影像信息到照片注解都明确地告诉我们，鼓浪屿的“番仔球埔”最早是草地网球场而不是足球场，把1880年到1907年的四幅老照片连起来，可以清晰地

看到当鼓浪屿岛上至少拥有七个草地网球场的时候，足球运动还停留在远离中国的欧洲。(见插图)

1888 年，俯瞰鼓浪屿运动场（“Overlooking Kulangsu playground” 1888） 高振碧收藏

约 1880 年，厦门鼓浪屿网球场（“Tennis court Kulangsoo，Amoy” c1880） 高振碧收藏

19 世纪 80 年代，厦门网球混合双打（“Mixed doubles, tennis, Amoy” 1880s） 高振碧收藏

1907 年，厦门鼓浪屿共济会和运动场 高振碧收藏

笔者查阅到网球在鼓浪屿现身的历史，有更早的英文记载。著名英国汉学家、剑桥大学教授赫伯特·艾伦·贾尔斯（Herbert Allen Giles，或译翟理思），1878 年 4 月至 1881 年 3 月间，曾被英国派到厦门担任代

领事。贾尔斯在 1878 年 10 月出版的《鼓浪屿简史》(*A Short History of Koolangsu*）中写道:“网球场就在剧院的旁边，对于那些能够承受剧烈运动的人来说，它无疑是一个身体健康取之不尽，用之不竭的资源。离俱乐部不远处就是运动场，在凉爽的季节里，人们在那儿能看到一些精彩的板球比赛。……那些拥有私家草坪的幸运者，不但可以在公共运动场上打草地网球，还可以在自家的草坪上打。”(见 *A Short History of Koolangsu*1878 年版，pp.32-33）。这段文字把网球运动在中国出现的时间至少提前了 7 年。(见插图)

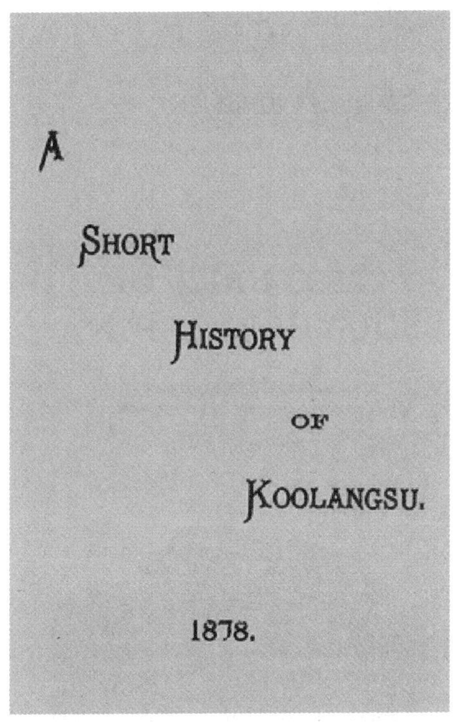
A SHORT HISTORY OF KOOLANGSU.

1878.

[32]

The Lodge was opened in due and ancient form on the evening of the 21st September 1878; and after the affiliation of Messrs. N. Moalle and J. Henningsen, five candidates were initiated, these being Messrs. R. H. Pye, J. C. Wardlaw, T. G. Harkness, J. R. Coulthard and A. J. Booth. Four more, namely, Messrs. J. J. Henderson, E. Rocher, J. Gratton Cass, and J. Armstrong, followed on the 8th October; from which it may be assumed that the Ionic Lodge of Amoy will soon be one of the most flourishing in the Far East.

THE CLUB.

The spacious edifice now occupied by the members of "The Club" was erected in the year 1876, to replace some very inconvenient premises that had done duty for a number of years previously, before the community had increased to its present numerical proportions. The building contains a fair library, a reading-room supplied with all the best home and local papers, a billiard-room with two tables, a bowling-alley, a bar for drinks and oysters, and a committee-room, which last is nightly used for the table d'hôte at 7.30 P. M. The latest telegraphic news of steamers despatched to and from the various coast ports is published in the hall, where an excellent barometer is kept for the information of those interested in the changes of the weather.

AMUSEMENTS.

Attached to the Club is a small theatre, in which a number of excellent performances are given during the winter season, many of the ladies kindly lending their assistance. The racquet-court stands alongside of the theatre, and is an inexhaustible source of health

贾尔斯《A Short History of Koolangsu》—扉页《鼓浪屿简史》—第 32 页关于“草地网球”的描述

如果认为这是孤证，那么翻阅在中国生活了五十多年的著名汉学家、英国传教士约翰·麦高温（John MacGowan）于 1897 年成书的《中国南方的影像》(*Pictures of Southern China*），就能读到鼓浪屿“岛上另一个

[33]

to all who can stand this severe exercise. At no great distance is the Recreation Ground, whereon some goodly cricket may be seen during the cool months. There is one annual Race Meeting, which lasts two days, and is held upon the Amoy side of the water. Extremely good shooting is to be got in the neighbourhood, where geese, duck, teal, and snipe, may be bagged in large quantities. Lawn Tennis is played both in public on the Recreation Ground and in private at the residences of those who are fortunate enough to possess available lawns. The harbour is admirably adapted for boat-sailing, and the walks round Koolangsu are pretty if somewhat monotonous.

《鼓浪屿简史》原著第 33 页关于“草地网球”的描述片段

显著的特征是有公共草地，社区的大多数户外活动都在这个草地上举行。只要天气晴朗，每天下午男男女女都会聚集在这里开展娱乐活动。网球是这个地方最为人所知的重要项目，一年九个月，人们热衷于这项运动。如此开展的竞赛培养了一些很优秀的选手，即便是与英国国内最优秀的选手较量，他们也会获得好的名次”。鼓浪屿网球运动水平之高可见一斑。（见插图）

百年历史影像与权威的文献，构成一条令人信服的信息链，鼓浪屿“番仔球埔”通过多维度辨真，还原了“洋人球埔旧址”的

麦高温《Pictures of Southern China》1897—扉页

内涵。

当地时间 2017 年 7 月 8 日，在波兰历史文化名城克拉科夫举行的联合国教科文组织世界遗产委员会第 41 届会议上，联合国教科文组织世界遗产委员会上“鼓浪屿：历史国际社区”以符合世界遗产第 2 条和第 4 条标准，成功列入《世界遗产名录》。

历史影像作为深度认知历史地名的重要元素，发挥了文字无法替代的作用。

参考文献

〔1〕清道光十九年镌《厦门志》，厦门市地方志编纂委员会办公室整理，鹭江出版社 1996 年版。

〔2〕Rev.Philip Wilson Pitcher，M.A.，*Amoy 1908*，American Reformed Church Mission，1908.

〔3〕Herbert Allen Giles，*A Short History of Koolangsu*，1878.

〔4〕John MacGowan，*Pictures of Southern China*，London: The Religious Tract Society，1897.

（作者单位：厦门市历史影像研究会）

“海上丝绸之路”舟山段地名文化遗产保护研究

孙　峰

摘　要　文章揭示舟山“海上丝绸之路”地名文化遗产保护存在的问题，老地名误写误用，城镇化过程中，老地名、老建筑不断消失。针对问题，文章从制度建设、研究队伍建设、宣传与应用等四个方面提出对策。

关键词　海上丝绸之路　舟山　地名　文化遗产

舟山群岛处于祖国南北沿海航线与长江水道交汇点，背靠中国大陆广阔的“丝绸茶瓷”经济腹地，是中国东部沿海和长江流域走向世界的主要海上门户，也是古代“东亚海上丝绸之路”和我国南北航路的必经之节点和重要枢纽。与其他“海上丝绸之路”申遗城市不同，舟山群岛新区，拥有 1390 个岛屿，由此构成了许多航门，形成了港口、码头以及灯塔等历史建筑，这些港、航门、海域、岛屿、古寺、道头、灯塔、海防设施与自然实体物等，形成了舟山“海上丝绸之路”独特的地名语词文化和地名实体文化。

一、舟山“海上丝绸之路”地名文化遗产保护存在的问题

（一）老地名误写误用

政府企事业单位从业人员地名文化遗产保护意识不强，对历史老地名，一些相关从业人员往往采用主观臆想的方式随意进行解读，往往导致地名被误读。如：朱家尖的石牛港，常常被写成“石榴江”，《朱家尖石榴江综治工程开工》《舟山市普陀区朱家尖石榴江综合治理（一期）工程招标公告》等新闻稿件、政府公告文件多次将老地名石牛港写成“石榴江”，而石牛港2009年已经被列入《舟山市地名文化保护名录（第一批）》，这说明地名文化保护名录的宣传力度不够，或者是相关从业人员对地名标准化不重视，加强地名文化保护名录的宣传普及和教育刻不容缓。

（二）城镇化过程中，老地名、老建筑不断消失

随着老城改造，一些老的街巷里弄和建筑被拆除，造起了成片的商品房，新的马路、街巷建起来，一些老地名没有得到保护，如定海的钞关弄，沈家门的石灰道头、外道头等地名，其所依托的建筑原貌已经消失或部分消失，作为老地名也没有被列入《舟山市地名文化保护名录（第一批）》得到应有的保护，因此需要尽快制订《舟山市地名文化保护名录（第二批）》，重点加强对“海上丝绸之路”老地名的保护。

（三）地名失传，地望不详，亟待研究考证

由于定海古城屡建屡废，多次受到战争及海禁的影响，一些古代文牍资料散失，因此关于舟山古代历史的史志材料和古代舆图相对缺乏，一些老地名的资料零散，再加上海陆沧桑变迁，其地望也不甚详细，需要通过考证研究其历史变迁。如：“高丽道头”仅记载于南宋文人赵彦卫撰写的

《云麓漫抄》之中，其地望最终由普陀山文史专家王连胜先生考证，位于普陀山司基湾一带。而明代著名的双屿港，由于史料记载不详再加上古代六横岛地理变迁复杂，因此其地望得不到准确定位，给考古工作带来一定难度，这也说明构建起一支专家型的地名研究队伍，对地名地望研究来说非常重要。

二、舟山“海上丝绸之路”地名文化遗产保护的对策

党中央、国务院高度重视地名工作，习近平总书记 2013 年 12 月在中央城镇化工作会议上特别强调：“要规范地名管理，传承、保护和弘扬优秀传统地名文化”。历史地名记载着中华民族对自然环境和人文环境特有的认识和思考方式，“海上丝绸之路”地名文化遗产记录着中外海上交通、贸易、文化交往历史进程中创造的物质文明与精神文明成果，也是古城舟山悠久历史的见证，是海洋文化形成、发展和传承的载体，是宝贵的文化遗产。深入开展地名文化遗产保护工作，对保护舟山独具的海洋特色地名文化资源、促进地名文化繁荣发展、推动地名事业科学发展、弘扬民族优秀文化、促进社会主义文化建设具有重要意义。

（一）舟山“海上丝绸之路”地名文化遗产保护的制度建设

地名文化遗产是重要的中华民族文化遗产，是宝贵的文化财富。近年来，民政部先后颁布《关于加强地名文化建设的意见》（民发〔2012〕106 号）、《全国地名文化遗产保护工作实施方案》等政策文件，在全国全面开展地名文化遗产保护工作，并提出“坚持全面保护与重点保护相结合，保护研究与保护实践相结合，传承弘扬与宣传教育相结合”的原则。结合舟山“海上丝绸之路”地名文化遗产保护的现状，要重点做好“著名山川地名文化遗产”的工作，建议将海域、航道、港口相关地名列入这一体系。

要因地制宜，从舟山“海上丝绸之路”的历史背景、独有的群岛性地

理条件出发，加快制定《舟山群岛"海上丝绸之路"地名文化遗产保护工作实施方案》，完善历史地名的普查、调研评估、记录公示、宣传弘扬、管理保护工作。

要完善地名文化遗产的征集程序，确保历史地名采集完整。要面向社会公开征集老地名，征集舟山市境内具有一定历史文化价值或纪念意义的"海上丝绸之路"地名，也包括其他历史悠久、使用50年以上的老地名，民政部门根据所推荐历史地名的古悠度、知名度、文化含量、文化独特价值以及传承价值等，初步评定一批具有保护价值的历史老地名，在向社会公示并征求意见后，发布第二批历史地名保护名录。

（二）舟山"海上丝绸之路"地名文化遗产保护的研究队伍建设

地名文化遗产的征集、整理与考证需要建立起一支专家型的研究队伍。海上丝绸之路的地名文化遗产保护，涉及地方史志、海上交通、海洋文化与民俗、佛教史、地名管理等多个领域的研究，因此要改变民政地名管理部门单打独斗的状况，要最大限度地发挥社会各界的智囊团作用，建立一支文史与地名工作者相结合的专家队伍，充分调动文史学者的积极性，为地名管理服务和地名文化保护提供智力支撑。

完善舟山市地名研究会组织建设，成立舟山群岛地名文化工作室，邀请高校、地方史志部门的学者专家以及社会上的文史研究与地名文化爱好者加入研究会，通过多学科、多视角的团队合作，开展"海上丝绸之路"地名文化遗产保护的专题研究。

要推动县（区）基层民政部门建立地名专家委员会、研究会、学会或专家智库，在专家指导下，探索建立海丝地名文化遗产分级分类保护制度，挖掘地名故事的前世今生，加强宣传，利用地名普查成果，开展地名图、志、录等编撰工作，积极开发相关地名文化公共服务产品。

"海上丝绸之路"地名文化遗产保护是一项创新性的地名文化工作。因为是多学科、多领域的研究，参与人员更需要在地名保护与管理规范的指导下，按照地名标准化要求进行研究，地名主管部门要为研究人员的培训和学术交流创作条件，要努力学习国际组织和国家有关法规规定，钻研相关专业知识，组织考察沿海城市“海上丝绸之路”地名文化遗产保护的创新举措，不断提高地名文化遗产保护的工作水平。

（三）舟山“海上丝绸之路”地名文化遗产保护的宣传

地名的误用、失传，关键是宣传不够。历史地名的保护不能仅仅停留在历史考证，更在于传播、宣传，要多形式创新地名文化传播载体，开展立体式宣传。

1. 开展地名文化的申遗工作

非遗保护，是各级文化部门的职责与工作，开展地名文化的申遗，有助于借助文化系统的力量，推进地名文化遗产的宣传和保护。南京市是我国最早把老地名作为非物质文化遗产项目进行申遗保护的城市，南京老地名目前是江苏省非物质文化遗产项目，通过老地名的申遗，多了一个宣传展示的平台，可以建立起一支更加完善的地名文化遗产保护与研究的团队。

地名文化申遗，要选择好非遗保护项目的类别。文化部门认定的非遗项目，分为民间文学、传统音乐、民俗等 10 个类别，“南京老地名”是按照“民俗”这一类别进行申报。舟山则根据舟山“海丝”地名多传说故事这一特点，把“舟山地名文化”作为“民间文学”这一类别进行申报，注重地名文化的口述历史，“石牛港、莲花洋、短姑道头、新罗礁”等“海丝”地名文化故事成为“舟山老地名”保护的主要内容。目前，“舟山地名文化”已经申报舟山市定海区区级非遗项目保护名录。

2. 创新地名文化的科普工作

积极利用互联网手段，探索“互联网 +”环境下的地名科普工作，充分发挥微信等新媒体的功能，宣传“海丝”地名文化。舟山市地名研究会与舟山广电微信公众号合作，定期推送“王教授的课”地名文化的微信，以文化散文的方式，图文并茂，介绍舟山“海丝”地名文化等知识，趣味性足，最多时有数千公众通过手机阅读收看，传播效果好，定期推送的微信犹如一本定期的地名报纸，是手机时代大众阅读的重要媒体。要拍摄《大地有名》之舟山“海上丝绸之路”地名文化电视系列片，通过地名文化这一载体来展示舟山悠久的港航文明历史和渔都港城的美景。

地名科普要被市民接受，要抓住公众的互动参与，参与越积极，科普宣传效果越好。根据智能手机普及的条件，开展最美舟山“海丝”地名抓拍征集活动，列出舟山“海丝”老地名清单，发动市民通过手机拍摄舟山“海上丝绸之路”老地名的新景观，通过微信或QQ群发送，评选若干优秀作品并在网络上展示；再比如，参与协办舟山古代“海上丝绸之路”十大历史事件、历史人物、文化地标评选，把“海丝”地名文化遗产融合到历史事件、历史人物中，利用网络和学校渠道等，做好宣传和组织发动工作，借助评选活动扩大地名文化的影响。

3. 争取大众传媒参与，普及“海丝”地名文化知识

地方报刊的宣传对于当地民众具有导向作用。因此要通过《舟山日报》《舟山晚报》等报刊宣传舟山海丝地名文化，邀请地名研究人员、文史专家围绕舟山海上丝绸之路的历史，介绍舟山的航道地名、岛礁地名、港口地名历史与文化，澄清地名误用、错写现象。同时规范历史地名的使用，编写《易误用不规范地名一览表》，发放给记者和报刊编辑人员，把好编校最后一关，避免出现“石榴港”这样的误写地名，避免造成对公众的误导。

4. 制作历史地名展示碑，介绍“海丝”地名历史沿革

历史地名依附于历史遗存之中，会显得更加形象。然而，由于舟山自明代起屡遭遇海禁，又由于海洋地理环境百年沧桑的自然变迁，舟山历史地名所依附的历史遗迹很多已经逐渐消失，有的则散落在茫茫大海之中，如何展现这些古老的海丝地名文化遗产？对于地理实体已经消失的历史地名，民政部门可以采取有效方式留名存史，选择部分重要老地名，在原址的适当位置，设置历史地名保护标志（如碑、牌、亭等），释文介绍历史地名文化内涵、历史沿革等内容，给“老地名”树碑立传。

如：新罗礁，是一个自然遗存的海礁，处于海中一隅，普通游客一般难以登陆。但是，这个海礁一带海域却是唐宋新罗船时常经过的地方，有时还有触礁险情。对于这一历史景点，普陀山管委会在新罗礁的正对面，

普陀山的南天门景区设置了地名碑刻，游客可以远眺莲花洋中的新罗礁，感受唐宋时代的海上交通历史。

高丽道头，这是普陀山唐宋以来最早的港口记载，由于海泥淤积，道头早已经变成一片山麓下的绿地。但是作为这样一个重要的东亚海山丝绸之路的历史地名，民政部门可以采用立碑述记的方式，介绍相关历史记载的内容。旅游部门也可以考虑设计一些海上丝绸之路帆船和古代道头的雕塑，作为一个怀古的文化景点。

历史地名的展示，一方面需要旅游、文化、城建、民政部门的协同配合，发挥地名文化资源的旅游价值，另一方面也需要民政部门加强对历史老地名的详细考证和实地走访，广泛收集各类历史老地名的资料和信息，集中编纂好重要的地名史志档案、地名工具书。

（四）舟山“海上丝绸之路”地名文化遗产的应用

老地名蕴含着不可再生的文化积淀，是见证一个城市历史的“活化石”。老地名可以在建设中延伸生命，这就是地名文化遗产的“复活”。在城市建设中，地名管理部门要注意保护有重要意义的历史地名，对一些历史悠久、品位较高的老地名，将按照地域就近原则，实施移植使用，复活老地名，使地名成为“活着的历史”。

“海上丝绸之路”中的海域、航道地名可以应用到相关新的建筑地标上来。如：舟山将“响礁门”“西堠门”“桃夭门”这些海上丝绸之路中重要的航道地名，使用到跨海大桥的命名，即贴近“就近移用”的命名原则，又体现“航门、航道”的海洋文化内涵。

再比如，朱家尖“禅意小镇”建设已经入选浙江第二批特色小镇，由于航道和佛教文化传播的因素，朱家尖自唐宋以来就是东亚“海上丝绸之路”的驿站，马秦山、石牛港、莲花洋这些“海上丝绸之路”老地名具有重要的历史价值，应当根据建设实际，采取就近移用、优先启用的措施加以保护，为“禅意小镇”建设服务。

参考文献

〔1〕中共中央文献研究室编:《十八大以来重要文献选编》，中央文献出版社 2014 年版。

〔2〕王建富:《舟山群岛地名文化坐标》，海洋出版社 2013 年版。

〔3〕《中国海岛志》编纂委员会:《中国海岛志·浙江卷第二册舟山群岛南部》，海洋出版社 2014 年版。

（作者单位：浙江国际海运职业技术学院）

江西省七个县名失慎于“被简化”刍议

高洪年

摘　要　江西七个“被简化”的县名，其改字失慎，致使定性有误导之嫌，《简化字总表》与《附表》在简化字文本里的应用矛盾纠缠，汉字的表意性遭受挤压。要解决这些问题，需走“波阳”改正为“鄱阳”之路。

关键词　江西七县名　“被简化”地名　改字失慎　解决方法

20世纪50年代，国家官方通用汉字经历了一次大规模、系统的简化，1964年推出的《简化字总表》（该表共收两千三百多个简化字）颁行于世，推广应用至今，已六十多个年头。此举是国务院直接领导、全国人大通过的文字改革实践结果。

汉字是世界上几大古老文字中唯一还在普遍应用的，并借助当代计算机集成电路、激光照排等电子技术，凸显出强大生命力，让国人终于认识到：近现代某些主张“汉字不灭，中国必亡”的学者，以及20世纪30年代提出“废除汉字”的国民政府，他们的行为无异于自毁文化长城。21世纪是发挥汉字威力的时代（钱伟长等科学家早已有的预言）。

1977年12月，国家曾推出第二批简化字，结果海内外对此一片斥责声，应用半年多就被终止，可见汉字简化是存在问题的。这引发了笔者对江西省在20世纪50年代汉字简化大背景下，7个县名“被简化”问题的反思。“被简化”是笔者所拟新词语，基于《现代汉语词典》（2016版）的“被”字义项之释：

“用在动词或名词前边，表示情况与事实不符或者是被强加的（含讽刺、戏谑意）：被就业｜被小康。”

再引《简化字总表》的《附录》如下：

下列地名用字，因为生僻难认，已经国务院批准更改，录后以备检查。

江西省

雩都县改于都县　大庾县改大余县　虔南县改全南县　新淦县改新干县鄱阳县改波阳县　新喻县改新余县　寻鄔县改寻乌县

以上为《附录》所列全国8个省区34个县名里，涉及江西省的7个县名，出于讨论的方便，每个县名分前后两部分，姑且叫前者是有待“被简化”的繁体，后者叫“被简化”结果的简化字。

一、七个县名“被简化”的问题

（一）定性有误导之嫌

当初简化汉字主要是针对汉字“难认、难读、难记、难写、难用”的五难问题，并受惑于近代以来的“汉字落后于西方拼音文字，先简化汉字为过渡，最终要走世界文字拼音化的道路”之论而采取的措施。20

世纪 90 年代的中学语文课本还在宣传这种“指导思想”，7 个县名归于所谓“生僻难认”之列。“繁体字”在简化字推行后的应用文本里，已不具有使用资格，简化字才有使用资格。所以，7 个有“繁体字”的县名：雩都县、大庾县、虔南县、鄱阳县、新喻县、新淦县、寻邬县的“雩”“庾”“虔”“淦”“鄱”“喻”“邬”等字是当时的文字改革权威所定性“繁体字”，其对应的“于”“余”“全”“干”“波”“余”“乌”才是“被简化”的简化字。笔者认为此举欠妥。

1．“邬”本是很标准的简化字，其为《简化字总表·第三表》中，四个被简化成“乌”声字之一，是使用频率不低的姓氏字。《通志·氏族略三》：“邬，晋大夫邬臧之后也，食邑于邬”，仅萍乡本境各县区就有广泛人口分布。“邬”又是古地名，故从“邑”（右部耳）。“邬”字虽然使用频率稍低，但绝非“生僻难认”字。

2.“淦”字，《说文·水部》的形训是“从水，金声”（出土的春秋时期的青铜器“卜淦戈”已见）。“淦”是古今都存在的、属新干（淦）县的河水名，新干（淦）县就是得名于此。《汉书·地理志上·豫章郡》：“新淦”，汉应劭注：“淦水所出，西入湖汉（赣江）也”。清顾祖禹《读史方舆纪要·江西五·临江府》：“淦水，府南三十里，汉新淦县以此名。淦邑既迁，水遂属清江县。其发源自县东南茂材乡之离岭，经紫淦山，出洋湖，至清江镇，会蛇溪水入赣江”。此外“淦”还作姓。概括言之：新干县因“淦水”所立县名，西汉史料的《汉书》已记录，直到今天仍未改变，河水名还是“淦水”而非“干水”，“淦”字的地位无法撼动；更谈不上“被简化”。这种在大规模系统简化汉字之前与之后，都未简化的字，通常叫“传承字”，因此不应把“新淦县”改为“新干县”。

3.“鄱”字“被简化”为“波”，读音由“pó”改为“bō”，但“鄱”与“波”都是“传承字”，不存在简化或不简化的问题。“鄱”和下文中的“虔”，两字都“被简化”，都因“被简化”而“改读音”，是 7 个“被简化”县名中最没有“理据性”的两个典型字例。

“鄱”本是春秋时期已有番（pó）邑，秦置“番县”，西汉改名“鄱阳”，而在“番”字右边加“邑”。《史记·项羽本纪》：“鄱军吴芮率百越佐诸侯”。《说文·邑部》：“鄱，鄱阳，豫章（属）县，从邑，番声”。正因如此，赣鄱大地的老百姓不接受“鄱阳”改为“波阳”，他们向国务院申请并得到批准，于2003年恢复使用“鄱阳”，让“鄱”与“波”两字之争在历经半个多世纪后，才得到终止。

4.“虔”字“被简化”为“全”，依照汉字简化规则，“虔”不能用。但“虔”无法，也不能简化，其“虍”旁在古代就由“虎”简化，如从“虍”字，虑（慮）、虏（虜）、虚、虞、虐、虒等字收录于《现代汉语词典》。“虔”字下部的“文”更不能简化，不赘言。最重要的是“虔”字应用频率不低，如虔诚、虔敬、虔心等常用词。

5.“喻”字入于“新喻（余）”地名词条源于唐代。唐以前作“新渝”，缘于“新喻县”境有“渝水”，与“新淦县”得名于“淦水”同（全国地名里，类似例子更多）。当初“喻”字“被简化”为“余”字，已失“新渝”得名理据，堕入无理据地名之列。同时“喻”字的应用还在，除家喻户晓、不可理喻、不言而喻等成语外，还作为姓氏用字，萍乡几个县区都有，总人数不少。

6.“雩”字“被简化”为“于”，无理据。《现代汉语词典》各版均收“雩”字，如第7版释：“雩，古代求雨的祭礼”；第11版《新华字典》释：“雩，古代求雨的一种祭祀”；1993版《汉语大词典》，“雩”字条下共收21个双音节词条“雩兑、雩社——雩祷、雩禳”等，都与求雨祭祀相关。“雩”又是“虹”名，见《尔雅·释天》：“螮蝀谓之雩。螮蝀，虹也”，所以“雩”字“从雨，亏声”，其理据充分。此外，“雩”字还是古兽名，见《新唐书·南蛮传下·室利佛逝》：“又有兽类野豕，角如山羊，名曰雩”；又是古地名，春秋时宋地，在今河南睢县境，见《穀梁传·僖公二十一年》：“宋公、楚子、陈侯、蔡侯、郑伯、许男、曹伯会于雩”。

7.“庾”字“被简化”为“余”，无理据。第11版《新华字典》释：“露天的仓库”；第7版《现代汉语词典》释：“1.〈书〉露天的谷仓。2.〈名〉姓”，庾亮、庾信、庾冰、庾杲等南北朝文化名人，其姓必用“庾”不能用“余”。江西南部的名山“庾岭”为五岭之一，在大庾县之南，因岭上所栽梅树多，又称“梅岭”。

从上面可以看出：七个县名的“繁体字”“被简化”都无理据，造成这些地名失去了原有的内涵。这7个字按照《简化字总表·附录》解释是“生僻难认字，已经国务院批改更改”，其结果是：无理据字者，准用；有理据字者，不准用。七个县名“被简化”之弊，使原本有理有据的“繁体地名”改成无理无据的“简体地名”，显然违背沿袭几千年的命名法则。

（二）《简化字总表》与《附录》在简化字文本里应用的自相矛盾

1.《简化字总表》与《附录》的矛盾。单看《总表》的“邬”字，本来就是正宗、标准的简化字，在简化字文本里，有正常应用资格；单看《附录》的“乌”字，也是正宗、标准的简化字，也有正常应用资格。两者谁也不能挤占谁，应用资格是一样的，但《总表》能用的“邬”不能用于《附录》，其自相矛盾凸显。

2.“邬”字已经合格地简化而置于《总表》，但到《附录》里不能用，即“邬”字已处于“能用”与“不能用”的尴尬之中，可见“邬”字的简化已属多余，其矛盾已明。

3. 现行通用的简化字文本，有将7个“繁体字”用于二十五史的（见岳麓书社于20世纪90年代出版的丛书《古典名著普及文萃》，该丛书系简体字文本），如《汉书·地理志·豫章郡》的“鄱阳”“新淦”“雩都”（新喻、虔南、大庾、寻邬四县当时未置），其“鄱”“淦”“雩”之用，与《附录》矛盾。

4. 简化字文本已经恢复的地名，如“鄱阳县”，在2003年已获国务院批准，弃用《附录》的“波阳县”，则“鄱阳县”与尚用的新干、大余、于都、全南、新余、寻乌等六县地名相矛盾。其中，新淦、寻邬、虔南三县当恢复原名，不恢复似难以讲得过去；若恢复，剩下大庾、雩都、新喻三县名恢复与否，左右为难。

（三）汉字的表意性遭受挤压

7个“被简化”地名的表意性与构词有理性相悖。“寻邬”之“邬”，从“邑”，本可启发解读者理解是地名之属；“乌”字本义是鸟属，则“寻乌”可误导为“寻鸟”。“新干”与“新余”之“干”“余”，无法与“河水”对应。“虔南”由古虔州（治所在今赣州）之南得名，“被简化”为“全南”，不知所云。这些地名本有“鄔”“淦”“喻”“虔”等字义可循，却“被简化”为无理性的“乌”“干”“余”“全”，导致其构词的有理性与无理性颠倒，是当初这些地名“被简化”的失慎所致。

二、回归“波阳”改为“鄱阳”之路

纠正“被简化”地名，维护汉字文化长城，最大化地重视“汉字的表意性”，要从“汉字改革要走世界拼音文字道路”的泥沼中拔出来，纠正“被简化”字之误更显重要。在这方面，鄱阳县开了个好头。

2016年之前的《现代汉语词典》在“瑷”字条下设：“瑷珲，地名，在黑龙江。今作爱辉”，意即“爱辉”是当今准用词条，“瑷珲”是当今不准用词条；“爱辉”与“瑷珲”当属一组异形词，前者是当用的规范词形（正条），后者属不提倡用的非规范词形（副条）。尽管“爱辉”“瑷珲”都用了简化字，但在“爱”字条下一直未设“爱辉”词条。2016版《现代汉语词典》在“瑷”字条下已纠正为：“瑷珲，地名在黑龙江。”已删去“爱辉”。“瑷珲”词条的修改，给予关心汉语言文字标准化、规范化的人们以最新导向：有理据的用字组词取代无理据的用字组词，使汉字的表意性得到凸显；恢复“被简化”地名本色，是规范汉字应有之义。

（作者单位：江西省萍乡市安源区教师进修学校）

利用碑碣资料进行地名考证

贺德明　任　青

摘　要　不少碑碣，为地名含义提供了原始资料。笔者在地名普查工作中，利用碑碣确定了很多地名来历，并且对一些未直接提供相关信息的碑碣进行地名研究分析。然而，一些碑碣记载与史料内容相矛盾，需要进行具体分析，采用不同的策略。

关键词　碑碣　地名考证　处理方式

中华民族既有悠久的文化历史，也有继承、发扬、保护祖国文化遗产的光荣传统。尽管在“文革”期间，包括碑碣在内的各种文史资料被摧毁，但并没有使它们尽毁于一旦。广大人民群众用掩盖、埋藏、转移等办法，使部分碑碣得以完整保留，成了我们进行地名考证的珍贵资料。

一、地名纪实的"佼佼者"

在开展地名普查时，除少数古地名和著名山川外，大部分地名是在历史、地理书籍中找不到有关考证资料的。即便是地方志，也只不过是历代村名记载和少量重要地名的诠释，远远满足不了对众多地名进行考证的需要。至于某些口碑资料，因年久深远，传多讹误，又难全以为据。而各种碑碣，却为我们进行地名考证提供了较为广泛、丰富、翔实的历史资料。正如古人所说："碑碣谱谍，实古来考镜之具。世代传言，亦后人凭籍之资，重且要也。"（《陈氏祖茔碑记》）不少碑碣，为地名含义提供了原始资料。域城镇青龙湾村名的含义，众说纷纭，莫衷一是。后从保藏完好的清同治七年（1868 年）《龙祠碑》里，发现了这一村名含义的确切诠释："青龙湾者，淄、博两邑所属也。以龙名水，而以水名庄焉。庄西距河自风门道蜿蜒而来，而是湾实当其冲；湾左右两峰对峙，上插云霄，而倒影入水，俯视宛然，如青龙焉。"再如石马镇有西、北、南三沙井村，清乾隆三十八年（1773 年）《续井碑记》载："且夫凿井而饮，固农家三份造井得水，亦理势之常也。而沙滩造井得之易者，三庄之义气也。为褒扬而志以沙井。"

对一些地名的地理、历史特点及来历等，碑碣也有着较为详细的记载。清乾隆三年（1738 年）《曰汉昭碑》介绍了山头街道冯八峪村的地理环境："邑东郊两山成峡处，为秋谷口，循麓东折，走不三里，名龙蟠峪。峪之中冷落孤僻，居民鲜少。向夹有庄峙于峪口。"清道光二十三年（1843 年）《重修洪济桥碑记》载："蕉庄桥者，北距（淄川）邑城三十五里，南瞰南博山数里而遥折。而西为省通道。桥长五丈有奇，高一丈五尺；孔有三。凡行旅商贾由北而下者，皆假途于兹。故是桥之兴废所关甚巨。然右界瑚山为范阳（河）之发源地，每当盛夏，水自山上来，势甚速，波利如刀……桥之成，济世利人之业未有洪于此者也。"清道光二十八年（1848 年）《修路碑记》，生动、形象地介绍了古代自博山城通往西山深处的交通情况：“龙堂庄南嵎，自古有深沟石濠，何异呼天梯石栈也。况百步九折，崎岖难行……”

大量的碑碣资料均记载了建村年代及历史沿革。明万历四十五年（1617 年）《陈氏墓碑》载：“祖讳德才，明初自益都县岳阳庄迁于常山岭之阳定居焉，赐村名曰：陈疃”。池上镇苇园村《谭氏寿域碑》载：“清光绪元年（1875 年），族兄始自石门迁博，临接壤之兰竹峪垦荒为生。嗣此，族人逐渐自迁居，相为依倚者。曾几何时，杳无人烟之区，今已俨然村落。”蕉庄村名的历史沿革，历代碑碣记载更详：元至治二年（1322 年）《瑚山玉皇庙四方塔碑》载村名为“椒庄”（古五龙庄）；清康熙九年（1670 年）《公家泉碑》载村名为“焦庄”；清乾隆十七年（1752 年）《重修观音堂碑记》又复“椒庄”原名；清道光五年（1825 年）《重修玉皇庙碑记》演变为“蕉庄”至今。

碑碣资料所涉及的地名，几乎是应有尽有。在我们所征集 650 块碑碣中，有村碑 8 块，庙碑 267 块，墓碑（包括谱碑） 272 块，路碑 8 块，桥碑 6 块，山碑 6 块，山碑 26 块，林碑、古树碑、井碑、池碑、塔碑等 63 块。它们对有关地名的记载，就不下近千条，堪称为地名纪实的“佼佼者”了。

二、多研究它们的“弦外之音”

不可否认，有一大部分碑碣资料，并没有对地名的直接记载。但从它们所反映的社会、历史现状中，却不难找到与地名有关的内在联系。因此说，多研究一下它们的这种“弦外之音”，对深化地名考证是很有好处的。

宋宣和七年（1125 年）《孝妇祠石碣》载：“淄川卫元度、王巨载，渤海任德充，阳丘高择之，三城付子容，政和七年（1117 年）三月十四日，同谒祠下。明年二月十六日，巨载、子容同趋奉高，再谒祠下。”由此看来，连续两年“谒祠下”（即今颜文姜祠）的付子容，其故籍“三城”是距博山不太远的地方，并是为博山一带所熟悉的地名，经考查，“三城”乃北、南、东三域城的简称，付姓于唐代已世居于此（北域城北侧平堵沟，古名付家庄，现付家林遗址尚存）。这就证实地处鼎足之势的三域城，于北宋年间已形成，并著称于一时。

位于博山区南部的南博山、北博山、石马一带，现存古碑碣甚多。有南北朝（420—589 年）真武庙《六朝造像碑》、北宋宣和二年（1120 年）黄红峪《重修仙人洞古佛堂碑记》、金明昌三年（1129 年）《大金开国碑》等。至于元、明之间的碑碣、摩崖刻石就更多了，不下二十种。明嘉靖三十六年（1557 年）兴隆观《迎真门石碣》载：“孝妇乡、邀兔、博山、永空等社中有辰巳山峰……”早于这石碣 437 年的黄红峪《古佛堂碑记》，镌有“大宋国淄州淄川县万年乡博山保石马泉村……”等字。据此，原在北宋时，包括现在的南、北博山及石马一带，即已称为博山，并为现博山之腹地。当时，颜神店（今博山城）乃与博山建制平行一小区域，至明代方发展为鲁中重镇。清雍正十二年（1734 年）立县时，以原博山故地为依据，命名博山县。这不仅说明了博山县的由来，还反映了此地悠久的文化历史，对这一带村镇地名的考证提供了翔实的资料。

元大德六年（1302 年）《薛氏祖茔碑》载：“厥后，移家般阳之南，即今所居颜神镇焉。易爨二十余宅，数百余口，皆祖德之所致也。……子孙辩其宗枝，邑人咎其姓氏，共得二十处。”由此看来，薛姓于元代初期，已是在颜神镇一带拥有“数百余口”的大氏族了。但“易爨二十余宅”“共得二十处”是指的什么呢？通过参阅《薛氏世谱》和深入实地考查，才证实所指乃颜神镇周围的 21 个村落及城镇街道，这便为它们的建立年代提供了考证资料。

清乾隆十八年《笼水栾氏祖茔碑记》载：“十一世九洲，号相国。性豪爽，有才技，为人所不能为。青石关下曾有虎，伤人为害，行族病焉。公率邻庄乡众，持器械，设法驱除。自是无虎患，人皆颂之。”这看来是一段与地名无关的记载，但清初青石关一带有虎伤人的事实，却说明当时此地较为荒僻，对考查博山历代村落分布、建村年代有着一定参考价值。

三、慎重处理它们与史、志等资料的矛盾

“地近则易核，时近则迹真”。碑碣资料多形于当时、当地，甚至具体到一个氏族、一个人名、一个地名等狭小的范围，又有据可循。因此说，它们所提供的资料，具有一定的真实性、可靠性。而史、志等资料的形成，则多与上述情况相反，故以讹传讹的现象屡见不鲜。但从另一方面来看，碑碣资料多受狭隘的、地方主义的、宗族观念的影响和束缚，并具有一定的历史局限性，使其在某些方面并不完全符合整个社会、历史的真实。针对这一情况，在利用碑碣资料进行地名考证的过程中，掌握具体情况具体分析的实事求是原则，慎重地处理它们与史、志等资料之间的矛盾，区别不同情况，采取不同的处理方法。

各种资料基本上达到完整、统一的，即予定论。明末兵部尚书翟风翀之子翟元会（绰号“翟三虎”），横行乡里，颜神镇世家子弟赵班玺（字受介，号余庵，顺治乙酉进士，敕授文林郎河南道御史，钦命巡按四川、山西。诰授中宪大夫）与之抗争，在今两平村划地为界互不干犯。当时陪同赵班玺去翟府赴宴的有伊洪衮（后随赵班玺巡按四川）。以上历史人物及事略分别见诸明、清两代的正史、方志及《两平世界碑记》《伊家林谱碑》《伊洪衮墓碑》等，记载虽详略各异，但却无矛盾之处。于是，我们以此为据来定两平、伊家楼（伊洪衮在此建楼前为伊家庄）两村名的来历。

各种资料均无实据者，则拟作悬案。城东街道东南二公里良庄，山清水秀，风景幽雅。民间流传为古代俞伯牙会钟子期处。1930年曾出土古篆村碑（现已毁），正面镌有“集贤村”，反面镌有“高山流水”等字样，似乎证明上说之可信。但从各种典籍中，却查不到任何证据。《荀子·劝学》：“伯牙鼓琴，而六马仰秣”。《列子·汤问》：“伯牙善鼓琴，钟子期善听。伯牙鼓琴，志在高山，钟子期曰：‘善哉，峨峨兮或泰山！’志在流水，曰：‘善哉，洋洋兮若江河！’”至于《吕氏春秋本味记》《乐府解题》

等书，虽所载略详于前者，但均不知伯牙、钟子期究属何地人。明冯梦龙编《东周列国志》及话本小说《警世通言·俞伯牙摔琴谢知音》，才假托故事发生在湖北一带。类似上述“事出有因，查无实据”的资料，我们只好拟为悬案，留待识者“揭谜”了。

碑碣资料违背历史真实的，即予否定。博山城北三公里夏家庄，原名夏侯庄，因夏侯氏始居于此，故名。村南侧《夏侯氏先茔碑记》载：“夏侯氏系明洪武三年自冀州枣强县迁居夏家庄。”据此，当立村于明初。但是，有的文史资料否定了这一认断。宋陆游庆元四年（1198 年）《渭南集·镇江府副都统厅壁记》载：“州防御史、淄川夏侯君……余与夏侯君南北异乡，东西异班，出处壮老，异致然。每见其抚剑抵掌，谈中原形势，兵法奇正，未尝不太息，恨不与之周旋于军旅间也。”清康熙十二年（1673 年）毕际有《淄乘徵·夏侯》载：“吾邑夏侯氏之闻人也，其人能与放翁（陆游）为友，当亦不俗。……夏侯氏世居颜神镇北泷水东岸，名夏侯庄，吾邑夏侯氏之宗也。”根据上述资料，夏侯氏于南宋前期已世居夏家庄，证实了《夏侯氏先茔碑》之论误。于是，我们便把夏家庄的立村年代比原来结论向前推进了近二百年。再如，清嘉庆八年（1803 年）《双峰山碑记》根据《金史·地理志》所载，说博山城西北十里夹谷山，“为孔子相鲁定公与齐侯会盟处”。清顾炎武《肇域记》载：春秋齐鲁夹谷会盟（前 500 年，即鲁定公十年，齐景公四十八年）处，在今莱芜县南三十里夹谷峪。根据多种文史资料考证，顾说较为可靠，而《双峰山碑记》《金史·地理志》所载却不够真实，更待进一步考证。

参考文献

《博山区地名研究札记》，内部资料。

（作者单位：山东省淄博市博山区民政局）

乌拉特前旗蒙古语借词地名的文化探究

前德门　任山胡　徐振华

摘　要　地名学是一门系统科学，它已成为语言学、地理学、历史学、民族学等多学科关注的焦点，我国地名研究主要集中在汉语地名的研究上，目前蒙古语地名研究显得有些薄弱，系统研究蒙古语地名的文献也少之又少，随着地名研究领域的逐渐扩大，蒙古语地名研究逐渐受到学者们的重视。地名研究具有重要的社会价值，汉语地名中的外语借词很多。内蒙古自治区是以蒙古族为主体的行政区，所以汉语中表示该地区的地名多是借词蒙古语的词汇。蒙古语借词地名是民族文化的历史见证，反映了显著的地域历史特征、浓郁的宗教色彩和丰富的社会心理。本文试图以乌拉特前旗为研究对象，以它的民族历史变迁来阐述蒙古语借词地名存在的理据，同时探究乌拉特前旗蒙古语借词地名与地域文化之间的关系，并指出乌拉特前旗蒙古语借词地名命名的影响因素及偏离的现象。

关键词 乌拉特前旗 蒙古语借词地名 地名文化

一、研究区概况

乌拉特前旗是巴彦淖尔市下辖的旗，位于内蒙古自治区西部，巴彦淖尔市东南部，黄河北岸，河套平原东端。地理坐标为东经108°11′—109°54′，北纬40°28′—41°16′；东与包头毗邻，西与五原县相连，北与乌拉特中旗接壤，南至黄河与鄂尔多斯市杭锦旗和达拉特旗隔河相望；总面积7476平方千米；人民政府驻乌拉山镇。乌拉特前旗下辖11个苏木镇，5个农牧场，即：乌拉山镇、西小召镇、新安镇、苏独仑镇、额尔登布拉格苏木、大佘太镇、小佘太镇、明安镇、沙德格苏木、先锋镇、白彦花镇；西山咀农场、新安农场、苏独仑农场、大佘太牧场、中滩农场。旗内居住着汉、蒙、回、满等16个民族。乌拉特前旗境属于中温带大陆性季风气候，日照充足，积温较多，昼夜温差大，雨水集中，雨热同期；历年平均日照时数为3202小时，年平均气温为3.5—7.2℃，无霜期100—145天，年降水量在200—250毫米，主要集中在6—9月份，占全年降水量的78.9%，年蒸发量1900—2300毫米；最高极端气温38.8℃，最低极端气温-36.5℃。乌拉特前旗是自然灾害容易发生地区之一，常见灾害为干旱、大风、霜冻、干热风、冰雹、雨灾等。

二、蒙古语借词地名的构成

地名是专门指代大大小小的地域的语言符号。地名是一类特殊的词汇，是人们在社会生活中给地理实体、行政区域或居民点所起的专有名称。任何地名都是通过语言而存在，通过文字而形诸记载的。地名以各种地理实体所处的地域作为主要表达的对象，本质功能在于指代方位。一般来说，地名由通名和专名组成。通名用来定类，指出地名所属的地理类别。地名中的通名，从含义说必须能明确地表示某种地理实体的类别；从结构上必须能单说或者能分离、能替换（和专名分离开来，替换不同的专名构成同类地名）。它反映了自然地名的自然属性，如“乌兰呼都格”（[illegible]），“呼都格”蒙古语意为“井”，“呼都格”即为通名；“德勒音乌拉”（[illegible]），“乌拉”蒙古语意为“山”，“乌拉”即为通名。专名用来定位，区别同一类地理实体的不同个体。

汉语中的蒙古语借词地名是从地名的语源系统划分出来的特别的小类，同所有地名词汇一样，这小类地名也具有语言、地理、社会属性，也是人们约定俗成的语言符号。它扎根于民族文化的沃土之中，具有民族特色，其语义负载着丰富的民族文化内涵。就乌拉特前旗的蒙古语借词地名来说，一般使用的通名有旗、镇、苏木、嘎查。“旗”“苏木”“嘎查”是蒙古语借词，“旗”的意思相当于汉语中的“县”，“苏木”就是汉语里的“乡”的意思，“嘎查”指蒙古族的行政村，是汉语“村”的意思。专名是蒙古语借词，采用音译、半音译半意译、意译、音译附加汉语类名四种方式构成。

地名作为语词，有一定的意义和构成特色，蒙古语借词地名也不例外。乌拉特前旗在全国第二次地名普查中，共普查 2512 条地名，其中976 条地名为蒙古语地名。这些地名的意义生成有以下六种。

（一）依水取名

乌加河：此词构词方式是音译借词“乌加”后加汉语语素“河”。“乌加”是“乌珠尔”的缩写，“乌珠尔”的汉语意思是“末尾”。人们把境内古黄河故道转弯末梢称为“乌加河”。

额尔登布拉格苏木：乡名，“额尔登布拉格”的汉语意思是“宝泉”，因村西一公里处有一自流泉水而得名。

（二）以植物取名

石兰计：居民点名，“石兰计”的汉语意为“黄蒿”。此地黄蒿草盛多，蒙古语称黄蒿为“沙日勒棘”，音转“石兰计”。

稽亥村：村名，“稽亥”的汉语意为“红柳”。20世纪60年代以前这里生长着茂盛的红柳，故以当地植物特征而命之村名。

乌梁素海：湖泊名，“乌梁素”的汉语意为“杨树”。

（三）以自然环境、地貌取名

明安镇：镇名，“明安”的汉语意思是“千里川”。此乡是地处乌拉山与白音查干山之间的平川之地。依据地理位置而取名。

乌兰霍托勒：山名，“乌兰”的汉语意为“红色”，“霍托勒”的汉语意为“山梁”。因该地片北边有白色山梁，故依据地貌特征得名。

（四）以人命名

新安镇：镇名，“新安”是意译词。此镇蒙古语原名为“扒子补隆”，汉语意为“有官职之人居住的地方”，过去这里居住着很多官职人员，此镇故得此名，后来意译为“新安”。

（五）以建筑物取名

拜兴图：居民点名，意为“有房子的地方”。这里曾经住户密集，此居民点就以密集的建筑物取名。

（六）以反映民族信仰而取名

乌拉山镇：镇名，是由音译借词“乌拉”后加汉语语素“山”构成的。“乌拉”是“木尼乌拉”的缩写，汉语意思是“山”，“木尼”是喇嘛教中的一个山神。此地名传达了这里的人们对喇嘛教的信奉。

除此之外，地名与地形也有密切的关系，例如，“敖包”是蒙古语“堆子”“石堆”的意思。敖包原是蒙古族祭祀天地祖先、英烈，纪念重大战役，封疆定界，确定方位时垒建的石堆。由于敖包帮助人们不迷失方向，可能出于对它的感激，人们经常向它鞠躬叩首，久而久之就演变成了蒙古民族的崇拜物，人们通过祭祀敖包祈求人间风调雨顺、五畜兴旺、家人幸福。

从乌拉特前旗蒙古语地名观察出，敖包的分布也有一定的规律，蒙古民族祭祀的敖包多数安放在低丘陵上，而不是海拔高的山顶，敖包的位置离人们的住所和营地比较近，所以为人们祭祀提供了条件。还有，敖包的分布大多数都在山体的南部（阳坡），说明敖包的分布跟人们的宗教信仰也有一定的关系。

三、蒙古语借词地名文化内涵

牛汝辰曾指出，“地名是文化的镜象”。蒙古语借词地名丰富的文化内涵值得探究。“不同民族或不同地域的文化，最初大都是互相隔离各具特色的，这些特色包括语言或方言的差异，也体现在作为语言的特殊成分的地名上”。蒙古语借词地名也体现了显著的地域与历史文化特征。

（一）蒙古语借词地名反映了特定地域的地形地貌特征和一定历史时期人们的游牧生活状况

地名是人们共同约定的一种语音符号，属于语言的范畴，其首要特征是语言性。地名的语言性表现在地名的民族性上，即地名一般总是由当地的居民用自己的语言来命名。乌拉特前旗处于阴山脚下，生活在此的蒙古族人们对自己生活的周边自然环境、地形地貌特征很熟悉。为了指代地域名称易于辨识，利于交际，人们总是会以熟悉的地形地貌特征来命名。因此蒙古语借词地名中有很多以石头、山梁命名的，地理地域特征极其显著。除此之外，蒙古语借词地名也反映了人们的游牧生活，其中以泉水、草场地、牧民名字、石头圈命名的蒙古语借词地名也有很多，如额尔登布拉格苏木、楚伦浩饶等地名，与牧民生活息息相关，详细地记录了人们游牧生活的历史。

（二）蒙古语借词地名也是记录自然环境及演变的“活化石”

蒙古语借词地名中有很多以植物命名的地方，例如：“德尔苏台”过去曾芨芨草丛生；“石兰计”是黄蒿草繁茂；“海勒斯台”过去榆树成荫；“蓿亥”是红柳成片。由此我们可以获悉蒙古族人民居住地的自然环境，这些地方曾经水草丰盛，草木茂盛，生态环境良好，这些蒙古语借词地名忠实地记录了自然环境演变的痕迹。

四、蒙古语借词地名命名的影响因素及偏离的现象

（一）蒙古语借词地名命名的影响因素

1. 政策对蒙古语借词地名的影响

宗教政策影响着蒙古语地名，萨满教是蒙古地区的原始宗教。蒙元时期，萨满教仍是大多数蒙古人的基本信仰。“13 世纪后期在元世祖忽必烈的支持下，喇嘛教开始传入蒙古。但是在元代喇嘛教一直只是宫廷贵族信仰的宗教，未在蒙古民族群众中扎下根基，因而随着元朝的衰亡渐渐消失。16 世纪后期，在土默特部阿拉坦汗的支持和倡导下，才又发展起来。17 世纪中期以后，在清政府和蒙古封建贵族的扶持下，喇嘛教在蒙古地区发展到鼎盛阶段。经过 200 多年的传播发展，其影响深入到整个内蒙古社会的政治，经济，文化和思想领域”。

清朝政府为了更好地治理和管理少数民族区，再加上蒙古民族信黄教的特点，在蒙古地区大量修建喇嘛庙，用康熙帝的话就是“修一所庙胜用十万兵”。蒙古地区出现了大量喇嘛庙，这种宗教政策也影响到了乌拉特前旗地名的命名。如“喇嘛沟”，因早年间有喇嘛曾在此沟内居住过，故名。

20 世纪 50 年代汉族人口大量移民涌入蒙古族地区，当时汉族人的住所为岩石堆砌的房屋，对于蒙古族人们来说，这是个新鲜的事物，所以蒙古人把汉族人居住的房子称为“拜兴”，这些地名一直被沿用到今天。“拜兴图”“哈丹呼舒拜兴”等这些地名充分说明了移民政策给当地带来了民族大团结，同时也给少数民族地区地名注入了新的元素。

2. 民族习俗对蒙古语地名的影响

蒙古民族有许多习惯和习俗，比如说“祭敖包”“宗教信仰”等，这些民族习俗同样影响着地名。起初敖包是蒙古民族为了指明道路和方向而堆起的石堆，后来人们以祭敖包的形式来表达对万物神灵的崇拜和感恩。在乌拉特前旗，直接用敖包命名的地名也很普遍，如“乌兰敖

包”（[illegible]）、“花呼舒敖包”（[illegible]）、“敖包山”（[illegible]）等等。正是因为乌拉特前旗地区人民的民族习俗，为命名者提供了意识条件，这些地名才得以出现，可见民族习俗对地名命名的影响之大。

3. 自然崇拜对蒙古语地名的影响

蒙古民族信仰藏传佛教，同时也崇拜自然的习俗，蒙古族的自然崇拜主要是对天和火的崇拜尤为突出，在地名中也比较多见。如“呼和毛日特”（[illegible]）、“呼和布拉格”（[illegible]）、“呼和乌素音高勒”（[illegible]）等地名中的“呼和”（[illegible]）一词为“青色”之意，说明了蒙古族崇拜“腾格里”（长生天）的信仰。在蒙古人的心目中，“腾格里”是至高无上的神灵，因此青色代表着“天”的颜色，同时也是蒙古族象征兴旺、永恒、忠诚、坚贞的代表，所以在乌拉特前旗地名中用“青色”来命名的地名有 10 多个。

4. 气候对蒙古语地名的影响

地名是一种文化景观。地名与特定的自然环境和气候有关，气候影响着自然环境，自然环境又影响着地名。夏季暂短、冬季严寒漫长、春季冷热剧变的气候条件，以低丘陵和盆地为主的地形地貌环境，充足的地表水使得乌拉特前旗地区拥有独特的自然环境，有许多用水命名的地名。遗憾的是，随着人类对地下水资源的滥采，地表水位急剧下降，再加上全球变暖的影响，导致海平面上升，降水重新分布，改变了当前的世界气候格局，有关环境的极端事件增加，比如干旱、洪水等。这些气候问题直接影响着蒙古语地名的命名，很多带水的地方都已经是空留其名了，有的湖泊、泉变成了草滩，有的成了农田，有的变成了戈壁，有的河流常年没有水成了沟谷，这些名存实亡的现象比较普遍。正因为这些影响因素，乌拉特前旗蒙古语借词地名存在着不规范偏离的现象。

（二）蒙古语借词地名的偏离现象

蒙古语借词地名的偏离指的是运用音译转写法译写蒙古语地名时出现不符合语言规范的现象，主要指的是语言规律内部不合规范。

1. 读音偏离

各种语言在发音上都有其多样性和复杂性，采用一种文字译写另一种语言文字的地名，只能达到语音相近的程度。蒙古语借词地名采用汉语译写，译写时既要考虑“名从主人”，又要兼顾“汉语简洁性”。在音译转写时，由于蒙、汉语音系统的发音不可能完全对等，用于交际的蒙古语借词地名读音与其蒙古语标准读音有一定的差别，只能做到尽可能读音相似，这是一种语言偏离现象。如地名“乌梁素太”，蒙古语标准读音为“乌力亚素淖尔”，汉语意为“杨树湖”。由于此名字过于长且拗口，不符合汉语交际的便利性，于是音译转写为“乌梁素太”，汉语意缩减为“杨树”。乌拉特前旗蒙古语借词地名或重或轻全部存在语音偏离，还如：

银定图，蒙古语标准读音为“银德热图”，汉语意为“祭祀用的泥台”。

石兰计，蒙古语标准读音为“沙日勒吉”，汉语意为“黄蒿”。

乌加河，音译蒙古语语素“乌加”加汉语语素“河”构成。“乌加”的蒙古语标准读音为“乌珠尔”，汉语意为“末尾”。

以上这些蒙古语借词地名在音译转写时更注重语言简洁性，转写后的地名变得简短，更便于口语交际。

还有些蒙古语借词地名音译转写是为了更符合当地人的读音习惯，突出“名从主人”的原则。如地名：

特汉其，蒙古语标准读音为“塔汗其”，汉语意为“供奉”。

白土圪卜，蒙古语语素“白土”加汉语语素“圪卜”构成。“白土”的蒙古语标准读音为“巴图”，汉语意为“坚固的”，此处为人名。

当地人习惯于音译转写后的地名读法，虽然存在“语音偏离”，但这些地名在约定俗成中成为稳定的交际代号一直沿用。

2. 书写偏离

蒙古语借词地名的语音偏离必然引起书写偏离。蒙古语借词地名音译转写中受到当地方言读音的影响，同一个蒙古语借词地名有不同的译写形体，存在书写偏离现象。如地名：

哈达图，也有写为“哈达兔”，汉语意思一样，书写不同，可互换使用，指的是同一个地名。

呼特勒，汉语意为“山梁”，也有不同的书写，如地名查干呼托勒、乌兰霍托勒等。“霍托勒”“呼托勒”属于同一个蒙古语语素的不同写法，但汉语意思一样。

楚鲁，汉语意为“石头”。地名中大都写为“楚鲁”，但也存在“楚鲁图”“楚伦”“楚格”的书写形体，如格日楚鲁、乌兰楚鲁、查干楚鲁图、浩尼楚伦、楚伦浩饶等。

还如地名“什那干村”也可写为“西纳嘎村”；“小召蒙梁”也可写为“小召门梁”；“毛利特老亥”也可写为“毛仁陶勒盖”等，这些现象均为地名中语言文字的书写偏离。

地名是国家、社会和个人日常生活中所使用的符号，是被个性化的标记。任何地名的本质都是“指位”的，代表具体的地理实体。地名的形成不是个人命名行为，而是语言集团约定俗成的社会产物，具有较强的社会品格。地名关系到国家的领土主权，关系到民族感情和民族团结，关系到国民经济建设以及人们的日常生活等，因此地名具有很强的政治性、科学性。规范运用蒙古语借词地名，有利于加强民族团结和促进民族共同繁荣，所以蒙古语借词地名的偏离规范化应该给予足够的社会关注，要利用行政法规等来进一步规范，让这种偏离现象尽量最小化。

参考文献

〔1〕邢福义：《文化语言学》，湖北教育出版社2000年版。

〔2〕齐泸扬、陈昌来：《应用语言学纲要》，复旦大学出版社2009年版。

〔3〕游汝杰：《汉语方言学教程》，上海教育出版社2004年版。

〔4〕李如龙：《通名丛议》，《地名知识》，1990年。

〔5〕牛汝辰：《中国地名文化》，中国华侨出版公司1993年版。

〔6〕周振鹤：《方言与中国文化》，上海人民出版社1986年版。

〔7〕中国人民政治协商会议内蒙古自治区委员会文史资料委员会编:《内蒙古喇嘛教纪例》，1997年。

〔8〕蒙古族通史编写组:《蒙古族通史》，民族出版社2001年版。

（作者单位：内蒙古自治区乌拉特前旗民政局）

浅谈新形势下地名档案工作的创新发展

陈效忠

摘　要　本文从山东省地名档案事业发展现状及存在的问题，依据档案管理“三个体系”（资源、应用、安全）建设方针，不断完善地名档案管理工作；目前地名普查专业档案资料信息量大，对档案工作者建档入库提出了更高的要求；面对新形势要树立正确的档案观，管理上要实现“三个转变”（职能、作风、方式），行动上要开展创新；地名档案服务与利用是地名档案工作者在新形势下的主要工作，要体现到“三个服务”（为领导服务、为各部门服务、为人民群众服务）的层面上来，落脚点是为实现好、发展好、维护好最广大人民利益，正确处理好利用与保密之间的关系等诸多方面论述地名档案管理工作在新形势下如何创新发展。

关键词　地名档案管理　创新发展　安全利用

档案是人类活动的真实记录，是人们认识和把握客观规律的重要依据，借助档案，能够更好地了解过去、把握现在、预见未来。地名档案是国家档案的主要组成部分，是从地名调查、地名规划、地名标准化、地名命名更名等实践活动中直接形成的历史记录。随着数字化档案管理技术的发展，要求对传统档案管理转变为对档案信息资源的管理，这种发展趋势在新形势下给地名档案管理与服务工作提出了新的挑战。

一、山东省地名档案事业发展现状

近年来，山东省地名档案事业取得了长足的发展，迈上了一个新的台阶：解放思想、开拓创新，积极贯彻实施“三个体系”建设工作方针；重视管理、认真普法，依据《档案法》《地名档案管理办法》《第二次全国地名普查档案管理办法》不断完善地名档案管理工作；各级地名档案部门不断拓展服务领域，创新服务方式，档案利用服务成果显著；启动第二次全国地名普查后的档案整理工作，工作取得新进展；推动地名数据库及电子文档的规范化管理，地名档案信息化建设步伐加快；积极探索地名档案管理工作新机制，依法规范化、系统化管理地名档案工作；开展重要地名档案异地备份工作，地名档案安全体系建设逐步落到实处；利用各种优质资源培训地名档案管理干部，地名档案干部队伍建设进一步加强；积极发挥舆论引导和监督作用，档案宣传工作硕果累累，完成全省地名档案事业发展综合评级；个别单位档案管理工作还存在着诸多问题，如重视不够、保障不足、收管用不到位、人员结构老化整体素质不高等。

二、新时期地名档案工作面临的新形势

到“十二五”末，山东省共有各级地名档案馆（室） 155 个，其中省

一级馆2个、二级馆21个、三级馆87个，馆藏档案100余万卷（件），档案工作从业人员465人。各级档案馆共接待使用者90多万人次，提供利用档案资料9万卷（件、册），编纂出版各级公开出版资料310种，5000万字。地名档案管理工作在构建和谐社会中发挥了重要的作用，但是在现实工作中也遇到一些新问题：

一是人员编制问题，地名档案工作人员逐年减少，人员呈现老龄化，工作量越来越大；

二是计算机技术、网络技术、信息技术突飞猛进，给地名档案工作增添了新的要求；

三是地名档案工作改革，立卷改革、保管期限改革，给对传统的档案管理提出了挑战。

新时期地名档案工作也有新的任务：全面完成各级地名普查成果、文件归档范围和保管期限表的修订工作，要切实把反映国家地名普查重点工作、反映本单位基本职能、关系广大人民群众切身利益的地名信息资料列入归档范围。加强各级部门对地名普查成果依法移交档案进馆的指导与监督，做到电子目录、全文数据与纸质档案同步进馆。按照有关规定，在试点基础上推动地名普查数据库建设、电子文件管理等工作。加强对各市、县（市、区）建立“地名档案馆（室）”的业务指导。在深入调查研究的基础上，逐步完成全省范围内的地名档案资源体系规划。

三、如何做好新形势地名档案工作

党的十八届五中全会确立的“创新、协调、绿色、开放、共享”五大发展理念，对档案工作的特殊性、重要性提出了要求，指明了方向。就如何在新形势下做好地名档案工作，应该从以下几点做起：

（一）树立正确的档案观

档案观，就是对档案的基本观点，即对档案的基本认识和看法。加强对地名档案的收集、整理，有效地保护和利用档案，为社会主义建设服务，是我们应持有的唯一正确的观点。包括建立档案、保护档案、管理档案、利用档案的观念，以适应新形势下地名档案管理工作。

1. 要树立重视地名档案的观念

地名档案是国家重要历史文化遗产财富，其历史价值在社会和经济发展中，在内政、外交、政治、经济、军事、文化、国土等诸多领域一直占有突出地位，发挥着不可替代的地名信息支撑作用。

2. 要树立依法办事的观念

《中华人民共和国档案法》是 1987 年 9 月 5 日年第六届全国人大常委会第 22 次会通过的，1988 年 1 月 1 日起正式实施。1996 年 7 月 5 日，第八届全国人大二十次通过了修正案。《档案法》共六章 27 条，对档案的范围、档案机构及其职责、档案的管理、档案的利用与公布及其法律责任等，都作了明确规定，它以国家的意志，规定了人们在档案和档案工作方面享受的权利、承担的义务和应尽的责任。2016 年 6 月 23 日，民政部、国家档案局依据《档案法》制定下发了《第二次全国地名普查档案管理办法》，共 22 条，《办法》就如何完整、准确、系统、安全和有效利用地名档案做了规范，为山东省地名档案工作者就如何做好地名档案工作提供了法律依据。

3. 要树立为服务的观念

地名档案是一种信息资源，档案的价值不在于档案载体本身，而是载体上记录的信息。不能为保管档案而保管档案，而是为了利用而保管档案。档案工作正如其他工作一样，就是要围绕中心，服务大局，与时俱进，开拓创新。实现地名档案为政府决策服务，为各部门工作服务，为社会群众使用服务，这也是对档案工作提出的要求。

（二）转变管理方式

1. 从注重地名档案实体管理到同时注重档案信息管理的转变

地名档案归根到底是一种可利用的信息资源，实体保管是为了利用实体上承载的信息，计算机技术、网络技术、数字处理技术的应用为我们实现对档案信息的管理开辟了广阔前景，文档一体化、数字档案馆都已在其他行业的档案工作中变为现实，既提高了档案工作者的水平，又提升了档案利用的工作效率。

2. 从注重文书档案管理到注重地名专业档案管理的转变

文书档案的管理在机关事业单位重视程度和管理手段相对较好，而对地名专业档案管理在制度建设、规范整理、流向处置方面显得相对滞后，今后应加强这方面的管理。

3. 从注重本级地名档案工作到同时注重下级地名档案工作的转变

随着人员的变化，一般单位对内设机构地名档案工作比较重视，对市、县（市、区）地名档案业务指导工作相对薄弱，这就要求我们查漏补缺，加强对下级单位地名档案管理工作的指导，全面履行档案机构的职责，不能只顾及一个点，而是要以点带面、上下联动、推动全局。

（三）实现机制和制度的与时俱进

地名档案管理工作创新是继推行现行馆存资料阅览后，档案管理体制的深层次改革，是档案资源科学整合、档案部门服务社会和公民的需要。地名档案部门通过管理体制改革，密切了档案部门与其他职能部门的关系，缩短档案部门为社会公众服务的距离，拓展了档案部门的发展空间，实现了地名档案工作前置管理。

2000 年以来，在机关事业档案工作方面，国家档案局颁布了行业标准《归档文件材料整理规则》；2006 年 12 月 18 日，国家档案局第 8 号令发布《机关文件材料归档范围和文书档案保管期限规定》，《规定》包含两方面基本内容：一是《规定》将 1987 年颁发的《关于机关档案保管期限的规定》《机关文件材料归档和不归档的范围》两个业务文件合二为一，《规定》中的附件《文书档案保管期限表》实际上是文书档案保管期限的具体划分，同时规定了机关文书材料应归档范围，具有一表两用的功能；二是改革了文书档案保管期限划分方法，将原有的“永久”“长期”“短期”的三种保管期限的划分方法改变为“永久”“定期”两种。在定期中再实行标时制，一般分为 30 年和 10 年。地名档案保管期限为“永久”。

四、档案服务与利用

地名档案工作的根本目的就是开发地名档案信息资料，服务于社会建设，地名档案利用工作是达到这一目的直接途径，因此，地名档案利用是地名档案工作者在新形势下的主要工作，在整个地名档案工作中占有极为重要的地位。

具体表现在：一是地名档案利用工作是地名档案业务工作中最富有活力的环节。地名档案工作者通过向社会提供地名档案与社会各界发生直接联系，充分发挥地名档案的作用，扩大地名工作的社会影响；二是做好利用工作是带动整个地名档案工作发展的关键步骤。通过地名档案利用工作能够比较客观地发现地名档案工作与其他业务环节中存在的问题和不足，如资料收集是否齐全完整，整理是否有规律，检索工具是否适用等；三是搞好利用工作能够促进地名档案工作由被动变主动，做好做活地名档案工作。地名档案工作是一项服务性工作，通过积极优质的服务，把死材料变成活材料，才能使地名档案工作变被动为主动；四是地名档案利用工作是地名档案事业为社会各项建设服务的基本保证，是地名档案工作的中心任务。地名档案的收集、整理、鉴定、保管等工作在很大程度上是为了利用，只有做好地名档案的利用工作，才能真正把档案工作与社会直接联系起来，使地名档案的价值得以体现。

在开展档案利用同时做好安全保密工作。地名档案内容丰富，属性和空间资料涉及国土、国防、外交等诸多方面，关系到国际斗争和国内安定团结，涉密性很强，因此要正确处理好利用与保密安全的关系。《地名档案管理办法》第十一条规定：涉密的地名档案主要供地名工作部门利用；查阅非涉密档案，需出具单位介绍信或个人有效证件。《第二次全国地名普查档案管理办法》要求，地名档案保管部门必须制定档案的利用制度，对档案的利用范围、审批权限等作出严格的规定。任何单位和个人未经地名行政主管机关允许，不得公布地名普查档案。对于涉密档案的利用，应当遵守国家有关规定，按照保密工作规程脱密后向公众提供服务。

在网络信息化背景下，“管”和“用”这对矛盾的内涵和外延都在发生变化。在地名档案的提供利用工作中，要注意保守机密，这是保证国家建设顺利进行的需要。每个地名档案工作者都必须严格遵守党和国家的机密，提供利用与保守机密都是为了更好地服务于社会公众，是为了实现同一目的而采取的两种不同的手段，因此，保守机密与提供利用是辩证统一的关系。

开发档案成果的社会化应用。地名档案馆（室）提供地名档案为社会公众服务，是通过各种不同的方式进行的。传统的地名档案提供利用的形式主要有：提供标准地名（地图）、地名档案原件、地名档案的复制件，咨询，编辑地名图书等服务。目前，山东省充分利用地名档案资源以不同的方式为社会公众服务，如：利用新媒体技术提供地名档案查询服务，包括地名网站、微视频、微电影、地名触摸屏等，组织拍摄的专题文献片《古镇古村》《古县神韵》《千年古县》，编纂出版的《山东地名故事》《山东古镇古村》《地名论文集》等与地名有关的书籍十余种，它们均是以地名档案资料为题材制作的文献，也是利用地名档案服务社会的一种创新尝试。

服务是地名档案工作的永恒主题，没有提供利用服务，档案就是死档案，其价值和潜力就体现不出来。要把地名档案工作的服务体现到“三个服务”的层面上来，落脚点是为实现好、发展好、维护好最广大人民利益。

档案工作正处于大的信息化的背景下，档案传统是过去形成的档案文化的体现，其核心是档案工作理念，因此，必须要加强理念创新。要加强档案工作管理模式、治理模式的研究。面对新的发展趋势，加强方法研究。在信息化时代，档案工作必须开拓创新，向多元化方向发展。

参考文献

沿河档案局主编：《沿河档案志鉴》，2011年。

（作者单位：山东省民政厅）

近60年来我国县、市地名变更原因探析

石　成　张争胜　赵　霞

摘　要　1949年以来，我国许多县市地名发生多次变更，这些地名的变更原因较复杂，难以用西方地理学界的批判地名学来解释。本文通过大量的数据分析，探讨近60多年来我国县市地名的变更及其原因，并对地名变更背后的内涵进行解读。研究发现，我国县市地名变更原因包括去除歧视性地名、避免地名重名、发展地方经济的需要、行政区划的变更调整等几个方面。

关键词　市县地名　地名变更　行政区划　历史文化

一、引言

地名根植于历史源流和社会变迁之中，是所有民族符号和文化形态中最持久的一种，其久存的生命力是其他任何物质文化所不能媲美的。自 20 世纪 80 年代以来，Rose Redwood、Azaryahu 和 Alderman 等地理学家注意到，近代西方国家地名命名的稳定性被打破，官方开始对原有地名进行控制性的更改和命名，地名不再是一种稳定的文化符号。因此 Rose Redwood 等人从传统的地名词源学和分类学研究转向地方命名的政治性批判研究。

我国历史悠久、幅员辽阔，大部分地名具有独特的地域文化特色。早在《春秋穀梁传》中，就出现了“水北为阳，山南为阴”的地名命名原则。北魏郦道元是地名研究的集大成者，他在《水经注》中总结自战国以来地名的命名原则，并对 2000 多个地名进行了系统分类。徐松石、金祖孟、曹世英等开创了我国现代地名学的先河，他们提出了跨时代意义的地名学理论。近年来，我国的地名学研究多关注地方地名的语言和文化解读，如王彬等探讨了在族群和方言形成过程中的广东地名语言文化特征，胡鹤年等分析了陕西省政区地名文化景观的空间特征和形成原因。部分学者将 GIS 技术引进到地名学研究，如李建华等分析了宁夏中卫地名文化景观的空间分布，孙百胜用移动搜索法研究承德乡村地名文化景观的空间分布特征。当前的地名研究主要集中在特定的空间尺度，关于全国尺度的地名研究较少。本文拟对近 60 多年来中国县市地名的变更进行梳理，分析变更的主要原因和时空特征。

二、研究数据来源

本研究过程中，搜集了大量地名学相关方面的著作和文献，同时广泛采集民政部区划地名司、中国民政统计年鉴、全国地理信息资源目录服务系统、中国政府网等提供的相关数据，并充分利用行政区划网（http://www.xzqh.org）、方舆论坛（http://bbs.xzqh.info）、百度贴吧等网络资料，经过鉴别、整理后应用于研究分析。

三、我国市、县地名变更情况及其原因分析

（一）带有歧视性的边疆地名被更改

由于征服者自身天然的优越感，历代统治者对边疆少数民族地区的命名常带有歧视色彩，地名作为体现意识形态和统治阶级意志的文化工具，其歧视性色彩体现了统治阶级平定边疆和安抚边民的愿景。明朝时期，中央政府平定瓦剌部战乱后，在边疆地区重新修建居民点并对其命名。古代对边疆民族的称呼包括“虏”“羌”“夷”等，表示平定叛乱的词包括“平”“定”“镇”“柔”等，我国许多古代边疆地名就是两者的结合，如“镇羌”“宁远”“杀胡”“靖虏”等。这些地名带有明显的歧视性。我国《地名管理条例》第五条规定：“凡有损我国领土主权和民族尊严的，带有民族歧视性质和妨碍民族团结的地名，必须更名。”因此，对于这些歧视性的地名，在充分尊重少数民族意愿的基础上，相继进行了更名。如1953—1954年，新疆迪化更名为乌鲁木齐、绥来更名为玛纳斯、镇西更名为巴里坤、孚远更名为吉木萨尔、景化更名为呼图壁、宁西更名为察布察尔，内蒙古绥远更名为呼和浩特；1965年，辽宁安东更名为丹东，广西大苗山更名为融水、大瑶山更名为金秀；镇边，1953年更名为睦边，1965年又更名为壮语地名那坡。

（二）部分重复的市、县地名被撤销

地名的重名现象极为普遍，常给人们的生产活动带来很大困扰，对社会经济发展产生了诸多负面影响。我国的地名重名现象主要有两类：一是同一行政区划内的同名现象；二是不同区域之间的同名。前者与我国的城

镇化进程密切相关，后者系因我国疆域辽阔所致。新中国成立后，在原县城的基础上“切块”形成大量新城市，即规模较大的县城或城镇建成区设为市，郊区设为县，因此产生了市、县同名的现象。改革开放以后，撤县（市）设区成为区划调整最主要的方式。部分重名的县在改市辖区或县级市时，为了避免重名现象，对地名进行更改。据统计，同一行政区内出现重名现象地名超过了 100 个，其中 27 个进行了更名，仍然存在同名现象的有河北的邢台、承德、沧州、井陉，山西的长治、大同，辽宁的铁岭、本溪、辽阳、阜新、朝阳、抚顺，吉林的通化，黑龙江的伊春，安徽的芜湖、黄山，江西的南昌、九江、上饶、吉安，河南的安阳、濮阳、新乡，山东的东营，湖北的荆州，湖南的长沙、湘潭、株洲、岳阳、衡阳、邵阳，四川的广安、宜宾，甘肃的白银、临夏，新疆的乌鲁木齐、和田、伊宁、克拉玛依等。

表 1　近 60 年来我国市、县同名引起的更名

所在省区	原名	更名	更名时间	所在省区	原名	更名	更名时间
辽宁	沈阳县	新城子区	1960 年	福建	三明县	明溪县	1964 年
	安东县	东沟县（东港市）	1965 年	河南	开封县	祥符区	2014 年
	锦县	凌海市	1993 年		信阳县	平桥区	1998 年
吉林	延吉县	龙井县（市）	1983 年		商丘县	睢阳区	1997 年
黑龙江	安达市	大庆市	1979 年		许昌县	建安区	2016 年
内蒙古	赤峰县	郊区	1983 年	湖北	武昌县	江夏区	1995 年
江苏	泰县	姜堰市（区）	1994 年		汉阳县	蔡甸区	1992 年
	南通县	通州市（区）	1993 年		宜昌县	夷陵区	2001 年
	无锡县	锡山市（区）	1995 年	湖南	常德县	鼎湖区	1988 年
浙江	绍兴县	柯桥区	2013 年		益阳县	赫山区	1994 年
	金华县	金东区	2000 年		郴县	苏仙区	1994 年
	衢县	衢江区	2001 年	贵州	遵义县	播州区	2016 年

续表

所在省区	原名	更名	更名时间	所在省区	原名	更名	更名时间
安徽	铜陵县	义安区	2015 年	四川	达县	达川区	2013 年
	濉溪市	淮北市	1971 年		内江县	东兴区	1989 年
山东	德县	陵县（陵城区）	1961 年	陕西	宝鸡县	陈仓区	2003 年
	济宁县	郊区（任城区）	1983 年				

由于我国幅员辽阔，众多县、市在发展过程中难免出现重名现象。重名问题使地名失去了区别性、唯一性，容易出现指位上的混乱，带会给社会治理带来诸多难题。1949 年以后，部分重名的县市地名被更名。如吉林西安市因与陕西省西安市重名，于 1952 年更名为辽源市，西安县则于 1956 年更名为东辽县；内蒙古新民县、海南新民县因与辽宁新民县重名，分别于 1950 年和 1952 年更名为化德县和屯昌县；江苏省新安县因与河南省新安县重名，1958 年更名为新沂县；重庆市梁山县因与山东省梁山县重名，1952 年更名为梁平县。

“县”是我国历史最悠久的行政区划之一，最早出现于战国时期。“市”原本是贸易和娱乐的场所，直到 20 世纪初才以区划通名的形式出现。“区”是 1949 年后新出现的政区通名。从我国行政区划体系来看，“区”与“县”是同一级别的政区通名，但从城市指代名称的角度来看，大部分市辖区地名（尤指专名）与地级市的地名是“重复”的，或是城市的组成地名，浙江省舟山市在升级之前称定海市，后来定海变为舟山市辖区名，可见定海和舟山本是指同一座城市。因“区”出现的时间较晚，在我国现存的重名现象中，主要是区与区或区与县之间的重名，该类型的重名地名详见表 2。

表 2　我国当前存在的重名地名及其分布

重名地名	所在地区			
市中	济南市市中区	枣庄市市中区	内江市市中区	乐山市市中区
鼓楼	南京市鼓楼区	徐州市鼓楼区	福州市鼓楼区	开封市鼓楼区
西安	牡丹江市西安区	辽源市西安区	陕西省西安区	

续表

重名地名	所在地区		
新华	石家庄市新华区	沧州市新华区	平顶山市新华区
朝阳	北京市朝阳区		朝阳市朝阳县
通州	北京市通州区		南通市通州区
永定	张家界市永定区		龙岩市永定区
宝山	上海市宝山区		双鸭山市宝山区
龙华	深圳市龙华区		海口市龙华区
向阳	佳木斯市向阳区		鹤岗市向阳区
西湖	杭州市西湖区		南昌市西湖区
白云	广州市白云区		贵阳市白云区
长安	西安市长安区		石家庄市长安区
江北	重庆市江北区		宁波市江北区
新城	呼和浩特市新城区		西安市新城区
城关	兰州市城关区		拉萨市城关区
栖霞	南京市栖霞区		山东省栖霞市
昌邑	吉林市昌邑区		山东省昌邑县
金川	金昌市金川区		四川省金川县
开平	唐山市开平区		广东省开平市
连山	葫芦岛市连山区		广东省连山县
兴安	鹤岗市兴安区		广西兴安县
云龙	徐州市云龙区		云南省云龙县
长宁	上海市长宁区		四川省长宁县
鹤山	鹤壁市鹤山区		广东省鹤山市
平山	本溪市平山区		河北省平山县
象山	桂林市象山区		浙江省象山县
沙湾	乐山市沙湾区		新疆沙湾县

续表

重名地名	所在地区	
台江	福州市台江区	贵州省台江县
宽城	长春市宽城区	河北省宽城县
东港	日照市东港区	辽宁省东港市
海城	北海市海城区	辽宁省海城市
安宁	兰州市安宁区	云南省安宁市
金平	汕头市金平区	云南省金平县
资阳	益阳市资阳区	四川省资阳市
梨树	鸡西市梨树区	吉林省梨树县
昌江	景德镇市昌江区	海南省昌江县
清河	铁岭市清河区	河北省清河县
新兴	七台河市新兴区	广东省新兴县
兴山	鹤岗市兴山区	湖北省兴山县
大同	大庆市大同区	大同市大同县
华容	鄂州市华容区	湖南省华容县
江城	阳江市江城区	云南省江城县
山阳	焦作市山阳区	陕西省山阳县
河口	东营市河口区	云南省河口县
大通	淮南市大通区	青海省大通县
五华	昆明市五华区	广东省五华县
龙山	辽源市龙山区	湖南省龙山县
东山	鹤岗市东山区	福建省东山县
钟山	六盘水市钟山区	广西钟山县
中山	大连市中山区	广东省中山市

（三）通名专用等不规范地名被标准化处理

由于我国城乡之间地域分割，形成了郊区包围城区的二元结构，许多市辖区变为只有通名的特殊地名，如“郊区”“城区”“矿区”。郊区是指市区周围的区域，有着完全不同于市区的景观，是城市地域景观方面的概念，在我国却承担了政区名的功能。按照地名的命名原则，“郊区”只是地名的通名，而对于一个标准地名来说，专名是必不可少的，因此用“郊区”作为地名不符合标准地名的命名原则。据统计，全国有 94 个地级市曾出现“郊区”的地名。“郊区”地名的使用也掩盖了城市的历史文化内涵，割裂了城市的历史，破坏了城市文化景观的传承性和历史性。因此，20 世纪 90 年代以后，全国大部分“郊区”都进行了更名或合并撤销。如南昌市郊区于 2002 年以当地著名旅游景点青山湖更名为“青山湖区”；盐城市郊区于 1996 年更名为“盐都”，地名来自汉代时该地的古县名“盐渎”；北海市郊区因有著名景点银滩公园和海滩公园，1994 年更名为“银海”。新更改的地名均被赋予了特色鲜明的文化内涵，既避免了地名的重复，又充分挖掘了地名的文化价值，因此“郊区”的更名得到了充分的认可。目前全国存在“郊区”地名的城市仅剩铜陵、佳木斯、大同、阳泉、长治等。

（四）撤县设市过程中许多地名被更改

在 1987—1997 年的十年时间里，我国城市数量由 381 座猛增至 668 座，城市数量增长的主要方式是撤县设市。国家对撤县设市有着严格的标准和要求，能实现撤县设市说明该地区的经济实力和城市规模水平已到达高标准，是对该地区经济发展的肯定，市和县是不同身份的象征。因此撤县设市在提高城市知名度的同时，也提升了人们的地方自豪感。许多县在设市后为了塑造新的形象，与过去划清界限，对原来的地名进行了更名。

表3　撤县设市过程中出现的更名

所在省区	原名	更名	更名时间
河北	束鹿县	辛集市	1986年
	获鹿县	鹿泉市	1994年
	新城县	高牌店市	1993年
内蒙古	布特哈旗	扎兰屯市	1983年
	额尔古纳右旗	额尔古纳市	1994年
	额尔古纳左旗	根河市	1994年
	阿巴哈纳尔旗	锡林浩特市	1983年
	喜桂图旗	牙克石市	1983年
辽宁	东沟县	东港市	1993年
	营口县	大石桥市	1992年
	复县	瓦房店市	1985年
	新金县	普兰店市	1991年
	锦县	凌海市	1993年
	北镇县	北宁市（北镇市）	1995年
吉林	洮安县	洮南县	1987年
	海龙县	梅河口市	1985年
	怀德县	公主岭市	1985年
江苏	无锡县	锡山县	1995年
	泰县	姜堰市	1994年
	沙洲县	张家港市	1986年
	南通县	通州市	1993年
安徽	嘉山县	明光市	1994年
福建	崇安县	武夷山市	1989年
江西	清江县	樟树市	1988年
	星子县	庐山市	2016年
山东	黄县	龙口市	1986年
	掖县	莱州市	1988年
	益都县	青州市	1986年
河南	临汝县	汝州市	1988年
	巩县	巩义市	1991年
	汲县	卫辉市	1988年
	密县	新密市	1994年
湖北	沔阳县	仙桃市	1986年
	广济县	武穴市	1987年
	光化县	老河口市	1983年
	应山县	广水市	1988年
	均县	丹江口市	1983年
	宜都县	枝江市（后复名宜都市）	1987年
广东	海康县	雷州市	1994年
海南	崖县	三亚市	1984年
广西	贵县	贵港市	1988年
	防城县	防城港市	1993年
	宜山县	宜州市	1993年
四川	崇庆县	崇州市	1994年
	峨眉县	峨眉山市	1988年
	灌县	都江堰市	1988年

（五）部分县市为塑造地方品牌而更名

地方品牌承担着提高地方形象的作用，是保持地方经济活力和生命力的基础。在市场经济背景下，品牌开始与地方特质文化、地方身份建构相融合。随着多元化旅游的发展，人们开始从传统的观光旅游转移到精神上、心灵上的感受和体验。地名因其承载的独特历史文化，逐渐成为地方自我推销的宣传工具。对于旅游城市来说，其城市自身形象是吸引游客的先决条件，而地名作为城市形象的标签和窗口，其品牌价值显得尤为重要。因此，为了充分发挥地名在塑造地方品牌上的天然优势，许多依托风景名胜而发展的旅游城市纷纷更改原来的地名。如福建崇安县于 1989 年更名为武夷山市；海南通什市于 2001 年更名为五指山市；四川峨眉县、灌县于 1988 年分别更名为峨眉山市、都江堰市，南坪县于 1997 年更名为九寨沟县；湖南大庸市、酃县于 1994 年分别更名为张家界市、炎陵县；云南中甸县于 2001 年更名为香格里拉县，思茅市于 2007 年更名为普洱市；浙江嘉兴秀城区于 2005 年更名为南湖区；甘肃天水北道区于 2004 年更名为麦积区；江西星子县于 2016 年更名为庐山市。

（六）部分县、市因传承历史价值而更名

地名是文化遗产中最具地方特色的文化记忆，是一个地方经济文化积淀的历史印证。但是随着时代的变迁和社会的发展，总有一些地名因为某些原因退出了历史舞台，这些消失的地名有时却承载着一个地方的历史记忆，其消失意味着一处民俗、一脉文化和一段历史的沉默。对于现代人来说，这些古地名是传承历史、寻找民族归属感的精神纽带，是印证集体记忆和社会记忆的载体。因此，近年来掀起了恢复古地名的热潮。古地名的恢复，既是对地方历史的尊重和肯定，也是塑造地方品牌、打造旅游形象的最佳方式。如湖北蒲圻市、枝城市于 1998 年分别更名为赤壁市、宜都市，襄樊市于 2010 年更名为襄阳市；湖南永州芝山区于 2005 年更名为零陵区；山东苍山县于 2014 年更名为兰陵县；江苏淮阴市于 2000 年更名为淮安市；河南安阳铁西区于 2002 年更名为殷都区；宁夏银川城区于 2002 年更名为西夏区；新疆乌鲁木齐南泉区于 2002 年更名为达坂城区；江西波

阳县2003年更名为鄱阳县；四川广元元坝区于2013年更名为昭化区。

（七）部分县、市因汉字简化或雅化更名

1956年，中国文字改革委员会公布的《汉字简化方案》被批准，地名的书写也进行了大幅度调整，地名书写简化的同时也意味着地名的更改，如江苏崑山简化为昆山，云南霑益简化为沾益，福建仙遊简化为仙游等。有些地名的文字或读音不雅，不利于塑造地方形象，因此进行了更改，如西藏穷结更名为琼结，河北完县更名为顺平县，甘肃安西更名为瓜州。

四、总结

地名的变更是社会观念的改变，是人们对过去的认知和价值观的质疑和挑战的过程。在资本至上的意识形态下，地名的更改变成了一种商业行为，成为追逐经济利润的必要手段。作为重要的信息源，地名的更改体现着不同群体和不同时代的人彼此交流的内容与意义，承载着共同的生活价值和社会意识形态。地名记载了历史的变迁和社会的变革，新中国成立后的地名更改是新时期我国社会巨变的最原始体现。地名的演化变更与城市的发展空间存在着密切而深入的联系，城市地名变化体现的是城市发展趋势和变化特色，以及城市的社会经济环境变化。地名蕴含着人类对地理实体的感悟和寄托，是构建地方记忆的重要因素，表达了社会群体对某一地方的情感认同。地名是地方记忆和地方归属感的来源和线索，其变更对某社会群体的记忆产生直接，甚至塑造作用，因此地名可以看作是当地居民记忆和情感的非物质化表达。而古地名表达了民众对地方历史的自豪感和认同感，古地名的恢复是当地人自我情感表达和集体活动的产物，诉说着当地人对历史景观的地方想象。

地名作为最稳定的文化景观符号，其变更源自于政治、经济和文化等多方面的社会变化。地名变更背后包含着丰富的社会文化内涵，地名是一种历史文化遗产，也是发展地方经济、提高地方知名度的有效手段。处理好地名变更与当地民众认同度的关系至关重要，近些年对古地名的恢复基本迎合了地方民众的诉求，政府在更名过程中越来越重视地方民众的意见，因为当地民众才是地名的使用者和受益者。

参考文献

〔1〕贾文毓、李引：《中国地名词源》，华夏出版社2005年版。

〔2〕孙冬虎、李汝雯：《中国地名学史》，中国环境科学出版社1996年版。

〔3〕王彬、黄秀莲、司徒尚纪：《广东地名语言文化空间结构及景观特征分析》，《人文地理》2012年第1期。

〔4〕胡鹤年、张力仁：《陕西政区地名文化景观研究》，《地域研究与开发》2013年第1期。

〔5〕李建华、米文宝、冯翠月等：《基于GIS的宁夏中卫县地名文化景观分析》，《人文地理》2011年第1期。

〔6〕孙百生、郭翠恩、杨依天等：《基于GIS的承德乡村地名文化景观空间分布特征》，《地理科学》2017年第2期。

〔7〕Serruys，H.，"Place names on China›s northern frontier"，*Bulletin of the School of Oriental and African Studies*，1982.

〔8〕张莉、李伟：《1997年以来我国城市行政区划调整的特征与影响》，《城乡治理与规划改革——2014中国城市规划年会论文集》，2014年。

〔9〕张清华、高宁：《妥善处理地名重名需传承文化与方便群众相结合》，《中国社会报》2016年8月30日。

〔10〕王彬、黄秀莲、司徒尚纪：《广东政区地名文化景观研究》，《热带地理》2011年第5期。

〔11〕屈桂春、柴海英：《近二十年我国行政区划变更分析研究》，《阴山学刊》2009年第1期。

〔12〕孙鹏：《基于人本主义理念的我国城市地名更改探析》，《现代城市研究》2014年第11期。

〔13〕何方洪:《撤县设市利弊谈》,《中国地名》2016年第2期。

〔14〕Medway, D.&Warnaby, G., "What's in a name? Place branding and toponymi-c commodification", *Environment and Planning A*, 2014.

〔15〕Wenting R. Spinoff, " Dynamics and the Spatial Formation of the Fashion Design Industry, 1858-2005", *Journal of Economic Geography*, 2008.

〔16〕花露、张洁玉:《地名文化的旅游价值及开发浅析》,《商业经济》2009年第11期。

〔17〕柴海燕:《风景旅游城市地名变更现象透析》,《地域研究与开发》2000年第2期。

〔18〕完颜平:《留住老地名就是留住历史》,《光明日报》2010年11月29日。

〔19〕朱竑、周军、王彬:《城市演进视角下的地名文化景观——以广州市荔湾区为例》,《地理研究》2009年第3期。

〔20〕保继刚:《地名变更的经济与文化之争》,《语言战略研究》2017年第2期。

〔21〕Martin, N .P.&V.H.Storr, "Bay Street as Contested Space", *Space and Culture*, 2012.

(作者单位:华南师范大学地理科学学院)

地名普查中如何挖掘文化内涵

曹中义

摘　要　国务院于2014年发布《关于开展第二次全国地名普查的通知》，指出地名普查的重要目的和意义是“更好地保护地名文化遗产，传承和弘扬优秀地名文化，进一步提高国家文化软实力”。作为地名普查工作人员，如何正确认识地名文化的意义，最大的难题是什么、如何解决，地名文化内涵有哪些、如何挖掘，地名沿革中出现的曾用名等问题，笔者以亲身经历和经验一一做出了回答，对于目前正在进行的第二次全国地名普查工作，具有一定的借鉴作用。

关键词　地名含义　历史沿革　文化内涵　同音演化　地名曾用名

2014年1月，国务院发布《关于开展第二次全国地名普查的通知》，全面部署了第二次全国地名普查任务，特别强调：开展地名普查是传承和弘扬优秀传统文化的迫切需要。地名是人类历史的活化石，蕴含着丰富的文化信息。我们对地名遗产情况尚未完全摸清，对地名文化的挖掘、保卫和利用还不够深入。开展地名普查，有利于把握地名文化总体状况，更好地保护地名文化遗产，传承和弘扬优秀地名文化，进一步提升国家文化软实力。

全国第二次地名普查，将地名文化的挖掘、保卫和利用列为重要任务，并提高到文化遗产和文化软实力的高度，这还是第一次。

笔者有幸被聘为山西省永济市二普办的地名专家之一，不仅认识到地名文化对国家的重要作用，而且认识到这是一次挖掘、宣传“新运城·古中国”的历史机遇，也是为把永济打造成全国最佳旅游城市的绝好机会。那么，笔者是如何在“二普”中挖掘、整理和保卫地名文化的呢？

一、地名文化破坏十分严重

在我国，由于新中国成立之初对地名文化缺乏认知，因而对古老地名随意更改和废止的现象屡禁不止，尤其是频繁的区改乡、乡改公社、公社改乡镇、乡镇改街道等行政区域的变更，加上“大跃进”时的冒进、“文革”中的破“四旧”及近年来小城镇建设、旅游业开发等行为，随意更改或废止古老地名的问题比比皆是。特别令人气愤的是崇洋媚外、改老换洋、刻意求僻等行为，使地名文化遭到严重破坏。

如永济市有个一千多年的古村落，是唐朝初年尚书左仆射，后任司空的裴寂的故里，他死后被追赠河东郡公，竖立了数座牌坊以示旌表，故该村得名“裴坊”，从民国末年一直沿用到“文革”前后。后来，由于永济方言“裴”“白”谐音，加上裴字笔画多，白字笔画少，人们投机取巧地变“裴”为“白”。岂不知这一改，就改掉了厚重的历史文化，与千年历史“拜拜”。“大跃进”中，一哄而起的红旗社、前进社、星光社、燎原社、黎明社、新华社等，如流星一闪而逝。“文革”中把“卿头公社”改为“三娄寺公社”，并在该村召开全县“三干会”，甚至运城地区首届党代会也在此召开，红极一时，最后也改回“卿头”，销声匿迹。这种人为地随心所欲地改变地名，是严重违背地名命名规律和广大人民群众心愿的，最终已经得到了历史的证明。

还有一个用了 100 多年的“王官别墅”，是晚清重臣户部尚书阎敬铭之子阎迺竹在其父死后三年始建的，与阎敬铭本人没有直接关系。而近年来为旅游开发更名为“阎敬铭别墅”。笔者认为，这不仅是改了一个别墅名字，更重要的是败坏了阎敬铭“清官廉吏”的名声，既不符合历史，又不利于进行廉政建设教育，其改名的本意与效果大相径庭。

通过第二次地名普查，笔者已向上级申请了关于“白坊”等村名更名的报告，但愿能得到批准，以维护原名的文化内涵。

二、最大的难题

最大的难题是了解地名的含义和历史沿革，特别是自然地理实体的名称来历。

中国古代为地名命名时，要按照“合制度”“符名实”的原则。我国古代的《尔雅》一书，有很绝妙的记载：“山大而高曰崧（嵩），山小而高曰岭，锐而高曰峤，小而众曰岿。山加水为涧，山有穴为岫，山东曰朝阳，山西曰夕阳，高平曰陆，大陆曰阜，大阜曰陵，小陵曰丘。水中可居者曰洲，大洲曰渚，小渚曰沚，小沚曰坻。”

通常山东称左；山西称右；山南称前，又称阳；山北称后，又称阴。河流较小的叫溪，季节性缺水称沟。

方位定名有显位、隐位、奇位之分。显位是四至（东、南、西、北）、八到（东北、东南、西北、西南），例如永济孙李村有“西南角”，现为第六居民组。

隐位定名为阴阳示向（山之南为阳，山之北为阴；水之北为阳，水之南为阴），例如永济有任阳村、韩阳镇、首阳山等。

奇位定名是两个地名连起来后的简称，如永济市高市村西庄简称高西庄；蒲州镇弘道园大队小农场在 1983 年 10 月更名为弘农庄；卿头镇三娄寺村指该村原有三楼一寺（村东南望田楼、村西北瞻眲楼、村西南魁元楼，中间是归圯寺）；韩阳镇三新村（因双店、肖家庄、孟家坟迁移户共居一处而得名）；开张镇三义村（因韩阳、辛店、中王三村迁移合建一村而得名）。

根据《尔雅》所示，笔者将永济 400 多个村子归纳为“山、乡、屯、头、台、寺、圪塔……湖、渡、楼、源、滩、墅、旗营”等 60 余个地名用字，并作了归类、解析，直截了当地抓住了地名含义。如“旗营”是清朝八旗兵驻屯的地方，现用作自然村落名，全国主要分布在湖北，永济市现有黄旗营、常旗营、芦旗营三个村；“社”是古代基层行政单位，旧时祭土神之所，也指某些团体、组织、机构、自然村落名，永济市今有七社、东社，七社现有七个社轮流祭祀三皇庙的习俗，其年代竟然可追溯到南宋时期。

通过地名用字归类解析，较好地了解地名的含义。下面以永济为例，谈谈笔者认为应该如何解决地名历史沿革问题。

严格来讲，地名的历史沿革包括五个方面：名称沿革，隶属关系沿革，地址变迁，地理实体的重建、管辖或业务范围的变化。

在确定历史沿革时，必须先要有一个大的历史框架。

现在能找到的关于永济沿革的最早依据是明代的都里制，平阳府蒲州辖 8 都 66 里 263 村。

清改乡里制，雍正六年（1728 年），始置永济县，辖 3 乡 49 里 412 村。雍正八年（1730 年）复置虞乡县，辖 3 乡 21 里 85 村 30 屯营 8 山庄。

民国实行新政，永济县辖 5 区 25 治村；虞乡县辖 4 区 13 治村，将在袁家营等 6 村（总称上六屯）划归解县。

1947 年 4 月，永济、虞乡解放。9 月，合并为永虞县民主政府，区别于国民政府，原永济县山南地区划归永乐县，北部的东张、虞乡的关仁等

24 村划归临晋县，原虞乡的卿头等 32 村划归解县，临晋县的东开张等 23 村划入永虞县，共辖 5 区 108 个行政村。

从 1949 年 10 月中华人民共和国成立至今，永济县（市）人民政权经历了八次演变：

1. 永虞县民主政府从 1949 年 5 月 1 日至 1950 年 4 月 15 日止，1950 年 4 月 15 日，永虞县分为永济县、虞乡县，改民主政府为人民政府；

2. 永济县人民政府自 1950 年 4 月 15 日至 1955 年 2 月 1 日止，虞乡县人民政府自 1950 年 4 月 15 日至 1954 年 8 月止，1954 年 8 月，虞乡、解县合并为解虞县人民政府；

3.1955 年 2 月 1 日，永济县人民政府改为永济县人民委员会，1958 年 11 月 20 日，永济与临猗、解虞、安邑合并为运城县；

4.1961 年 5 月，永济、虞乡从运城县划出，合为一县，恢复永济县人民委员会；

5.1967 年 1 月 29 日和 2 月 23 日，造反派组织两次夺权，到 1967 年 4 月成立革命委员会，永济县人民委员会终止；

6.1967 年 4 月 6 日，永济县革命委员会成立；

7.1982 年 4 月 27 日，永济县政府成立，原永济县革委会终止；

8.1994 年 1 月 12 日，国务院批准永济撤县设市至今。

根据以上行政机构变化，要把每一个村的名称沿革、隶属关系沿革都准确无误地交代清楚，不是一件容易的事情。由于“一普”的资料只从 1947 年 9 月永虞县建立写起，中间缺少了虞乡县、解虞县和运城县的变迁，容易让人产生误解。为了把名称沿革和隶属关系弄准确，我们依据《中国共产党永济县组织史资料》（1929.8—1987.10）、《中国共产党永济市组织史资料》（1987.10—1998.6）及《永济县农业合作化史》，将各村村名摘录成卡片，一一对照填写到位。特别珍贵的是，有的村还涉及高级社名称和“大跃进”的资料。

有了大框架依据，具体问题就迎刃而解了。在填村民委员会登记表时，我们把握四点：1958 年 8 月，中共中央作出《关于在农村建立人民公社问题的决议》，我国全面开展人民公社化运动，实现政社合一、撤乡建社，农业生产合作社改称生产大队，实行生产资料分别归公社、生产大队，生产队三级组织所有的体制；1983 年 10 月，中共中央、国务院联合发出《关于实行政社分开建立乡政府的通知》，要求实行政社分开，恢复、建立乡人民政府，同时，生产大队更名为村，撤销生产大队管理委员会，选举产生村民委员会；1995 年 12 月 20 日，根据晋政函（1995） 167 号文件，撤销永济市城关镇，成立城东、城西、城北 3 个街道办事处；2001 年的撤乡并镇。掌握了以上四点，村委会的隶属关系沿革就清晰明了，一一对应。

地名含义来源就是一句话，“以所在 ×× 居民点而得名”。居民点地名的来历上溯到最早年代，来历无考的，以清末为主。

三、地名文化内涵

地名文化内涵，主要包括历史人物、历史事件、非物质文化遗产、名优特产、重大活动、历史文化名城、名镇、名村、旅游景点、文物保护单位、诗词歌赋、楹联、戏剧曲艺等内容。

人们常说：人杰地灵，名人必有其与地名的联系。通过对名人与地名故事的挖掘，人们就能了解到地名的由来、含义、演变、沿革，因而会情不自禁地对地名文化有了深刻的理解和认识，并由此对博大精深的中华民族文化产生一种发自内心的钦敬和眷恋，有了亲和感，进而升华为一种爱国情结，这就是所谓的爱家乡就是爱祖国。运城产生过最早的顶级人物，发生过最早的历史事件，这些人和事在此留下了有据可考的地名，如女娲与后土祠、嫘祖与西阴村、蚩尤与解州、后稷与稷山、舜帝与舜都蒲坂、傅说与圣人涧等。

在永济除已知的夷齐与首阳山、孟明与孟盟桥、清华扁鹊墓、杨玉环与独头村、王之涣与鹳雀楼、元稹与普救寺、司空图与王官谷、杨博与襄毅庄、吴雯与金鹅馆、王桂与塔儿园之外，还有一些不太受重视的名人与地名需要深入挖掘，如董晋与董村、张玄素故里张坊、裴寂与白坊、孟时芳与孟家园等。在这次普查中，介峪口村民王映荃先生为我们提供了呼家将在介峪口练兵的资料，杨博后代杨维翰提供了状元桥的资料，永济市教育局副局长贺创业为我们提供了伍姓湖与张扬城的资料。我们还挖掘整理了明成祖与栲栳镇镇国寺的传说，撰写了《永济市七大姓氏与地名》《二十二屯今何在？》《永济地名来历分类小辑》《舜帝与河东地名故事》等研究性文章。

永济近代知名的历史事件有：48 村抗酒税斗争（1908 年），杨老三攻打蒲州城（1911 年），杨振邦袭击日军飞机场（1938 年 5 月 7 日），白坊村打虎（1933 年）等。

永济的非物质文化遗产有：民间文学 27 项，民间曲艺 3 项，民间美术 10 项，游艺、传统体育与竞技 6 项，民间音乐 2 项，民间舞蹈、民间戏曲 5 项，民间手工技艺 14 项，传统医药 5 项。特别是"中和节·永济背冰"在 2011 年 5 月被列入第三批国家非物质文化遗产名录。永济道情、牛郎织女传说、永济扎麦草、张生和莺莺故事、杨贵妃传说、心意拳、亮宝、空中飞狮、手工泥金笺画、桑落酒制作工艺、张营小米醋、蒲津渡铁牛传说、木制模型制作技艺、手工空心挂面、永济布扎等被列入省级非物质文化遗产名录。其中大型木制模型《鹳雀楼》在 1999 年 12 月 20 日澳门回归时，被作为山西省礼品赠送澳门特别行政区政府，笔者有幸于 2015 年 3 月在澳门看到了这一珍品。以上非物质遗产都与地名相对应，并予以整理。

在挖掘文化内涵中要坚持实事求是的原则，不能将错就错、人云亦云、以讹传讹。如已获得国家非物质文化遗产的"永济背冰"有两处重大错误：一是太平军没有攻打蒲津城，攻打的是茅津渡；二是相福禄不是太平军将士，而是清军把总，后升任百总。

再如，普救寺的寺名在唐代已有，元稹《莺莺传》和杨巨源《题普救寺》诗可为证，并非源于人们津津乐道的后汉郭威折箭为誓——"城破之日，不戮一人"的故事。尽管这个错误的说法来自清乾隆《蒲州府志》，光绪《永济县志》也有同样记载，但是我们作为地名普查工作者，一定要以事实为依据，从实填报。当然，这是要做一番研究考证的。《伍姓湖畔张扬城》就是一篇很好的地名文化考证论文，已纳入永济市“二普”研究成果。

四、关于“同音演化”“谐音演化”“方言谐音演化”的问题

河东历史悠久，语言起源较早，有许多读音与古汉语基本一致，而且保留在地名中，由于方言与现代汉语普通话差距较大，产生了差异，现举几例以示说明。

如卿头镇白坊村，当地人读作“裴坊”，好像是错了，其实是对的，因为白坊村在民国以前是“裴坊村”，是裴寂故里。裴寂在隋为晋阳宫副监，帮助李渊建立唐朝，在唐为尚书，左仆射，后为司空，死后被追赠河东郡公，在故里建有牌坊以示旌表，故名“裴坊”。因永济方言“白”即“裴”，“裴”即“白”，现当代演变为“白坊”，但这一改便失掉了一个千年古村。按地名文化要求，应为“裴坊”，既与方言一致，又能体现其深厚的文化内涵。

如虞乡镇扶窑村，原名“佛窑”，以该村原有一眼佛洞，供着佛像而得名。因当地方言“佛”“扶”音近，故转“佛”为“扶”。笔者在1985年到扶窑村塔儿园考察王桂读书楼木板楹联时，看到崖边有一通碑，并记了下来，碑名是《重修观音堂记》，落款是“山西省平阳府河东道临晋县虞城乡塔儿园·雍正二年立”。雍正二年是1724年，临晋、虞乡分县是1730年，这又是一个谐音演化的例子。以“扶”代“佛”，丢掉了一个宗教纪念地和宗教文化。

更为典型的是永济有四个文学村，分别是东、南、西、北文学村，本来很普通的村子，在“文革”后期评法批儒中，一下子火爆起来，因为西文学村有个柳家巷，柳家巷有个砖门楼，门楼上有砖雕“宗元第”三个

字，柳氏族人便说这里是柳宗元故居，柳宗元是文学家，所以将“润河”改为“文学”。此说一时甚嚣尘上，西文学村代表也因此参加了评法批儒宣讲团，到处宣讲。当时笔者在575厂当教师，有幸听了宣讲，我就纳闷了，柳宗元明明是虞乡人，怎么跑到文学去了，从此进行了研究。

原来，在永济方言里，“文”读“润”，“学”读“河”，“文学”就成了“润河”，“润河”就成了“文学”。后来笔者在韩阳找到了反证。光绪年间祁彦子在韩阳修建了一座蒲剧梨园会馆，取名“学文庙”，但被日本人烧毁了，只在口头上留下了“学文庙”的谐音，被人们写作“合味庙”，只要把“合味”“味合”倒过来一念，就明白了。“文学”村与“学文”庙可以互证。笔者又在父亲遗作《生行录》里找到了证据。笔者外祖父乔金卯从河南项城逃荒到韩阳，无家可归，就寄宿在“学文庙”里，笔者母亲就是在“学文庙”出生的。还有芮城学张村，当地人读“活着村”。“学”也读“活”，遗憾的是大家都不作考证，人云亦云地把“文学”说成是柳宗元故里，把“学文庙”又说成是“合味庙”。这是个学术问题，需要论证，但在地名普查中，我们一定要慎重对待。

五、地名含义、地名沿革中出现的曾用名

在地名普查中，常常出现曾用名，而曾用名又常常能挖掘出深藏的文化内涵，所以不要轻易放过。

如栲栳镇卫村，相传该村系由许多姓人家相遇迁移而居一处，当时叫“遇村”，后又改名“卫村”，但在永济方言中，仍称“遇村”。卿头镇樊卫村、虞乡镇石卫村，当地方言中读为樊“玉”村、石“玉”村，与卫村的“遇”稍异。“卫”乃明代设置，卫所制度是明代特定的军政合一的地方行政体制。今天，在我国凡有带“卫”字的地方，其地名大多是从明代沿袭下来的。由此推断卫村的读音应该是防御的“御”字，因为卫所是用来防御的。石卫、樊卫的“玉”也应该是“御”的读音异化了。光绪年间

的《虞乡县志》记载，范围里（地名）下辖范围村、北范围村，因志书上没有标示四至，无法确定其地理位置；民国《虞乡县志》已没有范围里、范围村之名，却出现了一个光绪年《虞乡县志》不曾有的村名“樊卫村”。据此推断，“范围村”到民国已更名为“樊卫村”，但在口头上谐音为“樊玉村”。

同时，与卫的性质一样的“平阳卫所屯营”在虞乡县有17个，现有7个在永济，10个归临猗县和盐湖区。在永济额设屯田22处，其中冠有屯字的17个；为此，笔者写了《二十二屯今何在》，对它们一一进行了考证。永济现有屯5个，营14个，旗营3个。

可以说，地名的变化与沿革，都是有当时的背景、理据、原因的，只要肯下功夫，就能找到其中规律。现代地名学开创者谭其骧先生发现，汉代以前的地名中，称“氏”“父”多，说明当时存在氏族组织残余，一氏居一地。如战国时的黄父，在今沁水县西北；盐氏城，始见于战国，即今盐湖区；杨氏，今洪洞古县村；秦有猗氏县，今临猗牛杜镇一带；皮氏县，今河津市西太阳村一带。

西汉以“乡、亭、聚”为地名命名，反映了当时的地方基层行政制度：聚，春秋时晋邑，在今绛县南十里东南城村，《左传·庄公二十五年》载，“晋侯围聚，尽杀群公子”；兆亭县，新莽置，东汉废，故址即今闻喜县。

六朝时“坞、壁、垒、戍、堡”地名出现，应与当时豪族大地主所有制及社会动乱需要防御有关。如玉璧城，始见于西魏，在今稷山县西南十二里吴城附近；柏壁，始见于北魏，在今新绛县西南十八里柏壁村；胡壁堡，始见于五代，在万荣县西，永济现有堡15个。

唐中叶以后“镇、集、市”等相继出现，反映了小商业城市的兴起，“场”“务”等地名反映官营手工业的发达。闻喜有个地名叫“酒务头”，需要好好的研究、挖掘，很可能跟河东酒史有关系。永济现有镇7个，历史古镇4个（赵伊、孙常、古市、黄龙），地名带有“市”字的镇3个（古市、高市、下高市）。

地名文化富有深远含义。俄罗斯总统普京说过："俄罗斯国土很大，但没有一寸是多余的。"同理，地名普查数量很多，信息量很大，但没有一条是多余的。普查中的"普"的含义，就是"全、广、通"。第二次全国地名普查的光荣任务落在我们肩上，这是三十年一次的宝贵机遇，和修志一样，凝集着我们心血的文化成果将永昭青史，激励后昆，在实现中国梦的伟大进程中，发挥其特定的文化意义。

参考文献

〔1〕刘纬毅：《山西古今地名词典》，三晋出版社2009年版。

〔2〕马保春：《晋国地名考》，学苑出版社2010年版。

〔3〕运城市第二次全国地名普查培训课件。

〔4〕光绪《虞乡县志》。

〔5〕民国《虞乡县志》。

〔6〕《永济县志》，1991年。

（作者单位：山西省永济市城东街道办事处）

我国地名文化遗产保护名录制度建设诊断与建议

南剑飞

摘　要　地名是文化的载体，文化是地名的灵魂。近年来，伴随着我国地名日常管理、地名专项普查、地名公共服务等工作有序推进，依附于地名文化遗产保护事业的我国地名文化遗产保护名录制度建设工作，取得了一些成效，但是也存在着这样或那样不容忽视的问题（例如：建设滞后不均衡，我国地名文化遗产保护名录建设总体滞后且地区不均衡、归口部门差异化、不规范现象突出、流程环节碎片化、我国地名文化遗产保护名录四级体系尚未建立、我国地名文化遗产保护名录制度尚未形成）；从发展眼光看，其前景看好。毋庸置疑：中国特色地名文化遗产保护名录制度的逐步建立、日趋健全，是一项关系地名文化保护工作的长远的根本的战略问题。为了最大限度地确保我国地名文化遗产保护名录制度建设取得实效，我们提出如下建议：在地名文化遗产保护名录建设的过程中，各级政府应注意“十大问题”，即“四个认识、四个高度、一个关键、一个结合”。

关键词 地名文化遗产 保护名录 制度建设 问题分析 十大问题

一、我国地名文化遗产保护名录制度建设诊断分析

（一）主要举措

存在决定意识。民政部在 2004 年试点的基础上于 2007 在全国启动了“中国地名文化遗产保护工程”。其中，在地名文化遗产的评价与记录中，首次提出了《中国地名文化遗产名录》及《中国地名文化遗产重点保护对象名录》两个概念①，由此拉开了我国地名文化遗产保护名录制度建设的序幕。2012 年 7 月 10 日，全国地名文化建设工作会议在河北省承德市召开，会议强调：按照《民政部关于加强地名文化建设的意见》《全国地名文化遗产保护工作实施方案》的安排部署，重点做好地名文化遗产保护工作；加强地名文化平台建设，创新载体，丰富内容，以地名文化为引领，推动地名事业全面健康发展。② 其中，《全国地名文化遗产保护工作实施方案》第一次阐明了《中国地名文化遗产重点保护名录》相关问题，涉及入选重点保护名录的遗产类型、遗产鉴定标准（基本标准 + 具体标准）、管理机制、申报程序及进入名录后续的跟踪监管等，同时指出：经民政部确认为中国地名文化遗产的，列入《中国地名文化遗产重点保护名录》，由民政部、联合国地名专家组中国分部联合颁发“中国地名文化遗产”证书和牌匾，并向社会公示。应该说，这是我国地名文化遗产保护名录建设工作的重要文件。党的十八大以来，在第二次全国地名普查工作整体部署下，在“文化强国”战略的推动下，特别是习近平总书记关于“规范地名

① 刘保全：《加强地名文化遗产研究与保护势在必行》，《中国地名》2006 年第 4 期。

② 民政部：《关于印发〈全国地名文化遗产保护工作实施方案〉的通知》，2012 年 7 月 10 日。

管理，传承、保护和弘扬优秀的传统地名文化”及“要像爱惜自己的生命一样保护好文化遗产”等重要思想的指导下，我国地名文化遗产保护工作迎来了新的发展。2015 年 3 月，民政部副部长宫蒲光正式提出构筑地名文化遗产重点保护名录制度，建立地名文化遗产数据库，健全地名文化评价标准体系，深入推进“千年古县”等地名文化遗产认定工作，使地名文化遗产得到分类、分级和分层保护。2016 年 5 月，民政部地名研究所所长王胜三系统阐述了建立地名文化遗产保护名录制度应有序推进四个方面工作（《中国民政》2016 年第 8 期）。2016 年 12 月，《关于进一步加强地名文化遗产保护工作的通知》（民函〔2016〕344 号）中的“四、建立地名文化遗产名录体系”再次强调：要结合各地实际进一步完善地名文化遗产评价、鉴定、确认的标准和程序，逐步建立国家和省、市、县四级地名文化遗产名录。国家和省、市、县地名工作主管部门分别负责本级地名文化遗产名录的认定批准工作。要按照《全国地名文化遗产保护工作实施方案》和《地名文化遗产鉴定》（MZ/T 033—2012）标准，遵循“公开、公平、公正”原则，坚持规范程序、科学认定、突出重点、有序推进，分级分类分批开展古城（都）、古县、古镇、古村落、古街巷地名以及甲骨文（金文）地名、少数民族语地名、著名山川地名、近现代重要地名等重点地名文化遗产认定工作。地方各级地名工作主管部门要从本级地名文化遗产名录中筛选出具有代表性的地名文化遗产向上级申报。对列入地名文化遗产名录的地名，要及时向社会公布，制定科学的保护计划，加强监督管理，进行有效保护。

所有这些举措标志着国家对于地名文化遗产保护名录及名录制度建设本身的认识日益清晰、日渐系统、日趋科学。与此同时，各地在地名文化遗产保护名录创建方面，结合地情，因地制宜，制定了各自的实施办法，力求取得实效。

以走在全国地名文化遗产保护名录制度建设前列的南京（2006 年 12 月在全国首次提出了编制老地名保护名录概念）为例，2008 年 7 月起实施的《南京市地名管理条例》中的第六章“历史地名保护”第三十四条明确规定：本市实行历史地名保护名录制度。地名主管部门应当对辖区内的历史地名进行普查，做好资料收集、记录、统计等工作，建立历史地名档案。市地名主管部门应当建立历史地名评价体系，科学论证，提出历史地名保护名录，经市地名委员会评审并征求社会意见后，由市人民政府批准公布。第三十五条：历史地名保护名录中极具历史文化价值的地名，由市地名委员会组织评审，经公示后形成非物质文化遗产地名保护名录，报市人民政府批准公布。列入非物质文化遗产地名保护名录的地名应当重点保护。第三十六条：变更历史地名保护名录中仍在使用的地名时，应当充分论证、确定保护方案并经公示后，按照规定的程序办理。历史地名保护名录中未使用的地名应当优先启用；未被启用的，应当采取挂牌立碑等措施加以保护。第三十七条：建设部门在城市建设改造中，需要对历史地名保护名录中涉及的地理实体拆除或者迁移的，应当会同地名主管部门制订地名保护方案。第三十八条：对列入非物质文化遗产地名保护名录的地名，应当由市地名主管部门设置非物质文化遗产地名标志。标志上应当载有名称、释义、历史文化价值等内容。

此外，2016 年 6 月，江苏省出台了《关于加强地名管理服务和地名文化建设的实施意见》，强调：到 2020 年，地名法规政策进一步健全，地名管理法治化水平显著提高，使得市、县（市）历史地名保护名录制度建成率应达到 100%。又如，《山东省加强地名文化保护清理整治不规范地名工作实施方案》则明确提出：完善地名文化遗产评价、鉴定、确认标准，形成省、市、县三级地名文化遗产保护名录（来源：《中国文化报》2016 年 5 月 26 日）。

（二）取得成效

经过不懈地努力，我国地名文化遗产保护名录制度建设初见成效。特别是 2004 年民政部启动了“中国地名文化遗产保护工程”和地名文化遗产千年古县保护试点，已取得了阶段性成果，为最终建设科学系统的国家级地名文化遗产保护名录制度积累了经验。与此同时，各地积极开展了地名保护名录建设活动，形成了一些有代表性的地名保护名录成果。例如：2008年1月，南京“老地名”列入首批南京市市级非物质文化遗产名录，包括御道街、朝天宫、贡院街、杏花村、凤凰台、朱雀桥、乌衣巷等[①]；《上海市政区类地名保护名录》(2009年4月30日公示版名录)、《苏州市区第一批吴文化地名保护名录》(2014年1月29日苏州市政府公布)等[②]。

名录成果应用方面，历史地名保护名录制度也被纳入2008年7月实施的《南京市地名管理条例》之中。另外，一些城市明确将编制历史地名保护名录，纳入当地地名总体规划，例如成都市民政局在公示的《成都市地名总体规划（2015—2020)》）中就有此规定[③]。2015年以来，在一、二线城市的带动下，三、四线城市开始建立具有地域特色的地名保护名录，尤其以江苏、浙江为主要代表，如扬州、无锡、徐州、绍兴、湖州、温州等。

（三）现存问题

通过文献调研（地名保护与管理类、遗产保护与管理类文献），实地调研（北京、上海、江苏、浙江、四川、陕西等），网站调查（区划网、地名普查网、地名网等），与大学生、居民交流，以及专家咨询等方式，课题组发现：依附于地名文化遗产保护工作，作为其重要载体与主要内容的我国地名文化遗产保护名录建设工作存在以下问题：

1. 建设滞后不均衡

即我国地名文化遗产保护名录建设总体滞后且地区分布不均衡：城市地名文化遗产保护名录建设的重视程度与实际效度，整体优于乡村[④]；地名普查试点地区整体要优于非试点地区；在地名普查试点地区中，华东片

---

① 姚玉洁：《南京将“老地名”列入市级非物质文化遗产》，新华网，2008年1月13日。

② 杭燕、徐明：《沪首次启动地名保护工作名录公开征求意见》，东方网，2009年4月30日。苏州市人民政府：《苏州市区第一批吴文化地名保护名录》，苏州地名网，2014年2月20日。

③ 华露艳：《成都市地名总规划征求意见考虑恢复使用老地名》，《成都日报》2015年10月20日。

④ 熊梅：《加强乡村地名文化遗产保护》，《光明日报》2015年11月19日。

区优于其他试点片区，尤其以长三角地区为主要代表，江苏、浙江两省表现抢眼，江苏整体表现最优，尤其以苏州吴文化地名保护名录和南京历史地名保护名录最为典型（详情可查询苏州地名网）。

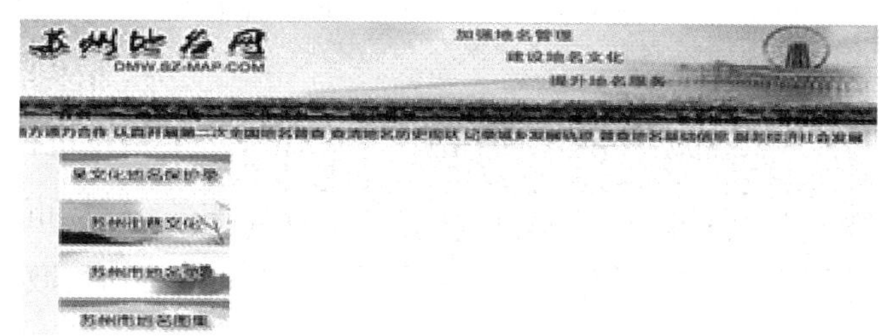

我们认为产生这个问题的原因，应该与当地的经济发展程度高度相关，更与当地政府的高度重视与实际行动、当地公众较高的认知度与保护意识高度相关，还与当地地名主管部门的文化自信、自觉、担当高度相关。

需要特别说明的是，根据国务院办公厅《关于开展第二次全国地名普查试点的通知》（国办发〔2009〕58 号）的要求，天津、河北、内蒙古、辽宁、吉林、黑龙江、上海、江苏、浙江、福建、山东、广东、广西、海南、云南、西藏、甘肃、新疆等地开展了第二次全国地名普查试点。2009—2012 年，全国沿边沿海累计 359 个县（市、区）完成了地名普查试点任务。

2. 归口部门差异化

即我国地名文化遗产保护名录制度建设主体、主管的各级地名办或归口部门的表现差异化，设在民政部门的地名办对地名保护名录的投入程度多于设在规划部门的地名办（可从网站开通、栏目设置、内容质量、数据更新、网民意见等方面予以观察、评估）；设在民政部门的地名办对地名文化名录的建设成效优于设在规划部门的地名办（亦可从网站开通、栏目设置、内容质量、数据更新、网民意见等方面予以观察、评估），尤其以江苏、浙江为主要代表。江苏省民政部门整体表现最优，如南京市地名公共服务网栏目齐备，特别是地名文化单独构成一个栏目，值得点赞。相比之下，虽然同为长三角片区，但是，有些地名办网站十多年了，其网页至今未更新。

3. 不规范现象突出

我国地名文化遗产保护名录制度建设中，地名保护名录本身内容、格式以及地名保护名录建立过程，都存在着比较突出的不规范现象。例如名录标题不规范，有的标题关键字“名录”变成了“目录”（如聊城地名文化遗产保护目录①）；有的标题中是“名录”，但是内容中又变成了“目录”；有的标题中的关键字“名录”被“名单”取代（如2006年8月17日，南京市地名办宣布首次建立《南京历史文化地名保护名单》②）。实际上，名录不同于目录和名单。有的名录标题中的“地名”前加上“老”或“历史”，这种做法值得商榷——如果不加以注释，那么难免产生歧义，因为《地名文化遗产鉴定》行业标准及《地名分类与类别代码编制规则》（GB/T 18521—2001）标准中的术语如“历史地名”不同于公布该名录中的术语“历史地名”，两者差异很大；有的名录要素不齐全、格式不统一；有的名录公示环节，附件根本打不开或缺少公众介入渠道（如无电话、联系人等信息）；有的名录公示后公众有异议，但未予以回复；有的名录公示后，就没有下文了，例如《上海市政区类地名保护名录》公示后，就看不到了，以至于网友2015年还质疑其是否已发布；等等③。

4. 流程环节碎片化

即我国地名文化遗产保护名录制度建设中，地名保护名录产生、形成、运行、控制、更新、维护诸多流程环节不完整，呈现出碎片化特征。调研发现：在有限的相对较规范的地名保护名录中，大多数地名保护名录仅仅停留在建立阶段以及市区层面，对名录产生之后成果的利用、宣传、运行、控制、更新、维护等认识不足。

---

① 高田：《聊城将发布地名文化遗产保护目录》，《大众日报》2015年11月11日。

② 唐悦：《南京在全国率先保护老地名》，《江苏地方志》2006年第5期。

③ 网民PPY：《上海消失了的历史地名》，见 http://club.jjjaaa.com/xiuxian/thread-762155-1-1.html，2015年9月28日。

5. 名录制度未形成

一些地方政府要么认识不到位；要么以文件对文件，没有实质性方案；要么制定了方案，但是缺乏执行力或实践中往往被忽视，有些县级政府至今也没有制定地名文化保护建设专项政策。从深层次看，我国地名文化遗产保护体制尚未理顺，保护机制尚未健全，特别是我国地名文化遗产保护名录建设工作相对滞后，我国地名保护名录四级体系尚未建立，我国名录保护制度虽然已提出近十年，但是至今尚未形成①。

二、我国地名文化遗产保护名录制度建设前景展望

我国地名文化遗产保护名录制度虽然存在短板，但以发展的眼光看，其前景看好。

（一）全面深化改革必然利好我国地名文化遗产保护名录制度建设

决定当代中国命运的关键一招就是改革开放。当前，我国已进入全面深化改革的关键阶段。随着“十三五”时期国民经济与社会不断发展，我国区划与地名事业各项改革也将大大提速。这意味着目前地名文化遗产保护管理体制机制有望理顺、科学。

（二）全面依法治国必然利好我国地名文化遗产保护名录制度建设

当前，我国地名文化遗产保护工作所面临的严峻形势（如“大洋古怪重”乱象），反映了地名管理法制建设滞后。随着全面依法治国制度的建立健全，政府必然积极协调有关部门，尽快推动《地名管理条例》修订，保护名录制度建设有望纳入其中。

（三）全面从严治党必然利好我国地名文化遗产保护名录制度建设

当前，我国地名文化遗产保护工作所面临的严峻形势（如“老地名更

① 南剑飞：《论我国地名文化遗产保护工作的意义、现状及形势》，《中国地名》2017年第6期。

改任性”），折射出管理者权力的任性。随着全面从严治党制度的逐步推进，特别是领导干部问责机制的启动实施，将倒逼地名变更将执行严格申报审批制度。这有利于提高我国地名文化遗产保护名录制度建设成效，有利于真正传承、保护和弘扬优秀地名文化。

三、我国地名文化遗产保护名录制度建设若干建议

地名是文化的载体，文化是地名的灵魂。中国特色地名文化遗产保护名录制度的逐步建立、日趋健全，是一项关系地名文化保护工作的长远的根本的战略问题。为了最大限度确保我国地名文化遗产保护名录制度建设取得实效，我们建议：在地名文化遗产保护名录建设的过程中，各级政府应注意“十大问题”，即“四个认识、四个高度、一个关键、一个结合”。所谓“四个认识”，即：正确认识地名管理、地名普查、地名服务、地名文化四者关系；正确认识地名保护名录建设与地名文化遗产保护工作两者关系；正确认识地名文化遗产保护名录制度建设的根本目的；正确认识地名文化遗产保护名录制度建设的六大特征（包括长期性、复杂性、艰巨性、渐进性、动态性、系统性）。所谓“四个高度”，即：高度尊重地名文化遗产，高度敬畏群情民意，高度慎用行政权力，高度践行法治精神。所谓“一个关键”，即：贵在执行和落实。所谓“一个结合”，即：把地名文化遗产保护名录建设、加强地名文化保护、清理整治不规范地名、地名普查、地名管理、地名服务及历史文化名城名镇名村保护等相关工作有机结合起来①。

应当指出的是：“四个认识”是思想先导，是顺利建设地名文化遗产保护名录制度的先决条件，否则，主管地名工作的各级政府在工作实践中难免认识模糊或不到位，行动就可能乏力，缺乏持久性；“四个高度”是

① 赵丽丽：《地名文化遗产保护名录建设的十大建议》，《中国地名》2017年第4期。

行动指南，是有效创建地名文化遗产保护名录制度的行为准则；“一个关键”是核心，是地名文化遗产保护名录制度建设的根本保证；“一个结合”是保障，是加快地名文化遗产保护名录制度建设的重要条件。无疑，“四个认识”“四个高度”“一个关键”“一个结合”既有区别，又有联系；既相互影响，又彼此制约；既相互依存，又彼此促进；浑然一体，不可分开、不可孤立，否则，地名文化遗产保护名录建设绩效就要打折扣了①。

综上所述，只有科学把握、正确处理“四个认识”“四个高度”“一个关键”“一个结合”等十个问题，并付诸行动，才能形成更强大的合力，才能推动和确保中国特色地名文化遗产保护名录制度建设乃至整个地名文化保护管理工作取得更大的成效，才能更加规范和加强地名管理，传承、保护和弘扬我国优秀的传统地名文化，不断增强中华民族凝聚力，实现中华民族伟大复兴中国梦。

（作者单位：上海市浦东新区行政学院、
上海交通大学、西南石油大学）

① 赵丽丽：《四川非物质文化遗产保护与开发研究》，光明日报出版社 2011 年版，第 60 页。

传承和保护地名文化资源初探
——以新疆伊犁州为例

唐 兵

摘 要 本文以新疆伊犁州为例，分析地名文化保护的现状并就如何传承和利用好地名文化资源进行探讨，对当前地名保护面临的困境进行研究，并就如何保护好伊犁州地名文化提出解决途径和建议。

关键词 地名文化 传承和保护 伊犁州

历史文化名人和地名景点商标是一个地方重要的知识产权，对于提高产品知名度和促进地方经济发展具有较好的推动作用。自 2013 年伊犁哈萨克自治州（简称伊犁州）部署地名文化保护工作以来，迅速掀起了地名文化保护高潮，地名保护工作卓有成效。但是，伊犁州地名文化保护工作仍然存在着一些问题和不足。近年来，伊犁州的“伊犁”“九城”“霍尔果斯”“乔尔玛”等历史文化地名商标频遭各私企和民间组织抢注，甚至出现商标、域名职业抢注者通过申请抢注商标、域名，然后对商标进行高价转让以牟取不正当利益，使得伊犁州地名形象遭受损失，也使得以地名命名的品牌难以发挥更大的经济效益和社会效益。采取强有力的、有针对性的措施，对地名文化资源进行保护已成当务之急①。

一、伊犁州地名文化保护的现状

经过相关部门的共同努力，截至目前，伊犁州地名文化保护工作取得了一系列令人瞩目的成绩。这些成绩主要包括以下几个方面：

（一）出台了《伊犁哈萨克自治州地名管理办法》，为伊犁州地名文化保护提供了法规依据和政策指导

在国务院《地名管理条例》及《新疆维吾尔自治区地名管理办法》等法律法规的基础上，2015 年 11 月 2 日，《伊犁哈萨克自治州地名管理办法》经自治州第十三届人民政府第 33 次常委会议审议通过，自 2016 年 1 月 1 日起正式施行。这是伊犁州在地名管理领域首部州级地方性法规，标志着伊犁州地名管理的法制化水平迈上了一个新的台阶，为伊犁州地名工作健康有序发展和地名管理水平的进一步提升提供了法制保障。《办法》明确规定，伊犁州凡涉及地名命名、更名的，所使用地名名称应以《新疆地名大辞典》《新疆维吾尔自治区行政区划简册》《伊犁哈萨克自治州政区大典》，自治州、县（市）志，自治州、县（市）地名志，自治州、县（市）地名图志中的标准地名为准。

（二）搜集、整理并出版了大量伊犁州地名文化资料，为有效地保存伊犁州的地名文化打下了坚实的文献基础

伊犁州的地名文化资料搜集、整理工作具有良好的基础。目前已经有

① 刘保全：《加强地名文化遗产研究与保护势在必行》，《中国地名》2006 年第 4 期。

《中华人民共和国政区大典·新疆卷》《新疆地名大词典》《新疆通志·地名志》以及伊犁州的各县市的地名志、地名图志等一系列地名丛书出版。此外，伊犁州及其各县市的标准地名词典、地名图册、地名资料汇编等地名资料的出版编辑工作也已经普遍展开，并取得了众多成果。

（三）扎实开展第二次全国地名普查工作，多方位、多举措加强地名文化保护

凭借第二次全国地名普查工作开展的机遇，伊犁州积极开展各项地名宣传与保护工作，在深入挖掘优秀地名文化资源的同时，着手地名保护名录的编撰工作；惠远古城地名文化遗产保护已经正式启动，较为有效地扩大了地名文化遗产保护的影响力。通过《新疆最美地名画册》地名图片征集、“寻找最美地名故事”网络征集等一系列活动，积极引导、调动群众热情，提高群众保护地名文化资料的意识。正式出台的《伊犁州直加强地名文化保护清理整治不规范地名工作实施方案》加大了对各类违章和不规范地名及标志的清理、查处和纠正力度。

二、传承和利用好地名资源的探讨

在市场经济迅速发展的当今，名字是包装的基本元素，是创造品牌所必需的组成部分，具有历史意义的老地名、风景名胜区地名无疑是一个行政区域中最重要的无形资产之一，更改乡镇地名是吸引人们的眼球、向外界宣传自己、增加曝光率、扩大影响力的一条途径。在传媒高度发达的信息时代，人们往往对于某些具有独特性、唯一性、知名性的风景名胜区和文化古迹等旅游资源地名的熟知程度，远远大于它所属的地区或乡镇的名字。因此借助比较知名的地方旅游资源重新为当地所用，能提高当地的知名度，造福当地百姓。

（一）闻古思源

伊犁州深具久远的历史文化积淀，在久远的历史长河中耳熟能详的

“张骞”“细君”“解忧”“天马”“乌孙”“夏都”“伊犁九城”“西域驿站、重镇”“阿力麻里”“惠远”等历史地名宝藏，不仅诠释了在中华五千年文明史中“伊犁”的历史坐标，更是让华夏子孙能够在伊犁真真切切地感受到当年汉武帝大军驰骋在西域的金戈铁马和悠久的中华历史文明。这是我们取之不尽用之不竭的历史积淀和文化瑰宝，也是“伊犁”这块金字招牌屹立于全国的重要标志。将其在现代文明社会中重新展示和重现，对于提升伊犁旅游品牌将起到至关重要的作用。如：在昭苏县西君公主墓一线，以汉代历史为主线，为喀拉苏乡更名为乌孙镇；昭苏军马名扬中外，可以将昭苏县冠以“天马之乡”称号进行宣传；将夏塔乡某村更名为细君村——这些举措将有力提升国内外游客对伊犁的认可度，在保护了当地地名的同时，也给当地带来经济收入。

（二）借景扬名

伊犁辽阔的行政区域，具有十分丰富和享誉国内外的自然地名。“天府伊犁”是新疆广袤荒野中的绿洲，以“唐布拉”“乔尔玛”“库尔德宁”“恰西”“恰布西盖”“喀拉峻”“科桑”“夏塔”景区闻名于世，是旅游的天堂，也是自然地名宝库中的瑰宝。可以考虑将这些自然地名用在所属行政区域的更名工作中，它们将会是伊犁州旅游线路中串串明珠，吸引国内外游客领略“塞外天府”的美景。

（三）文化彰显

伊犁的多民族多宗教多种文化的交融，使得这块热土有了别具一格的草原文化、农耕文化、西迁文化、现代文化，它们相辅相荣，形成了多元的伊犁文化。在文化积淀中彰显“多元化”本质特性，并冠以鲜明伊犁文化烙印的地名标志，突出地域特色，对促进旅游经济的繁荣发展，将起重要的推动作用。如察布查尔锡伯自治县保存了较为完整的西迁文化和射箭文化，每年举办“西迁节”，察布查尔锡伯自治县被冠以“弓箭之乡”后，大大提升了该县的知名度，很好地传承了当地优秀地名文化，并为当地所用。

三、当前地名保护工作存在的问题

伴随着工业化、城镇化的不断推进，受经济利益的驱使，出现了通过申请抢注冠以地名的商标、域名然后对商标进行高价转让以牟取不正当利益的现象，面对类似问题，地名管理部门由于缺少有力的法律“武器”来回击，只能“干瞪眼”，地名保护工作仍然问题重重。

（一）地名保护缺乏强有力的政策法规的支持，地名保护工作难度大

目前的诸如《地名管理条例》、地方《地名管理办法》等条例法规，对地名保护方面的执行力和约束力仍显不足。对于滥用及恶意使用地名进行不正当交易等行为的企业、组织，并没有一部专门的法规条例对其进行约束、监督，法律法规建设的步伐不能及时跟上地名文化资源保护工作的需要①②。伊犁州地名作为一种非物质文化遗产还缺乏相关法律的保护，地名管理系统尚不健全，地名保护工作还缺乏制度要求、保护标准和目标管理。收集、整理、调查、记录、建档、展示、利用、人员培养等工作相当薄弱，地名保护管理资金和人员不足的困难普遍存在。

（二）地名商标抢注现象严重，地名品牌发挥其经济效益不显著

按现行商标法，企业、组织和个人要注册地名商标，手续并不烦琐。现在的问题是，任由个人或企业随意注册，有些民营企业和民间组织、协会以公众熟知的具有伊犁地域特色的地名作为其品牌商标，并获得长期占有和使用地名商标的权利，如伊犁书画院。相关部门对申请注册者的资历及其品牌类型、实力并没有进行严格的资格审核和品质把关，对地名商标注册和使用也缺乏统一管理。这样发展下去，将造成该地名品牌逐渐弱化，实际是对著名地名品牌的损害，使得以地名命名的品牌难以发挥更大

---

① 白静静：《奎屯市地名文化的传承与保护研究》，硕士学位论文，新疆师范大学，2014年。

② 郑俏：《城市化进程中杭州的地名文化保护研究》，硕士学位论文，浙江大学，2011年。

的经济效益和社会效益。而通过地名商标抢注再高价转让等行为牟取不正当利益的职业抢注者，使伊犁州地名形象惨遭玷污。

（三）政府部门没有掌握地名商标注册的主动权，地名商标的使用乱象丛生

地名商标一旦被个人、私企和民间组织成功抢注，地名所在地政府或行业组织想开发相关产品时将会遭遇重重壁垒，不利于相关行业利益最大化。长期以来，伊犁州政府部门并无持有地名商标注册的掌控权和监管、审批权，没有强有力地参与和干预地名商标注册和使用的整个过程，使得州直地名商标的使用乱象丛生，缺乏政府行政层面的引导和规范。恶意抢注地名事件时有发生，地方政府部门作为地名的直接管理者却只能“干瞪眼”。

四、对地名保护工作的思考和建议

（一）制定地名保护的政策法规

积极出台伊犁州相应的地名保护条例、地名文化遗产保护规划等政策法规，明确制定地名保护的实施细则，全面做好伊犁州地名文化保护工作，重点做好百年古城、百年古县、百年古镇、百年古村落、著名山川、近现代重要地名等地名文化遗产的保护工作①②。将地名纳入文化遗产重要构成，使地名文化遗产的保护工作有法可依。

抓紧研究制定保护地名文化遗产知识产权的有关规定，同时应建立地名文化遗产档案，创建地名文化遗产管理信息系统，对列入《伊犁州地名文化遗产重点保护名录》的地名文化遗产实行跟踪监管。在制度建设方

---

① 白静静:《奎屯市地名文化的传承与保护研究》，硕士学位论文，新疆师范大学，2014年。

② 郑俏:《城市化进程中杭州的地名文化保护研究》，硕士学位论文，浙江大学，2011年。

面，建立地名文化遗产保护责任制度和责任追究制度、文化遗产保护定期通报制度、专家咨询制度等①。积极推动《非物质文化遗产保护法》《历史地名保护条例》等法律、行政法规的立法进程，争取早日出台。

（二）严厉打击恶意抢注地名商标的行为

经初步核实，目前，伊犁州范围亟须保护的地名有：伊犁九城、惠远钟鼓楼、伊犁将军府、格登山纪功碑、昭苏圣佑庙、阿力麻里、索伦古城、清代卡伦、弓月城、海努克古城、索伦大城、大西沟庙、崇寿寺和曲尔登、洪那海麻扎、靖远寺、伊宁回族大寺、拜吐拉清真寺、纳达齐关帝庙、赤木儿城、准噶尔城堡、喀什回子之城、怀顺城、索伦大城、大西沟庙、崇寿寺、曲尔登卡木德堪布灵塔和伊犁天马、天山红花、薰衣草、巩乃斯等一批山川河流名、动植物名。伊犁州民政部门在已收录地名资源的基础上，还要对伊犁州具有地方特色的历史古地名、自然实体地名、动植物名进行全面整理编目，分门别类地实施不同程度的保护。

建立严格的地名商标注册准入制度，可以为未来伊犁州历史地名、风景名胜、历史遗迹等社会公共资源的开发撑起保护伞，推动本地以文化、旅游为主导产业的“绿色经济”发展。严厉打击恶意抢注地名商标的行为，对于有违地名保护政策法规的行为给出明确的处罚措施，比如，收回地名冠名使用权，以及根据违法程度，对当事人处以剥夺不同年限的再申请地名商标的资格。

（三）政府掌握地名资源使用、审查主动权

地名商标注册的主体最好是政府部门，由其组织将地名注册为集体商标或证明商标。注册之后由各成员共同使用，政府作为管理者对商标实施统一管理，培育行业龙头，制定地方标准，提高产品工艺质量，进一步扩大地名品牌的知名度。只有这样，才更有利于保证产品的质量，体现公平原则，也更有利于地名的维护和进一步发扬光大。

---

① 顾静芳：《城市化进程中的地名文化遗产保护研究——以宁波街巷地名为例》，硕士学位论文，同济大学，2008 年。

伊犁州政府部门可以先对全州的历史地名、风景名胜、历史遗迹进行集体商标或证明商标的保护性注册，然后通过租赁、授权、代理的方式运作。对使用地名商标的个人和企业收取一定额度的冠名费，并签订合约规定使用期限、约束使用范围，以起到反哺地名资源管理的作用，防止伊犁州地名资源的异化、变俗、歧义，依法建立规范、健康的地名资源使用市场。网络 IT 领域、社会团体登记领域需要地名冠名的，通过对其使用目的、申请资质进行严格审核和筛选，凡是不符合地名商标注册和使用的，以及有损于地名形象的坚决不予批准注册使用。

五、结束语

伊犁的许多老地名都反映着历史的痕迹，是一种记忆符号，是记录和印证历史的“活化石”。伊犁还是世界上少有的生物多样性天然基因库，生物资源十分丰富，像“伊犁马”“伊犁黑锋”“伊犁野苹果”等伊犁特有动植物驰名全国，并且形成地理、水体、生物景观和文物古迹、民俗风情、休闲健身等六大类型一应俱全的旅游资源，如那拉提草原、伊犁河、夏特古城早已扬名国内外。因此富有伊犁地域特色的地名、动植物名成抢注冠名的“重灾区”。伊犁州地名文化资源，是伊犁州各族人民宝贵的精神财富，保护和利用好伊犁地名文化资源，对州直落实科学发展观，实现经济社会的全面、协调和可持续发展具有重要意义。

参考文献

〔1〕刘保全：《加强地名文化遗产研究与保护势在必行》，《中国地名》2006 年第 4 期。

〔2〕白静静：《奎屯市地名文化的传承与保护研究》，硕士学位论文，新疆师范大学，2014 年。

〔3〕郑俏：《城市化进程中杭州的地名文化保护研究》，硕士学位论文，浙江大

学，2011 年。

〔4〕顾静芳：《城市化进程中的地名文化遗产保护研究——以宁波街巷地名为例》，硕士学位论文，同济大学，2008 年。

（作者单位：新疆维吾尔自治区伊犁哈萨克自治州民政局）

论江西地名文化遗产保护的推进策略

吴金勇　付　婷　聂丽红　王　涛　刘　凤

摘　要　如何以省为单位推进本区域地名文化遗产保护工作，是民政系统地名工作实践中面临的突出问题。本文从国内外地名文化遗产保护的先进经验和做法切入，全面梳理和分析江西地名文化遗产保护工作取得的进展与不足，对江西推进地名文化遗产保护提出五条策略，即增强地名文化保护意识、加快申报“千年古县”、重视地名资料整理、加强理论研究、建立遗产名录体系等，希冀江西通过系统推进，探索出一条具有本地特色的地名文化遗产保护之路。

关键词　江西　地名文化　遗产保护　推进策略

随着地名文化遗产保护工作的不断推进，作为在实践层面衔接国家要求和区县实务的关键环节，省级层面的重要性日益凸显。如何以省为单位推进本区域地名文化遗产保护工作，成为民政系统地名工作实践中面临的突出问题。目前，地名文化遗产保护研究主要集中在三个层面：一是从某一角度探讨地名文化遗产问题①；二是关于单个市县或小区域的地名文化遗产保护研究②；三是以省为单位进行的地名文化遗产研究③。总体而言，关于省级层面的地名文化遗产保护研究虽有一些探索，但还有待进一步加强。有鉴于此，本文在总结国内外经验的基础上，就推进江西地名文化遗产保护工作提出若干策略，抛砖引玉，希冀对省级层面地名文化遗产保护的理论研究与实际操作有所助益。

一、国内外地名文化遗产保护的成效与经验

（一）国外的成效与经验

一是立法先行、有法可依。如2011年，奥地利通过法律，保障了斯洛文尼亚语地名的使用；2012年，拉脱维亚在《地名信息规章》中，明确规定了历史文化内涵丰富的地名的保护原则和措施。二是对原生性、乡土性地名文化及少数民族地名文化的发掘和传承。如澳大利亚深入开展对土著语地名的调查、研究工作，1998年颁布实施新的《地名法案》，明确17项地名命名和标准化原则④。三是将地名文化遗产保护与公共服务紧密关联。比如在英国政府建设的一个网站上，人们不仅可以通过数字地图查询到任何一个地名的具体方位，还可以通过点击相关链接，查询到与经济、政治、社会、文化相关的信息⑤。四是注重信息化系统建设。世界上

① 温洪清：《在地名标准化的大背景下如何开展地名文化遗产保护》，《中国地名》2009年第2期。

② 贺义宏：《六安地名文化遗产保护与利用研究》，《中国地名》2015年第12期。

③ 关小彬：《河北省地名文化保护研究》，《产业与科技论坛》2014年第18期。

④ 郑民：《澳大利亚如何实施地名标准化》，《中国社会报》2014年4月22日。

⑤ 石超艺：《上海市地名文化保护与地名管理研究》，华东师范大学博士后研究工作报告。

多数发达国家建立了国家级地名信息系统，比如美国已建立了国家地名数据库、国家地图集地名数据库、地理通名数据库等多个数据库。五是将地名文化遗产保护作为实现国家战略的工具。美国长期坚持开展海底地名标准化工作，在全球命名了大量海底地名，在海底地名标准化领域拥有相当的话语权，地名工作成为其提升国家软实力、实现全球战略目标的重要手段。

（二）我国的举措、成效及经验

虽然我国的地名文化遗产保护工作仍处于起步阶段，但近些年成效明显，首先是一些重要的纲领性文件、组织机构等相继出台和成立。其次，在实践和操作层面，也取得了一些可贵的进展：一是完成了中国地名文化遗产存量评估；二是以新的视角研究地名由来、语词构成、含义、演变、分布规律等，形成了完整的地名文化理论体系；三是编制了《中国地名文化遗产保护总体规划》，对中国地名文化遗产进行分类、分层、分期保护；四是制定了《地名文化遗产鉴定》标准①。

以下笔者遴选一南一北两个典型省份的经验与做法进行介绍，以便点面结合展现我国近些年地名文化遗产保护取得的成效。

1. 浙江的经验、做法

一是健全地名文化法规政策。通过修订《浙江省地名管理办法》等地名管理法规，确立了地名文化建设的法律地位，并先后制定下发了加强地名文化遗产保护和宣传等政策文件，形成了地名普查和地名文化保护齐头并进的政策体系。二是挖掘保护地名文化资源。以普查为契机开展地名文化遗产调查摸底工作，初步摸查出符合国家标准的地名文化遗产727处。浙江省民政厅联合省级有关部门开展了“千年古镇（古村落）地名文化遗产”认定工作。在此基础上，逐步建立全省分级分类地名文化遗产保护名录。三是创新地名文化宣传。组织了地名文化记者采风活动，走进古镇，讲好浙江地名故事；创新地名文化宣传载体，拍摄《恋恋西塘》等微

① 刘保全：《地名文化遗产保护意义超越国界》，《中国地名》2016年第4期。

电影，制作大型地名文化纪录片《大地有名》；在莫干山历史文化街区打造全国首个地名文化博物馆[①]。近些年浙江地名文化工作取得了显著成效，走在了全国前列。为此民政部办公厅专门发函支持浙江地名文化建设创新，将适时确认浙江为“全国地名文化建设创新示范项目、示范区”。

2. 河北的经验、做法

一是出台了《河北省地名管理规定（2010）》以及一系列地名规划方案，为河北省地名文化遗产的保护提供了法规依据和政策指导。二是搜集、整理并出版了大量河北省地名文化资料，为保存河北省的地名文化遗产打下文献基础。三是建立区划地名网站与空间地名数据库，实现地名文化保护工作的信息化、网络化。四是积极开展地名普查，加强地名文化的宣传和保护力度，多方位、多举措加强地名文化遗产保护，比如拍摄“千年古县”宣传片，举办地名故事有奖征集和地名印象摄影大赛等活动，调动全省民众参与的热情与积极性，增强了地名文化保护意识[②]。

二、江西地名文化遗产保护的进展与不足

近些年，江西按照国家部署，立足本省实际，创新工作思路，扎实推进地名文化遗产保护，取得了多方面的进展。一是完善法律法规，健全工作机制。2012 年 2 月，江西省政府颁布了《江西地名管理办法》，从法律层面明确了地名文化保护和弘扬的责任主体，确立了保护宣传的具体办法。同时，在全省逐步形成了以联席会议为平台、地名学会为依托、地名专家组为智囊、地名工作者为骨干、社会各界积极参与的地名文化建设格局[③]。二是拓宽宣传渠道，营造浓厚氛围。运用报纸、电视、曲艺等形式宣传地名文化，增强公众的地名文化遗产保护意识。南昌市将道路

① 邸砺：《浙江省加强地名文化建设创新探索》，《中国地名》2016 年第 4 期。

② 关小彬：《河北省地名文化保护研究》，《产业与科技论坛》2014 年第 13 卷第 18 期。

③ 江西民政厅：《江西地名文化建设成果丰硕》，《中国地名》2012 年第 11 期。

名称编成顺口溜，编写了《南昌地名歌》，录制了《地名看南昌 60 年城市变迁》电视专题节目；九江市民政局与电视台合作，录制了 40 集电视专题片《九江地名故事》在电视台播放；吉安市在《吉安晚报》开设专栏宣传城市地名文化。三是开展申报评选，挖掘文化遗产。南昌县、新建县、进贤县、安义县成功申报“千年古县”。江西组织了 5 批省级历史文化名镇、名村的评选，命名公布了 117 个省级历史文化名镇、名村，覆盖全省 11 个设区市，50 多个县（市、区），形成了历史文化名镇、名村保护体系。四是开展地名综合研究，出版地名书籍。几年来，江西先后编辑出版了《江西地名大词典》《江西乡镇大全》《九江老地名》《九江地名新编》《吉安地名故事》、各级标准地名图（册）、《景德镇地名景观故事集》等。五是增强服务功能，彰显文化内涵。比如，樟树市采取公开招标的形式将一座新建的大桥命名为“四特大桥”，不仅提高了企业知名度，同时也吸纳了社会资金，扩大了地名工作的社会影响①；南昌市利用名人数量多、影响大的特点，在城区设置含有道路名称、名人介绍、名人头像、路名来历的标牌，既方便了出行，又宣传了地名文化，有效地改善了城市软环境②。

受限于经济发展、财政投入、思想观念，江西的地名文化遗产保护工作跟浙江等先进省份相比还存在一些不足，主要是各方面工作系统推进不够、地方积极性难以调动、人们的保护意识不强等。

三、江西地名文化遗产保护推进策略

地名文化遗产保护已经成为一项全球性事业，关系民族传统文化的弘扬和国家软实力的提升，其重要性日益凸显。作为志在实现“进位赶超”

① 江西省民政厅：《江西省地名文化建设成果丰硕》，《中国地名》2012 年第 11 期。

② 江西省民政厅：《江西地名文化建设成果丰硕》，《中国地名》2012 年第 11 期。

的中部省份，江西在地名文化遗产保护方面必须具备广阔的视野，奉行“拿来主义”，汲取国内外先进经验和做法，同时立足本省实际，探索出一条具有本省特色的地名文化遗产保护之路。

（一）强化地名文化遗产保护意识

地名属于非物质文化遗产的重要组成部分，是近些年才形成的工作理念和认知。这种观念的普及和在具体实践中的贯彻，还有大量工作要做。强化地名文化遗产保护意识，首先要在工作中牢固树立地名是非物质文化遗产的理念；其次是在清理不规范地名时，要采取慎重的态度，杜绝随意更名现象，对于确需更名的，要进行严格论证，充分听取专家意见，严格履行更名程序；最后，在地名规划中，尽可能地重新启用与本地关系密切的重要历史地名，让逝去的地名重新复活。此外，随着江西经济社会的发展，行政区划调整相当频繁，这其中伴随着大量旧地名的消失，在政区调整方案的制定中，应增强地名文化遗产保护意识，高度注意地名文化遗产的保护。

（二）加快推动千年古县申报工作

当前，江西要破除阻力，全面推动“千年古县”申报工作，可以从以下几方面着手：首先，充分认识“千年古县”申报工作的重要性和紧迫性。“千年古县”申报对全面促进区域地名文化遗产保护具有重要的推动作用，是加强文化建设的重要抓手。截至 2017 年，国家“千年古县”评审会已经召开了 19 次，认定了 72 个“千年古县”，目前第 19 次评审通过的千年古县尚未公布，预计认定的千年古县总数将达到 79 个[①]。这意味着江西千年古县申报的空间越来越小，而随着其他省份地名文化遗产保护意识的提升，其申报积极性也在不断提高，江西面临的外部竞争也越来越激烈。其次，是摸排符合申报条件和具有申报意愿的县区，调动各区县的

---

① 2011 年以前的千年古县数据，据刘保全等编著：《地名文化遗产概论》，中国社会出版社 2011 年版。此后的数据，则依据各地的新闻报道综合而来，2017 年 3 月 16、17 日第 19 次千年古县专家评审会召开，江西奉新、河南永城、山东东平和费县、浙江浦江和海盐、福建沙县七县参评，然截至本文 2017 年 7 月截稿前，尚未公布结果。

申报积极性，积极准备申报工作，争取更多县区纳入千年古县保护体系中去。再次，在区县内生力量不足的情况下，江西千年古县的申报可采取迂回策略，从省级层面着力，寻求突破：一是在地名文化遗产评定工作中，配合国家“千年古县”申报工作，优先启动江西千年古县地名文化遗产认定工作；二是借鉴江西村史馆建设研究专项课题运作经验，积极争取省委宣传部资金支持，设立江西“千年古县”申报专项研究课题，充分调动和利用好外部力量，做好千年古县申报的前期准备；三是联合媒体、高校、科研院所等文化机构，开展千年古县调研活动，形成申报的舆论氛围，以媒体的大力宣传，推动地方对申报工作的重视。

（三）重视地名文化遗产资料的搜集与整理

我国是历史悠久的文明古国，在五千多年的发展历程中，留下了汗牛充栋的文献资料，这些文献记载了丰富的地名信息，江西的文化遗产隐藏在这浩瀚的文献资料中，要认识这笔遗产，充分发挥它的学术价值和社会价值，需要我们不断地去挖掘和整理。对于江西地名文化遗产资料的搜集而言，首先，要从记载地名比较集中的十七部地理志、历代地理总志及地名典籍中去挖掘；其次，要重视江西的地方文献，包括方志、碑刻、族谱、契约等资料；再次，一些在江西有过从政经历的官员和足迹涉及江西的其他历史人物，他们的文集、日记也往往会有江西地名的记载和与之相关的丰富文化内涵，也应注意搜集整理。

对于上述地名文化遗产资料记载较为集中的文献，不妨有计划地进行地名资料整理，编纂江西地名资料丛书。在此基础上，可以进一步搜集其他散见的地名资料，利用现代技术手段，构建江西地名数据库，条件成熟的情况下，也可以向社会各界提供个性化需求的地名文化服务。

江西地名文化遗产资料的搜集和整理，应做到有计划、分步骤。除应按照文献类别进行搜集整理和遵循学术自身的规范外，还应配合江西的地名实务工作，结合地名文化遗产认定，重点留意各大类地名信息在文献中的分布情况，关注记载具有丰富文化内涵和与现实关系度较为密切的重要地名。

（四）加强地名文化理论研究

地名文化理论研究是地名工作的重要组成部分，是开展地名实务工作的指南针，同时，地名工作实践也迫切地需要理论研究去总结和升华。整体而言，无论是实务部门还是学界，江西的地名文化遗产理论研究还有很大的提升空间。江西的地名文化理论研究应从以下几个方面着力：

首先，注重地名人才队伍建设。地名工作的开展，人的因素起到关键作用，在地名人才队伍建设中，应着重依靠两类人员——地名工作者和高校、科研机构研究人员。地名工作者熟悉地名实际，对地名政策和地名事务接触较多，有着丰富的实践经验，但从事理论研究的时间、精力有限，科研院所研究人员普遍受过严格的专业训练，研究能力较为突出，但接触地名实务工作不多，在实际的工作中应有意识培养地名实务工作者的理论兴趣，增加科研院所研究人员的实务接触，进而促进复合型地名研究人才的培养。

其次，地名文化研究平台的建设。一方面，充分利用江西行政区划和地名学研究会这一工作平台，定期开展地名文化研讨活动，活跃地名研究气氛，加强地名研究者、实务工作者和地名爱好者之间的交流；另一方面，加强地名研究成果发表平台的建设，借助地名普查的契机，江西的地名系统或研究机构尝试申请创办新的刊物，或采取以书代刊的模式，搭建地名研究的成果交流平台，吸引更多的研究者从事地名研究，此外，也可以与一些期刊合作，开辟地名研究专栏，发表地名研究成果，促进地名理论研究。

再次，组建专门的地名研究机构。目前江西尚无专门的地名研究机构，民政系统可通过与科研院所合作的形式联合组建地名研究机构，把地名研究常态化，持续推动地名研究工作的展开。

最后，江西地名理论研究需要通盘规划。江西地名研究是一个亟待开发的学术空白点，围绕基础资料整理、地名词典编纂、地名图集绘制和地名数据库建设，江西的地名研究还有较大的发展空间，这些都需要整体规划。以历史地理视角而言，江西可以进行的地名研究就有如下几点：一是编辑《江西历史地名资料丛编》；二是编撰《江西历史地名大辞典》；三是编绘《江西历史地图集》；四是撰写《江西地名发展史》；五是开展古代江西地名学家及其著作研究，如乐史及其地名学专著《太平寰宇记》，郭子章及其地名学名著《郡县释名》等；六是整理和研究江西的古地图资料；七是综合上述资料，建设江西历史地名数据库。

（五）探索建立江西地名文化遗产名录体系

建立国家和省、市、县四级地名文化遗产名录体系是我国地名文化遗产保护的既定发展方向，当前部分地区已经开始了具体实践工作，如河北借助“千年古县”试点之机，完成了全省符合“千年古县”申报条件县的地名文化材料的撰写①；浙江省开展了千年古镇（古村落）地名文化遗产认定工作；湖北省由省委办公厅牵头启动了千年古县调研和地名文化遗产保护工作；北京市、内蒙古自治区分别于 2013 年、2015 年组织了辖区内千年古县、千年古镇、千年古村地名文化遗产申报工作。上述区域的先行实践，为江西适时启动地名文化遗产名录体系建设提供了依据和可资借鉴的宝贵经验。

江西的地名文化遗产名录体系建设应在以下几个方面重点推进：首先是重点突破，前期抓好“千年古县”地名文化遗产认定工作，“千年古县”地名文化遗产数量适中，前期研究成果基础较好，相关文献丰富，工作易于展开，且与国家的“千年古县”申报形成良性互动；其次是以点带面，以基础较好的市县为试点，开展地名文化遗产名录体系建设工作，形成示范效应和工作样板；再次，要在地名文化遗产名录体系建设中挖掘各类体现江西特色的地名，比如围绕中央苏区挖掘近现代革命史迹地名，围绕万寿宫文化挖掘许逊信仰有关的传说地名，围绕重大历史事件挖掘太平天国运动、鄱阳湖大战等有关的地名群，围绕古代商道挖掘历史上对江西影响较大、现在仍有旅游开发价值的古代交通地名等。

① 河北省民政厅：《河北省地名文化遗产保护工作成效显著》，《中国地名》2012 年第 11 期。

参考文献

〔1〕刘保全等编著:《地名文化遗产概论》,中国社会出版社 2011 年版。

〔2〕邸砺:《浙江省加强地名文化建设创新探索》,《中国地名》2016 年第 4 期。

〔3〕河北省民政厅:《河北省地名文化遗产保护工作成效显著》,《中国地名》2012 年第 11 期。

〔4〕江西省民政厅:《江西地名文化建设成果丰硕》,《中国地名》2012 年第 11 期。

〔5〕江西省民政厅:《江西省地名文化建设措施得力成果丰硕》,《中国地名》2013 年第 1 期。

〔6〕温洪清:《在地名标准化的大背景下如何开展地名文化遗产保护》,《中国地名》2009 年第 2 期。

〔7〕刘欣葵:《地名规划编制中的地名文化遗产保护——以北京新城地名规划实践为例》,《北京规划建设》2011 年第 3 期。

〔8〕张福春、孙春林、贾玉和:《城市地名文化遗产保护的现状及保护策略探析》,《中国地名》2011 年第 9 期。

〔9〕贺义宏:《六安地名文化遗产保护与利用研究》,《中国地名》2015 年第 12 期。

〔10〕关小彬:《河北省地名文化保护研究》,《产业与科技论坛》2014 年第 18 期。

(作者单位:吴金勇、付婷、聂丽红,江西省民政厅;
王涛、刘凤,江西省社会科学院)

从曹国、曹州到菏泽
——以菏泽为例谈黄河流域地名变化

荣海生　王爱华　曹方华

摘　要　地名是中国历史文化的重要组成部分。山东菏泽地处中原文化与黄河文化交汇处，是历代兵家必争之地，也是中华文明的重要发祥地之一。菏泽的地名、管辖范围，随着每次历史变革和黄河泛滥而不断变更，反映了黄河流域地名变化的规律，是研究中国地名变更的重要标本。

关键词　曹国　曹州　菏泽　地名变更

黄河流域是中华文明的摇篮。黄河流域地名的变化，是中国历史沿革的缩影。地处中原和黄河流域的山东菏泽，是中华文明的重要发祥地之一。这里古称曹州，在我国古代“襟带河泽，控扼鲁宋”，商贾辐辏，将相云集，是司马迁笔下的“天下之中”，如今仍处于“呼南应北、承东接西”的战略地位。历史上，这里的地名屡屡变更，基本也反映了黄河流域地名变化的一般规律，是研究中国地名变更的重要标本。

远古时期，黄帝、炎帝和蚩尤部落频繁在菏泽这片土地上交战，后来的尧、舜、禹都曾在这里生活居住，促进了原始社会的发展。夏商周时期，先民们在这里进行农耕开发，开始了中华文明的纪元。春秋战国时期，这里已成为“天下之中”。自进入封建社会到清末，这里一直是兵家必争之地，战乱不止，人们的居住地和地名，则随着局势的变化和黄河的泛滥而不断地变更，成为与中国历史发展相伴的一种文化现象。

菏泽原为西周时曹国的封地。西周灭商后，又征服了四周许多小国，疆域变得空前庞大。武王吸取商朝灭亡的教训，实行以血缘关系维系统治的分封制度。《吕氏春秋》载：“周之所封四百余，服国八百余”；《荀子》载：“立国七十一，姬姓独居五十三人”；《尚书》记载：“其兄弟之国者十有五人，姬姓之国者四十人”。《史记·管蔡世家》还记载：“曹叔振铎者，周武王弟也。武王已克殷纣，封叔振铎于曹。”姬振铎因为是周武王的弟弟，被分封并建立了曹国。曹国的具体疆域是，以现在的定陶为中心的平原、湿地和丘陵地带，包括今山东省菏泽市及聊城、泰安的部分县（市），当时这里山水相宜，物华天宝，比较富饶。

姬振铎的封地为什么取国名为曹？与我国其他地方的古地名一样，有很多种说法。

许慎在《说文解字》中对于曹的解释是：“曹，狱之两曹也。在廷东。从㯥，治事者；从曰。”意思是说“曹”为掌管刑罚、管理打官司的人。由此可推测，曹国第一代国君曹（姬）振铎，可能在西周建立之初，掌管过诉讼狱刑，是行使诉讼权的官员。曹振铎到封国后，“敬服王命，以绥四国，纠逖王慝”，体察民情，爱护百姓，重视农商，教人礼教，使“奢者俭，靡者淳”，受到国人的赞扬。在现存的《诗经·曹风》中，有一篇《鸤鸠》，就歌颂了曹振铎勤政廉洁、治理有方，使得曹国国强民富，人民安居乐业的事迹。

《括地志》则认为：“有曹南（山）因名曹”，即曹国是因境内有曹南山而命名的。据考证，这是一个错误的因果倒置的推论。曹国非因境内有曹南山而命名，恰恰相反，曹南山是因在曹国南部而命名的。还有一说：原居住于陕西一带的祝融部落的后代，为曹姓部落，在商代东迁至陶地（今定陶）建曹国，后被周所灭，于是武王封其弟振铎于曹，为姬姓曹国。也有学者认为，“曹”字即非如许慎所解释，又与曹南山无关，也与祝融部落的后代没联系，最早是指一种水利科技发明，即把石头捆绑于木桩之上，用来筑堤围堰。此地古代水系发达，因古人在此治水而把这里称为曹邑（或曹城）。曹国是因受封地为曹邑（城），立国为“曹”。仁者见仁，智者见智，这些都已无法甄别真伪。

曹振铎之后，曹国的二十几任国君都很平庸，唯一值得炫耀的一件事情是：曹桓公时，曹伯派其世子谢姑伉诸侯之礼，到洛阳朝见周天子。周天子对于曹国的这一犯上行为，不但没有怪罪，反而以诸侯之礼接待了他。曹国国君的傲慢、不思进取、没有作为，使得曹国王室内部矛盾重重。《诗经·曹风》中有《蜉蝣》《候人》《下泉》三篇，《毛诗序》评论说：“《蜉蝣》者，刺奢也。昭公国小而迫，无法以自守，好奢而任小人，将无所依焉”；“《候人》，刺近小人也。共公远君子而近小人焉”；“《下泉》，思治也。曹人疾共公侵刻，下民不得其所，忧而思明王贤伯也”。三首诗的内容都是百姓对贵族、贵族对国君的讽刺和咒骂，反映了当时高涨的民怨和尖锐的矛盾。

曹国经过几代平庸国君的传承，到曹共公（曹襄，公元前 653 年立）时，曹国已经非常衰弱了。公元前 670 年，犬戎曾侵灭曹国，在齐国的帮助下，才得以复国。曹共公目光短浅，喜趁人之危。共公十六年（前 637 年）初，晋公子重耳逃亡途中路过曹国拜见共公。曹共公听说重耳的肋骨与常人不同，是连在一块的，就想趁此机会看看重耳的肋骨。为了达到目的，共公竟然设计偷看重耳洗澡。几年后，重耳回到晋国夺取了国君之位，就开始讨伐曹国。“（共公）二十一年（前 632 年），晋文公重耳伐曹，虏共公以归”，曹共公被俘虏后，若不是重耳念在同宗的关系上，恐怕共公的小命就没了。这次战争，直接摧垮了曹国的政治和经济基础。“成公三年（前575年），晋厉公伐曹，虏成公以归。”虽然这次国君被俘虏后又被放回，但从此以后，曹国基本上就成为一个人见人欺的小诸侯国了。

公元前515年，曹国国君悼公赴朝会被宋国扣留，客死他乡，进一步加速了曹国的衰亡。更可悲的是，已经沦为大国附庸的曹国，其最后一代国君曹伯阳还妄想称霸诸侯。周敬王三十二年（前488年），曹国撕毁盟约，宣布断绝和晋国的关系，后又挑起事端蛮横地干预宋国内政。宋景公非常震怒，出动军队攻打曹国。周敬王三十三年（前487年），宋国军队攻破曹国都城，曹伯阳被俘后处死，国土被宋国吞并，经二十六代国君传承之后，曹国灭亡。在春秋战国纷争时期，像宋、卫、郑、鲁、郕等黄河流域的小诸侯国，均与曹国有着相似点，在留下厚重的文化后，被大国所灭，最终由秦实现了统一。

汉武帝时期，为加强国家管理，在国内设立十四州刺史部，其中兖州州治所设在濮阳（今菏泽市鄄城），管辖山阳、东郡、陈留、济阴、泰山、东平等六郡国。“曹国”原版图就在济阴郡的辖区内。“济阴”因治所在济水之阴而取名。建武十一年（35年），东汉光武帝将兖州治所迁至昌邑（今菏泽市巨野）。魏取代东汉后，又把兖州城迁移到了廪丘（今菏泽市郓城）。晋永嘉二年（308年），丞相司马越把兖州治所迁回鄄城。不久，晋怀帝又设兖州治所于郓城。东晋末年，刘裕设兖州治所于滑台（今河南省滑县）。北魏孝昌三年（527年），兖州又移治于济阴郡定陶县，为西兖州。孝昌末年，濮阳郡划归于西兖州。由于西兖州管辖范围的缩小，与古曹国的地域相差不大，北周宣政元年（578年），宇文邕改西兖州为曹州，管辖济阴、濮阳二郡共八县。曹州从此作为一个行政区划名出现在了中国历史之中。在此后的一千多年里，曹州随着战争和河患，不断变换地名和管辖范围。

隋炀帝推行郡县制，大业三年（607年）改曹州为济阴郡，下辖九县。大业九年（613年）三月，孟海公在曹州周桥造反，控制了济阴大部分地区。五凤三年（620年），窦建德攻陷济阴城，孟海公投降。后孟海公随窦建德进攻洛阳，战败被杀于长安。随后李渊便将济阴郡更名为曹州。天宝元年（742 年），唐玄宗又改曹州为济阴郡。乾元元年（758 年），再设曹州，管辖济阴、冤句等六县。

乾符二年（875 年）春，曹州冤句人黄巢发动农民起义，广明元年十二月，黄巢攻占长安，建国号大齐。在长安称帝两年半后，黄巢被迫撤出。884 年夏，黄巢败退途中与沙陀军在曹州大战，伤亡惨重。六月，大齐政权灭亡。由此在菏泽留下了大批有关的古村名和传统文化。

光启二年（886 年），朱温把持朝政，联合盘踞在曹州的朱瑄和兖州的朱瑾兄弟，打败了割据的秦宗权，随后又消灭了朱瑄和朱瑾兄弟。天祐四年（907 年），朱温篡权，贬谪唐哀帝为济阴王，将其幽囚于曹州，后鸩杀，葬于曹州温陵。

五代时期，因军事战争和守卫水运航道的需要，在曹州先后设威信军、彰信军和广济军。宋朝时，曹州因靠近京城曾为京都辅郡。建中靖国元年（1101 年），曹州改赐军兴仁，次年升为兴仁府，后又升为都督府。宋金时期，战争中以水为兵，黄河大堤被人为破坏，黄河多次决口，淹没曹州（兴仁府），州城被迫多次迁移。金军灭北宋后，把曹州之地交由伪齐政权管理。1350 年，韩山童之子韩林儿建立韩宋政权，设立了曹州行省。

洪武四年（1371 年），战争和河患后的曹州人烟稀少，被降为曹县。后经几十年的休养生息，才得以恢复。正统十年（1445 年），大理寺丞张骥巡抚山东，在他的建议下曹县又升为曹州。清雍正十三年（1735 年），曹州升为府，在曹州驻地设置菏泽县。菏泽之名取自境内的菏山和雷泽。

明末，税赋苛繁，曹州一带起义不断。天启二年（1622 年）五月在巨野、郓城边界爆发了由白莲教教主徐鸿儒领导的农民起义，起义队伍发展到几十万人，控制了山东境内运河两岸的广大地区。起义坚持了一百九十余天，引发了全国各地的农民起义。清朝入主中原后，由于文化的差异，黄河流域民间组织的反清活动非常活跃，曹州一带尤为突出。顺治五年（1648 年），曹州守将李化鲸举兵起义被镇压，清兵对曹县实施了惨无人道的屠城政策。同治四年（1865 年）五月，捻军联合曹州的长枪会、大刀会，在菏泽一带设伏，全歼清军骑兵，亲王僧格林沁被杀。

光绪二十三年十月初七（1897 年 11 月 1 日），郓城县天主教圣言会教士韩·理加略和汶上县圣言会教士能方济在巨野磨盘张庄教堂被杀。德国以曹州（巨野）教案为借口，威逼清政府签订了丧权辱国的《胶澳租界条约》，山东成为了德国的殖民地，由此掀起了帝国主义列强瓜分中国的狂潮。

清朝灭亡后，中华民国废除旧有地方制度，改设省、道、县三级管理体制。曹州随之取消，菏泽作为一个县逐渐兴起。

1925 年 10 月，中华民国在菏泽设置曹濮道，1928 年废道制。1932 年南京政府又在菏泽设山东第二行政督察区。新中国成立后，设立平原省，菏泽专区属之。1952 年，菏泽划归山东省管辖。此后菏泽的地域又屡有变更，直到 2000 年 12 月，经国务院批准，设立了地级菏泽市，2001 年 1 月 8 日，菏泽市正式挂牌成立。

参考文献

〔1〕司马迁：《史记》，中华书局 1956 年版。

〔2〕李泰：《括地志》，中华书局 1956 年版。

〔3〕刘藻：《曹州府志》，齐鲁书社 1998 年版。

〔4〕佟企圣：《曹州志》，康熙十年刻本。

〔5〕郭沫若：《中国史稿》，人民出版社 1976 年版。

〔6〕安作璋：《山东通史》（先秦卷），人民出版社 2009 年版。

〔7〕邹逸麟：《论定陶的兴衰与古代中原水运交通的变迁》，《中华文史论丛》1978 年第 8 期。

〔8〕荣海生：《曹州史话》，济南出版社 2017 年版。

（作者单位：荣海生，山东省菏泽市曹州历史文化研究所；
王爱华、曹方华，山东省菏泽市民政局）

罗田县凤凰关即古昭关考辨

张君瑜

摘　要　“伍子胥过昭关——一宿白了头”的歇后语妇孺皆知，故事讲的是春秋时楚平王七年（前522年），大臣伍奢受到费无忌的陷害以致杀身，其子伍员（字子胥）逃亡时，受到楚军的追捕，在昭关由于遇到楚军的盘查而在一夜之间急出满头白发，从而在昭关逃脱。多数资料记载，昭关在今安徽省含山县，笔者却有不同的见解，认为昭关在今湖北省罗田县，今名凤凰关。

关键词　伍子胥　昭关　凤凰关

罗田县凤凰关历史悠久，根据《罗田县志》记载，修筑于南宋建炎元年（1127年），是岳飞抗金的古战场，至今凤凰关附近尚有兀术湾、铁门槛、岳庙、古井等遗迹，岳飞抗金的故事在当地也广为流传。而当地老者传言的“有个叫伍子胥的人曾经在此一夜之间白了头”的故事却鲜为人知，部分道听途说者也是只知其然，不知其所以然。笔者以《左传》为主，结合相关资料，分析得出：凤凰关是古昭关，伍子胥过昭关的故事发生在凤凰关。

罗田县位于鄂东大别山西麓，是鄂皖交界地，而凤凰关又处于罗田县和英山县交界处（1936 年前英山县隶属安徽，今属湖北）。在 1958 年修筑凤凰关水库之前，凤凰关所处位置是三面高山夹击，中间形成 T 字形的河流，称为铺兵河[①]，凤凰关正凌驾于 T 字河流的交汇处，因此历来是兵家必争之地，直到清朝尚设有碉楼和防兵[②]。今考证，春秋时伍子胥正是从这个重兵把守的凤凰关逃脱楚军的盘查。

根据《史记》记载，伍子胥去楚奔吴并非直接从湖北（楚）直接到江苏（吴）的，而是经历一些波折。早在伍子胥父兄被害前，费无忌向楚平王进谗言说太子建谋反，太子建逃亡到了宋国（今河南商丘）。伍家蒙难后，伍子胥遂奔宋，遇到宋国内乱而同太子建一同奔郑（今河南郑州）。郑国以礼相待，结果太子建和晋国联合反郑，被发现后被郑定公所杀，伍子胥只好带着太子建的儿子公子胜一同奔吴。也就是伍子胥奔吴路线是从郑州到苏州，他“过昭关”的故事也就是发生在这段路途中，时在楚平王七年，吴王僚五年，鲁昭公二十年[③]。

伍子胥从郑州到苏州，从今天的地图来看，郑州—含山—苏州三处连接仿佛是一条直线，而郑州—罗田—苏州则转了近 90° 的弯，似乎于逻

① 《光绪罗田县志 · 水》载：“铺兵河，县东三十里”。

② 《光绪罗田县志 · 塘汛》载：“国朝康熙二十一年定兵例……拨兵十名，分防凤凰关、松子关二处塘汛，每塘兵五名，实存城兵十三名……以上各防兵五名、塘房三间、烟墩三、瞭望楼一”。

③ 司马迁《史记 · 伍子胥列传》：“郑定公与子产诛杀太子建。建有子名胜。伍胥惧，乃与胜俱奔吴。到昭关，昭关欲执之。伍胥遂与胜独身步走，几不得脱。追者在后。至江，江上有一渔父乘船，知伍胥之急，乃渡伍胥。伍胥既渡，解其剑曰：‘此剑直百金，以与父。’父曰：‘楚国之法，得伍胥者赐粟五万石，爵执珪，岂徒百金剑邪！’不受。”《左传 · 昭公二十年》：“员于吴”。

辑不合，也与众多历史记载不符，但在逃命的环境下，绕道而行也未必不通。

至于伍子胥自楚至吴，《左传》只有简单的三个字："员于吴"，历史学家杨伯峻所注中提到，《伍子胥传》《吕氏春秋》《吴越春秋》《越绝书》多言伍员经历宋、郑、许诸国，最后到达吴国（《伍子胥传》当是《史记》中伍子胥传）。

楚国发源于今丹江口一带，随着几代楚王的经营，逐渐向四周扩张吞并其他方国，大别山麓鄂豫皖地区众多方国就是先后被楚国所灭；同样，处在东方的吴国也向西方扩张，因此，湖北东部和安徽各个方国成了吴头楚尾的战场。现罗列伍子胥之前楚国和吴国相关事件，以便分析：

表1　吴头楚尾事件年表

当时时间	公元时间	事件	涉及今地名	出处
楚成王十七年	前655年	楚国灭弦子国	湖北浠水县	《左传·僖公五年》：楚人灭弦，弦子奔黄
楚成王二十六年	前646年	楚国灭英国	湖北英山县	《史记·楚世家》：二十六年，灭英
楚穆王四年	前622年	楚国灭六国	安徽六安市	《左传·文公五年》：秋，楚人灭六
楚穆王十一年	前615年	楚国围攻巢国	安徽巢湖市	《左传·文公十二年》：夏，楚人围巢
楚庄王十三年	前601年	楚国灭舒蓼	安徽舒城县	《左传·宣公八年》：楚人灭舒蓼
楚共王七年、吴寿梦二年	前584年	吴国攻打楚国和巢国	安徽巢湖市	《左传·成公七年》：吴始伐楚、伐巢
楚共王十七年	前574年	楚国灭舒庸	安徽舒城县	《左传·成公七年》：楚人灭舒庸
楚共王二十一年	前570年	楚攻打鸠兹	湖北罗田县北	《左传·襄公三年》：三年春，楚子重伐吴，为简之师。克鸠兹，至于衡山

续表

当时时间	公元时间	事件	涉及今地名	出处
楚康王十二年、吴诸樊十三年	前 548 年	楚国灭舒鸠	安徽舒城县	《左传·襄公二十五年》：楚屈建帅师灭舒鸠
		吴国攻打巢国	安徽巢湖市	《左传·襄公二十五年》：吴子遏伐楚，门于巢，卒
楚平王七年	前 522 年	伍子胥过昭关入吴	?	《左传·昭公二十年》：员于吴；《史记·伍子胥列传》：伍胥惧，乃与胜俱奔吴。到昭关，昭关欲执之。伍胥遂与胜独身步走，几不得脱
楚平王十一年、吴王僚九年	前 518 年	吴国灭巢国	安徽巢湖市	《左传·昭公二十四年》：吴人踵楚，而边人不备，遂灭巢及钟离而还

表 1 中，首先当注意的是“舒”字多次出现，杨伯峻认为有六个名带“舒”的同宗方国①，这一说法，多种史料皆已证实。

其次，楚国最早灭的是弦子国，弦子国的位置，自古以来就有不同的说法：河南潢川县、河南光山县、湖北黄冈一带等等，但随着近几年的考古挖掘和众多史料的佐证，已经基本确定弦子国在今湖北浠水县巴河两岸，黄州师范学院梁敢雄老师已作相关论文说明②。

再次，《左传》中提到楚国攻打“鸠兹”，而且到达了“衡山”，这两个地名在历史上也有不同说法，杨伯峻认为鸠兹在芜湖市东南二十五里，衡山显然不是今天湖南之衡山，根据清朝高士奇所言在当涂县东北横山，杜预认为衡山在江苏吴兴③。罗田籍近代方志学家王葆心先生考证认为鸠

① 杨伯峻《春秋左传注·僖公三年》：“据文十二年传孔疏引世本，有舒庸、舒蓼、舒鸠，舒龙、舒鲍、舒龚六名，恐皆同宗异国，统称之曰群舒，大致宗国在今安徽省舒城县。”

② 梁敢雄：《春秋弦子国不在光山在黄州巴河两岸考》。

③ 杜预《春秋左传集解》注曰：“鸠兹，吴邑，在丹阳芜湖县东……衡山，在吴兴乌程县南”。

兹即今罗田县东北九资河镇一带，衡山即天柱山，余尊王氏所言。首先根据表1，楚国东扩的时候，灭弦、英、六诸国，一路东进，如果“克鸠兹，至于衡山”一下子跳过了巢国，越过了长江跑到了安徽东部，几乎接近吴国了，显然不太可能。

《左传》中提到，子重伐吴前“为简之师”，杜预认为“简”字为“简练”之意，也就是出征前，先演习而挑选军吏和士卒。为了选士卒，子重先攻克了一个小国鸠兹，显然，鸠兹国离楚国比较近，如若在安徽东部，万一“简之师”不顺，则难以调遣兵将了。“克鸠兹，至于衡山”，衡山也应该在鸠兹的东部，而且如果是在芜湖一带简练，芜湖到吴国都城苏州只有仅仅三百余公里，芜湖到湖北的武汉就有五百多公里，更不用说郢都，因此，如果在芜湖简练，那几乎是站在吴国门口挑衅，不合逻辑。

那么，衡山究竟在何处？《春秋左传正义》和《康熙字典》都在解释古五岳时都引用了《尔雅》，衡山就是霍山，也就是今天柱山，在大别山东，群舒西南，直到隋朝，才将南岳定为湖南衡山。

将“衡山”确定为今安徽天柱山，“鸠兹”为今天柱山西北，湖北罗田县九资河镇则顺理而成了，王葆心已考证此事，且亲自在九资河作“古鸠兹国”摩崖石刻，以示后人。

伍子胥奔吴的时间是在前522年，罗田凤凰关一带，在春秋各国里面，基本处于鸠兹国、英国和弦子国之间，无论属于哪个国家，在前522年都已经被灭国而并入楚境了。而表1中我们也可以看到，巢国也多次出现：前615年，楚国攻打巢国；前584年，吴国攻打楚国和巢国；前518年，吴国灭亡巢国。也就是伍子胥在巢国灭亡前4年过昭关的，而含山县在今巢湖正东方，且不说含山是否属于巢国或是吴国，但应该不会成为楚国的飞地。因此，基本判断伍子胥所过的昭关应该不会在含山县，或者说，伍子胥即使路过含山县，但应该不会像《史记》所言“几不得脱”，因为含山县不属于楚国境内。

既然伍子胥所过昭关，不在含山县，那故事的发生地当有别地。现今伍子胥过昭关的故事多采自于《东周列国志》和《周朝秘史》，言伍子胥路过昭关时，关吏把守严格，并且画伍子胥像于关口盘查。伍子胥在东皋公和皇甫纳的协助下，蒙混过关。今罗田县凤凰关西约5里，铺兵河下段深水河畔有山名割须坳，传言伍子胥过昭关之前在此乔装打扮，因此得名，中国地名一向有所来源，“割须坳”三字恐怕不是后人随便附会的。按凤凰关为昭关说，凤凰关外有三条路可以选择，直走越过蒙蒙山入英山，或左走沿铺兵河同样入英山界，时英山已经属于楚国。但如果右走今梅家冲入白莲河转过浠水县兰溪，而进入长江走水路，看似更转折，实则避开了大路，不仅水路一向比陆路更容易逃亡，且长江以南在春秋时代基本都是蛮夷之地，完全可以避开楚军追查。各种史料对于伍子胥过昭关后都有“渡江”的记载。

关于伍子胥渡江的地点，历代史地学家有不同看法。相较大部分史学家认为安徽含山昭关附近为渡江点，清初沿革地理学家顾祖禹在《读史方舆纪要》中却认为伍子胥渡江的地点为今浠水县兰溪镇之伍洲，曾任黄州团练副史的北宋文学家苏轼也在诗中特意提到伍洲为伍子胥渡江之地。尽管郦道元在《水经注》中提到“五洲”之名来历时并没有特别提到伍子胥，相信“问关津，以及商旅之子、征戍之夫，或与从容谈论，考核异同”（自序）的南方人顾祖禹应该不会信口开河，且深居北方的郦道元对南方的考证远远不及顾祖禹。①

既然称为昭关，何以后来更名凤凰关？源自于当地一个妇孺皆知的故事——传说当年昭关附近有一员外，有一段时间他发现家中水缸里每天晚上挑满水，到了第二天早晨又干了。一直不知道原因的员外请堪舆师勘察，堪舆师来他家看了后说：“你家堂屋有100窝燕子，水是被正中间最大的那一窝给喝了”，并让员外把燕子窝给捅了。员外在晚上燕子归巢后破坏了燕子窝，只见里面飞出三只羽翼未丰的燕子，一只

① 顾祖禹《读史方舆纪要》：“伍洲在县西四十里大江中。相传伍员适吴时过此，因名，即五洲也”。苏轼有诗《王齐万秀才寓居武昌县刘郎洑，正与伍洲相对，伍子胥奔吴所从渡江也》。郦道元《水经注》卷三十五：“江中有五洲相接，故以五洲为名”。

掉在昭关，一只在天亮时候掉在蒙蒙山，一只掉在石桥铺。第二天人们一看，原来是三只未长大的凤凰，昭关由此更名为凤凰关，原本人才辈出的家族也因此而没落了。亦有说法因地形远眺似凤凰而更名，此处不表。

至此，基本可证得罗田县凤凰关为春秋“伍子胥过昭关”故事之发生地。

名人故事地名之争历来有之，对于其真实发生地和阙疑地都应该以详实的史料来求证核实。罗田凤凰关因岳飞抗金的故事而出名，“伍子胥过昭关”的遗迹却湮没于历史，鲜为人知。修缮维护现存凤凰关历史遗迹，还原历史真相，不仅仅能让后人了解凤凰关的历史变迁，更是对当地历史地理文化的一种认可和尊重。希望更多专家结合翔实的历史地理资料，对凤凰关及其周边地理，作出更加细致的考证，共同为地名文化保护作出贡献。

参考文献

〔1〕郭璞、邢昺：《尔雅注疏》，上海古籍出版社2010年版。

〔2〕孔颖达：《毛诗正义》，人民文学出版社2012年版。

〔3〕马端临：《文献通考》，中华书局1986年版。

〔4〕王应麟：《玉海》，广陵书社2016年版。

〔5〕冯梦龙：《东周列国志》，中华书局2008年版。

〔6〕《光绪罗田县志》，罗田县义川书院光绪三年。

〔7〕罗田县地方志编辑委员会：《罗田县志》，中华书局1998年版。

〔8〕杨伯峻编著：《春秋左传注》，中华书局2009年版。

〔9〕叶贤恩：《王葆心传》，崇文书局2009年版。

作者：张君瑜

对壮族地区地名文化特色的思考

王宗骏

摘　要　广西壮族居住地地名称谓多用壮语命名，其指事表意，通俗易懂，又蕴含着深厚的壮民族文化。这些壮语地名形象而生动地反映了当地的文化、历史、物产、生活以及地形地貌的特点等。本文以广西壮族地区为例，对“那、龙（弄）或巴（岜）、圩、六、百”等字作开头的壮语地名特色、壮族地名的含义与汉字的差异、壮族人民对地理实体命名的修辞格进行思考，旨在说明壮语地名是用壮族人的思维方式命名、体现壮族文化内涵的地名。守土性、混合性、壮汉对应复杂性是壮语地名的特点。通名和专名是壮语地名词汇系统的重要内容。对壮语地名的研究，具有民族学、人类学、农业史、语言学等诸多方面的意义。

关键词　壮族地区　壮语地名　文化特色　修辞格

壮族一词，据史料载，有“乌浒”“俚”“僚”等称谓，称“僮”始于南宋。中华人民共和国成立后，统称“僮族”。1965 年，根据周恩来总理提议，把“僮”改为“壮”，统称“壮族”，沿用至今。壮族是中国人口最多的少数民族，主要居住在广西。2016 年，广西的壮族人口数量为 1520 万，占广西壮族自治区总人口的 34%。

一、壮族地名的特色

壮族地名与汉语地名有着较大的差异，主要有四种特色。

（一）以“那”字命名

“那”壮语意为“水田”，因为壮族的先人以稻作为生，稻田与壮人的生活密切相关，南宁市隆安县打造的品牌“那文化”，就是稻作文化。所以与水田连在一起的地名就很普遍和顺理成章了，而且一般是用“那”字作开头来命名。县名带“那”字的有那坡县，镇（街道）名带“那”字的就更多了，如南宁市隆安县的那桐镇，邕宁区的那楼镇，江南区的那洪街道，良庆区的那马镇、那陈镇；防城港市上思县的那琴乡；等等。至于村、坡、村民小组名带“那”字的，更是不可胜数，有不少还组成一个常用词组，如“那天”“那么”等等。

（二）以“龙（弄）”和“巴（岜）”字命名

在壮语中，“龙（弄）”和“巴（岜）”为同一个意思，都是“山弄”“山沟”“山坳”等之意，并非传说中的“龙”之意。网上传说以“龙”命名，是针对“那”而言，表示“穷”的意思，这是不科学的。用“龙（弄）”和“巴（岜）”作标记的地名，也形成了独特的地名文化景观。

以“龙”命名，是壮族山民命名村屯名的一种习俗。一般与山沟、山坳连在一起的地名，多用“龙”或“弄”字作开头。如百色市平果县海城乡新民村 11 个自然屯中，就有 8 个自然屯的屯名带“龙”开头。如龙翁、龙力、龙烟、龙梅、龙荒、龙全、龙领、龙合等自然屯，占 72.72%。这个村的龙领屯与龙梅屯的交界处就存有大量的方解石，海城乡的新发方解石场年产 3 万多吨的矿粉，开采的矿石就源自于这里。“龙”表示“穷”的猜测则不攻自破。平果县旧城镇带“龙”的村屯也普遍存在，如龙坤、龙肥、龙沙、龙王、龙漏、龙康、龙仙、龙贤等村屯。因此也有些人士设想以“龙”命名，造就“龙”文化。

以“巴”命名，平果县榜圩镇较为突出。“巴”，壮语意为荒凉的山。与荒凉的山连在一起的地名，一般用“巴”字作开头。如榜圩镇的巴足、巴鲁、巴达等 23 个村屯都用“巴”字作头命名。而旧城镇以“巴”命名的村屯名则较少，只有岜独、岜香、巴布等几个村屯。

（三）以“圩”字命名

“圩”，壮语意为圩集。与圩集连在一起的地名，一般将“圩”字放在后面，如南宁市江南区的吴圩、苏圩。但也有将“圩”字放在前面的，这与壮语词序倒装有关，壮语往往把中心词放在前面。如平果县用“圩”字命名的一般都指现在的圩集地。如圩海指海城圩，圩城指旧城圩，圩捂指凤捂圩，圩榜指榜圩等，全县 12 个乡镇，都这样称呼。至于那些原来曾经是圩集地的，如今仍然保持原来的称谓不变，如海城乡万康村的利济屯，原是一个圩集地，现在虽然人们不去那里赶集了，但在称呼上仍然保持称呼其为“圩利”，即利济街的意思。如此称呼，是对曾经是圩集地的一种文化记忆。有圩必有街。有些圩集地面积不大，往往“圩”也称谓为“街”，如“海城圩”可称为“街海城”或“街那海”。圩集地占地面积大的，就有几条街的称谓，如榜圩镇街区，就辖新胜街、东城街、前进街等。

壮族与“圩”有关的重要文化节庆，即“歌圩”。歌圩是壮族的歌会和歌节，是壮族民间歌谣的载体，是嘹歌传承的重要场域。赶歌圩是壮族古老的风俗习惯，因此，以圩为地名，是壮民族稻作文化的重要组成部分。

（四）以“六”字命名

“六”，壮语意为丘陵，南宁市江南区水库冠以“六”字的就有“六雷”“六稼之”“六华”“六艮”“六品”“六秧”“六续瑶”等。冠以“六”字的地名，平果县旧城镇六达村有6个自然屯，占该村屯数的50%。海城乡“六”字命名的绿梨、六塘、六锦等中、小型水库，就位于北部丘陵地。

值得注意的是，有的纯粹是汉族人居住的地方，地名也是用壮语地名，这可能有两个原因：一是原来居住在此的壮族人已移居他处，而后来移居此处的汉族人沿用原来的壮语地名；二是因为受到周边壮族居住地区壮语地名的影响，而汉族人一般也对附近壮族人的语言有所了解和认同。

二、对壮族地名不能“望文生义”

一个民族的社会发展史，除了文物，还可以从它的语言文字（如文字的产生和词源等）里进行探索和求证。壮族拥有两种文字，一种是唐宋以来借用汉字的“六书”构字法创制的方块壮文，因为各地字型不一，又没有得到规范，所以没有成为壮族的通用文字。另一种是现代创制的拼音壮文，采用拉丁字母来拼壮语。由于壮族没有属于自己文字类型的原始文字，对研究社会的价值就打了折扣。但是，壮族有自己的语言，了解它多少能加深对壮族社会历史的认识。壮族居住区域中，有一些地名很特别，不能望文生义，只有用壮族语言含义去解释，才能确切地了解其真正的意思。人群的生存和活动都离不开一定的地域，为了方便称呼某一特定地点，人们便给它取个代号，这便是地名的产生。因为地名系社会要素之一，所以对壮族地名的研究就是对壮族社会历史的研究。

据初步统计，目前广西尚存壮语地名7万多条，书面上记载地名的用字都是使用汉字音译，一方面壮语的语音与汉语的语音差别很大，另一方面各地壮语的读音也不完全一致（从大类来说，壮语分为南部方言和北部方言，读音有不少差别，但即使同属南部方言，有的地域之间读音的差异也较大），因此，同一个词（或读音），所用的音译汉字就不一而足。如田地的“田”就有用“那”“纳”等，池塘的“塘”就有用“坛”“谭”等等。所以，在壮族地名中，同音或近音的不同的字可能意思是一样的。但也有相反的情况，同一个字也许意思完全不沾边。因此，简单地“举一反三”去解读壮族地名，也是不可取的。壮族地区的地名多以自然环境、地形地貌、地理位置、历史原因、动植物、姓氏等等来命名，下面列举一些典型“字是意非”的壮族地名。

（一）以自然环境命名

广西壮族自治区的首府“南宁”，并非南方平宁之意。其实在南宁建市以前，已经有了这个地名。“南”，壮语意为泥土；“宁”，壮语意为红色。“南宁”，意为“红泥土”和“红土地”，因该地域系红土地带。

凭祥市闻名中外的“法卡山”，从字面不好理解其意。壮语叫作“内法卡”，“内”是“山”的意思，“法”是“天”或“雷”的意思，“卡”是“杀”的意思，所以“法卡山”的实际含义是“天杀山”或“雷劈山”。传说，该山在当地地势较高，每逢雨季，“放电”现象频繁，人畜被雷击死击伤的事常有发生，当时人们缺乏科学知识，对雷的认知不足，所以给该山取了个不雅的名。

田阳县的“花茶”，并非盛产花茶之意。“花”，壮语意为铁；“茶”，壮语意为坐垫。“花茶”，意为“铁砧”，因为该地坐落在土质很硬的山坡上，犹如打铁的垫砧。

德保县的“农院”，并非农学院之意。“农”，壮语意为森林；“院”，壮语意为圈住。“农院”，意为“森林圈住的地方”。因地处孤僻密林中，为森林所围绕，自然环境十分清静、幽雅。

都安瑶族自治县的“林冲”，并非《水浒传》里的林冲。“林”，壮语意为水；“冲”，壮语意为冲刷。“林冲”，意为“雨水冲刷”。因该地有条沟，雨水常年冲刷，山沟越冲越大。

隆林各族自治县的“那英”，并非歌星那英。“那”，壮语意为田；“英”，壮语意为石头。“那英”，意为“石碑田”。因该地处于中间立有一块石碑的田块的旁边。

靖西县的“大吉”，并非大吉大利的吉祥语。“大”，壮语意为河；“吉”，壮语意为冻冷。“大吉”，意为“冰冷之河”。因为该地前面有一段地下河露出地面，河水异常冰冷，是饮用、浴疗颇为理想的水源。

巴马瑶族自治县的“赐福”，并非祝福之意，倒是相反之意。“赐”，壮语意为淹没；“福”，壮语意为荒地。“赐福”，意为“水淹荒芜之所”。因地处河边，古时常被水淹，呈荒地之状。

那坡县的“平等”，并非自由平等之意。“平”，壮语因为平地；“等”，壮语意为碱。“平等”，意为“碱性平地”。因地处泉边平地上，泉水盐味很重。

河池市的“北京”，与我国首都北京无任何联系。“北”，壮语意为口；“京”，壮语意为围住。“北京”，意为“被封围着的关口”。因地处花拢河与刁江交汇口，每逢河水上涨，此地常被水封围住，难以出入。

天峨县的“马达”，与电动机的通称马达不沾边。“马”，壮语意为马；“达”，壮语意为跌倒。“马达”，意为“马帮经过也要摔倒”。因该处系一座山坡较陡的地方，马队过此常常摔倒，地势十分险要。

南丹县东部的“打狗”，并非见狗就打。“打”，壮语意为河；“狗”，壮语意为弯曲。“打狗”，意为“弯曲的河流”。河名，因该河流经南丹境内的河段很弯曲，有“九曲十八弯”之称。

（二）以地形地貌命名

名声远布的“百色”，并非“色彩缤纷”之意。“百”，壮语意为“口”；“色”，壮语意为“码头”，可见百色“成名”之时已是闻名的河运港口。但也有学者认为百色意为“拍洗衣服的河口”，“百”是“口”“河口”之意；“色”是“洗衣服”之意。

宜州市的“龙虎”，并非龙虎争斗。“龙”，壮语意为山弄；“虎”(鳌)。“龙虎”，意为“鳌山”。因该地有一山，形似鳌，独具一景。

平果县的“河池”，与河池市的河池同名而不同义，此地既没有“河”也没有“池”，而是一个丘陵地带。“河”，壮语意为颈脖；“池”，壮语意为黄牛。“河池”，意为“黄牛颈脖”。因该处地形酷似黄牛颈脖，景致别具一格。

平果县的“巴掌”，虽与地形有关，但并非地形像人的巴掌。“巴”，壮语意为石山；“掌”，壮语意为支撑。“巴掌”，意为“支撑在石山上”。因该地处于一形似向上支撑的石山脚下，颇似空中的“海市蜃楼”，不失为美景一处。

百色市的“发达”村，没有兴旺发达的借义。“发”，壮语意为靠近；“达”，壮语意为河。“发达”，意为靠近河。

南宁市江南区江西镇的同华村，并非共同华丽、共同繁华之意。“同”，壮语意为田垌；“华”，壮语意为美丽。“同华”，意为美丽的田垌。

三、壮族地名中的修辞格

地名是一定的社会群体为特定的地理实体所约定的专有名称。修辞格又称辞格、修辞方式，是为了提高修辞行为的效果而运用的组织语言材料的策略性方法。壮族人民对地理实体的命名 常常运用比喻、借代、拟人、夸张等修辞格。

（一）比喻式地名

壮族的比喻式地名，主要是利用日常生产、生活中事物或情境之间的相似点，用具体的、人们熟知的、浅显的事物或情境来说明或描写抽象的、人们不熟知的、深奥的事物或情境，让人容易理解和想象。如“岜谋”，在当地壮语中指石山、鸡瘟。因远望屯后山形似病鸡而得名。“坡香”，指土堆、土墩，以屯旁土墩形似香炉得名。“弄模破”，指窄长的山沟、锅。因所在山弄状圆似锅，中间一处塌陷成洞，像锅底穿空，因而得名。“德索”，指胳膊肘，因该屯所在山弄有条形似胳膊肘的山坡而得名。“弄登”，即凳子。因该屯建在山弄中一片形似凳子的大石板上而得名。“大陆”，即骨头，以骨头比喻该屯石头多，土地贫瘠。“龙暖”，“暖”即“睡”，因屯后有座形如龙正睡眠的山而得名。

（二）拟人式地名

在人类居住的世界里，山山水水容易引起人们的想象，被赋予人的品质，这样，自然物也就有了生命，有了情感。如“古风”，靖西壮语意为“棵”，常用在植物名词前，指高兴、欣喜。该屯旁有棵大树，枝叶常随风摇摆，状似欢腾，因而得名。“大能”，指此地、坐。该处地形似椅，村屯如坐在椅上，因而得名。“岜敢”，指俯下身子。此山北面下部凹入，上部突出，如人俯下身子，故名。

总而言之，壮语地名是用壮族人的思维方式命名、体现壮族文化内涵的地名。守土性、混合性、壮汉对应复杂性是壮语地名的特点。通名和专名是壮语地名词汇系统的重要内容。对壮语地名的研究，具有民族学、人类学、农业史、语言学等诸多方面的意义。

参考文献

〔1〕《壮族地名传统称谓及文化内涵初探》，《平果县志》，广西人民出版社 1996 年版。

〔2〕覃凤余：《壮语地名及其研究》，《广西民政研究》2005 年第 4 期。

〔3〕吕嵩崧：《壮族地名中的修辞格与具象思维》，《广西民族研究》2007 年第 3 期。

〔4〕南宁市江南区地方志编纂委员会编：《南宁市江南区志》，广西人民出版社 2008 年版。

（作者单位：广西壮族自治区南宁市江南区人民代表大会常务委员会）

责任编辑：张双子
责任校对：吕　飞

图书在版编目（CIP）数据

保护与发展：2017 全国地名理论征文文集 / 民政部区划地名司 编 . — 北京：人民出版社，2017.11

ISBN 978 – 7 – 01 – 018538 – 5

I. ①保… II. ①民… III. ①地名 – 中国 – 文集 IV. ① K92-53

中国版本图书馆 CIP 数据核字（2017）第 275903 号

保护与发展：2017 全国地名理论征文文集

BAOHU YU FAZHAN 2017 QUANGUO DIMING LILUN ZHENGWEN WENJI

民政部区划地名司　编

人民出版社 出版发行
（100706　北京市东城区隆福寺街 99 号）

北京市文林印务有限公司印刷　新华书店经销

2017 年 11 月第 1 版　2017 年 11 月北京第 1 次印刷
开本：710 毫米 ×1000 毫米 1/16　印张：24
字数：360 千字

ISBN 978 – 7 – 01 – 018538 – 5　定价：59.00 元

邮购地址 100706　北京市东城区隆福寺街 99 号
人民东方图书销售中心　电话（010）65250042　65289539